The Secret of Asking

착한 요청

– AQ 시대가 온다 –

새로운 리더십 AQ의 시대

AQ 착한 요청

THE SECRET OF ASKING

The Secret of Asking 착한 요청
Bekay Ahn, CFRE 지음

초판 1쇄 인쇄 2012년 9월 3일
초판 1쇄 발행 2012년 9월 10일

발행처 단열삼열
발행인 김기섭

등록번호 제 2011-000082호
등록일자 2011년 5월 12일

책임편집 최창숙, 오경미
표지디자인 우윤경

153-802 서울시 금천구 가산동 345-13 파트너스타워 1차 9층
전화 02) 719-2211~3
팩스 02) 701-9386
dan-sam@changjisa.com

값은 표지에 있습니다.
ISBN 978-89-966677-1-1 (03190)

추천의 글

돌아보면, 1995년 참여연대 사무처장을 시작으로 저는 '요청의 삶'을 살아왔던 것 같습니다.

다른 사람에게 아쉬운 소리는 안 하면서 산다고 생각했는데, 막상 비영리단체의 살림을 맡다 보니 이곳저곳 요청하는 것이 큰 일이 되어버렸습니다.

처음엔 차마 입도 떨어지지 않았습니다. 돈 좀 있는 친구를 만나서 말 한마디 못 하고 쓴 커피만 마시다가 나온 날도 부지기수였습니다. 그러나 제 체면만 생각할 수 없었습니다. 제 어깨엔 적은 월급에도 불구하고 오늘도 밤낮없이 공익을 위해 일하고 있는 시민단체 간사들의 생계가 놓여 있었으니까요.

아름다운 가게, 아름다운 재단으로 옮기면서는 요청의 스케일도 커졌습니다.

간사들의 월급만이 아니라, 우리 주변의 이웃들과 함께 할 사업을 하기 위해서는 모금과 나눔의 '요청'을 해야만 했습니다. 점점 더 많은 시민과 기업들이 저의 요청에 따라 1% 기부 운동에 참여해줬고, 아름다운 가게를 통한 리사이클링 운동에도 함께해 주었습니다. 저의 요청이 사람들의 삶을, 세상의 흐름을 바꾼 기분 좋은 경험이었습니다.

Bekay Ahn은 이 책에서 그것을 '착한 요청'이라고 이름 붙였습니다.

점점 한국의 비영리단체들도 세계적인 추세에 발맞추어 독립적인 재원 확보에 힘쓰고 있습니다. 그것을 통해 비영리단체들에게 용기를 주고, 그들도 어엿한 직업인으로 발전될 수 있도록 우리 사회가 배려할 수 있어야 합니다.

특히 리더의 자리는 "사회의 약자에게 요청을 받아, 강자에게 요청을 하는 자리"라는 저자의 외침이 마음에 와 닿습니다. 또한 우리나라에도 청소년시절부터 요청에 대해 교육하는 커리큘럼이 필요하다는 대목에도 공감하게 됩니다.

이 책의 큰 주제인 '착한 요청'은, 앞으로 자녀를 21세기형 리더십을 가진 인재로 양육하기 원하는 일반 학부모에서부터, 사회에서 받은 많은 사랑을 다시 사회에 환원하고자 하는 유명인들에 이르기까지, 모든 이들의 삶이 진정한 보람을 찾아가는 데 도움을 제공할 것입니다.

이 책 『The Secret of Asking, 착한 요청』은 남을 위해서 요청을 하는 수많은 착한 요청자들에게 담대함과 지혜를 주고, 좀 더 체계적으로 실행하고 열정을 유지하도록 하는 촉매제가 될 것입니다.

서울시장 **박 원 순**

감사의 말

한국에서는 요청에 관한 책을 찾아보기 어렵다. 전에 필자가 다른 모금 전문 서적에 '착한 요청'이라는 개념으로 요청에 관한 글을 쓴 것이 전부다. 게다가 좀처럼 남에게 요청하기 싫어하는 50대 한국인 남성 저자가 쓴 책은 전 세계적으로 더욱 귀하다. 특별히 요청을 잘해서 성공한 CEO의 자서전도 아닌데, 그동안 무슨 생각을 해왔는지, 어떤 경험을 했는지 만천하에 공개하는 것에는 남다른 용기가 필요했다. 한국인의 정서로는 성공한 사람이란 남에게 요청하지 않아도 되는 사람이기에 더더욱 그렇다. 지금까지 성공한 CEO의 자서전을 보면, 요청이 중요하지만 본인의 노력 중에서 그 부분은 빼고 성공담만을 말하는 경향이 많았다. 이 책을 내면서 무엇보다 "당신이나 잘하지." 혹은 "그래서 당신은 요청해서 성공했소?"라는 질타가 있지 않을까 걱정이다. 그렇지만 당당하게 착한 요청을 하라고 교육하는 입장인지라 용기를 내어 그동안의 교육내용을 정리하여 이 책을 쓰게 되었다.

인생을 살면서 요청이 너무나 중요한 요소임을 깨달았기에 부끄러움을 무릅쓰고 열정을 가지고 글을 썼다. 사실 필자가 대난한 발견을 한 것도 아니다. 수천 년 동안 많은 사람이 인생의 성공 비밀로 말해왔던 것이지만 주목받지 못했던 부분을 지금에 와서 너무나 필요하기에 재조명한 것뿐이다. 매우 중요한 것임에도 자료도 부족하고, 특히 한국에서는 이러한 주제의 책이 거의 없기에 모금을 교육하는 사람으로서 떠밀려서 먼저 매 맞는 심정으로 나섰다.

그동안 인생을 살면서 다 기억할 수 없을 만큼 필자의 요청을 들어준 수많은 사람과 비록 거절했더라도 다시 요청할 수 있도록 조언해준 많은 분들께 감사를 드린다. 그들은 현재의 나를 만들어주었고, 착한 요청 스토리를 함께 완성한 동업자이기도 한다. 이 책이 세상에 나올 수 있도록 먼저 출판을 제안해주신 단열삼열의 김기섭 대표와 편집을 도와준 최창숙 편집장, 오경미 씨, 한국기부문화연구소의 서진호 본부장 그 밖에 이 책을 홍보해준 비영리단체 여러분께도 감사드린다. 이 책이 열악한 환경에서도 '착한 요청'을 주식으로 먹고 사는 많은 비영리단체 종사자에게 도움이 되었으면 한다. 그 누구보다 미국에서 살면서 요청에 대해 끊임없이 영감을 준 필자의 롤 모델이자 자선가이며 인생을 멋지게 살다 간 고故 퍼시 로스Percy Ross와 필자에게 조언을 아끼지 않았던 『요청The Ask』의 저자인 선배 로라 프레더릭Laura Frederick에게도 깊은 감사를 드린다.

"당신은 반드시 요청해야 한다! 내 생각에 요청이란 이 세상에서 가장 강력하지만 한편으로 무시되어 온 성공과 행복의 비밀이다."

-퍼시 로스-

머리말

성공을 주제로 한 많은 자기계발서가 나와 베스트셀러가 되기도 한다. 인맥을 넓히는 방법, 디테일의 중요성, 남을 배려하는 경청, 리더십 등 다양한 각도에서의 성공 요령들은 사실상 큰 도움이 된다. 하지만 그중에서도 가장 중요한 것은 요청의 힘을 알고 제대로 요청할 수 있는 것이라고 생각한다. 아무리 인맥이 좋고 배경과 성공에 필요한 것을 알고 있다 해도 그 인맥과 배경에 직접 요청해야 만사가 돌아간다. 미국에서 활동 중인 요청의 전도사 잭 캔필드 Jack Canfield는 "만약 당신이 인생에서 원하는 것에 가까워지도록 움직이고 있다고 느끼지 못한다면 그것은 아마도 충분히 요청asking하지 못하고 있는 것이다."라고 말했다. 그만큼 요청은 인생 구석구석에 자리 잡고 있어 싫든 좋든 해야 한다.

우리는 받아야 할 것을 항상 받지는 못하지만 요청한 것은 가끔 받는다. 또한 우리는 요청한 것을 늘 받지는 못하지만, 우리가 요청하지 못한 것을 받는 경우는 거의 없다. 독일 속담에 "Buying is cheaper than asking."이라는 말이 있다. 이 말은 '장사하는 사람이 요청하는 물건 값보다는 싸게 살 수 있다'는 뜻이다. 그 상인의 물건 값에 대한 요청이 먼저이고, 물건 값을 흥정하려면 또 다른 요청이 필요하다. 여기서 중요한 것은 끊임없이 요청해야 물건도 싸게 살 수 있다는 뜻이다. 서양에서는 이것을 '협상'이라고 거창하게 부르지만, 협상도 누군가가 요청해야 하기에 요청을 모든 삶을 연결하는 끈으로 본다.

필자의 마음속 영웅인 퍼시 로스가 말한 것처럼 요청은 이 세상에서 성공과 행복을 얻기 위해 가장 중요한 것이지만 지금까지 무시되어 왔다. 그것이 바로 필자가 요청에 관심을 두게 된 이유 중의 하나이다. 또한 모금가로서 늘 느끼는 것이지만, 사람들이 기부하는 첫 번째 동기는 '요청하기 때문'이라는 통계가 나왔고, 모금이 실패하는 가장 큰 이유도 '요청하지 않았기 때문'이다. 모금가에게 요청하는 능력은 곧 생명이자 시작과 끝일 정도로 중요하기에 요청에 관한 글을 쓴다면 일단 자격이 되는 사람 중의 한 사람일 것이라는 자부심도 있는 것이 또 다른 이유이다. 사실 필자는 성격상 평소에 요청을 잘하는 편이 아니었다. 모금을 하기에는 그다지 적합한 타입이 아니기에 처음에는 모금요청을 하는 것이 무척 힘들었다. 지금도 요청하려면 한 번씩 심호흡을 한다. 하지만 마치 바둑에서 실제로 두면 4급 정도밖에 되지 않는 사람이 훈수는 1급이 되며, 바둑교육은 3단 정도 될 수 있다고 생각하는 것과 마찬가지로, 필자도 좀 더 나은 요청에 대해 끊임없이 연구하고 고민하고 직업으로 선택한 사람으로서 독자에게 인정받고 싶다.

필자가 이 책에서 서술하려는 것은 주로 '착한 요청'이다. 착한 요청이란 주로 공익을 목적으로 하거나, 비록 공익은 아니더라도 상대를 위하고 배려하고 친절과 진정성을 갖고 하는 요청을 말한다. 필자는 착한 요청을 가르치는 전문 교육자이기에 세상이 돌아가는 이치나 사연을 요청과 연결하려는 버릇이 있다. 이 책에서는 모금 전문가인 필자를 모델로 삼고자 하지는 않았지만, 다른 사람의 성공담보다는 필자의 실패담을 진솔하게 나누는 것이 현재 요청하는 사람이나 앞으로 요청해야 할 사람들에게 좀 더 실제적인 용기와 지혜 그리고 필요한 지식을 줄 것이라 믿는다. 모금가가 보는 요청의 시각 또는 접근 방법은 일반인에게는 대부분 과다하거나 불필요한 것이지만, 다른 직업군에 있는 사람이나 요청을 앞둔 사람에게는 몇 가지 벤치마킹할 여지가 있을 것이라고 본다. 또한 이 책에 기술된 요청교육 중 일부는 아마도 모금을 떠나 일반 요청에도 적용할 여지가 많다고 본다.

이 글을 읽는 독자는 자신을 한번 돌아보자. 만약 지금까지 살면서 일이 잘 안 풀리고, 하는 일마다 잘 안 되고, 인생에 부족함이 있었다고 느낀다면 자신의 요청 능력을 한번 깊이 생각해봐야 한다. 이미 나이가 든 사람이라면 필요하다고 해서 의지적으로 쉽게 할 수 없는 것이 요청이기도 하다. 하지만 절실히 느낀다면 최소한 그런 요청을 할 수 있는 사람을 친구로 두거나 파트너로 삼으면 인생의 길이 달라진다. 요청을 보는 안목을 알고 기르는 것이 바로 이 책의 목적이기도 하다.

많은 직업군 중에서도 특히 모금가에게 요청은 모금 그 자체이다. 모금 전문 교육자에게 요청에 대한 책 출판 의뢰는 당연하겠지만, 아마도 남다른 시각에서 보는 전문가의 비법을 기대하는 심리가 있을 것이라 본다. 그래서 사실 그 '특별한 비법' 기대에 대한 부담감도 없지 않다. 독자가 절박한 심정으로 상상의 요술 시팡이 혹은 답답한 심정으로 지름길이나 특별한 비법을 기대하고 이 책을 읽는다면 실망을 줄까 두렵다. 다만 이 책을 통해 지금까지 자신만을 위한 이기적인 요청을 하던 것이 착한 요청으로 바뀌기를 바라며, 이 책이 그런 진정한 착한 요청이 받아들여져 승률을 높이는

데 쓰이길 바랄 뿐이다. 만약 이 책이 마케팅의 목적으로 쓰인다면 '인문학적 마케팅'의 기본서가 되길 바라며, 비영리 조직의 리더를 꿈꾸는 이에게는 '리더십'의 기본서가 되기 바란다. 필자가 이 책에서 내린 결론은 바로 이것이다.

> "요청의 비밀이란 누구나 자기 자신을 위하기 때문에 자신이 원하는 것을 상대방에게 하게 하는 기술을 알고 행하는 것이다."

차 례

들어가는 말

-모금 전문가가 들려주는 요청 이야기

기업이나 비영리단체, 모임, 심지어 개인 사이에도 우리는 매일같이 주고받는 요청 속에서 살고 있다. 요청은 마치 공기와도 같아서 가끔 그 중요성을 망각한다. 하지만 이 세상에 요청 없이 가능한 일이 존재할까? 사실 우리가 배운 지식, 경험, 성품, 분석 능력 등 모든 것이 요청하는 능력에 녹아 들어가 있고, 기본 커뮤니케이션, 읽기, 쓰기, 말하기, 듣기 등의 능력도 결국 요청하기 위해서 필요하다. 주위를 둘러보면 모든 조건을 갖춘 사람도 요청 능력이 없으면 실패하고, 조건이 부족해도 성공한 사람의 만국 공통의 비결은 요청을 잘하는 것이다. 그들의 성공담 뒤에는 반드시 요청의 비밀을 안 뒤에 실천한 사람들의 스토리텔링이 들어가 있다.

이 책의 1장에서는 요청이 인생의 성공과 어떤 관계가 있는지 알아본다. 요청을 인간에게 필요한 에너지를 흡수하는 통로로 보고 어떻게 상호작용하는가를 심리학적이고 관계역학적인 차원에서 서술했다. 또한 현대를 사는 리더의 덕목과 청소년에 대한 요청교육의 중요성, 입학사정관의 판단 기준, 학교를 떠나 사회생활에 필요한 글로벌 리더로서 요청이 미치는 영향을 전반적인 우리네 인생과 연결했다. 간단하게는 길을 물어보는 것이나 물건을 들어달라는 요청, "사람 살려!"라고 외치는 삶과 죽음의 갈림길에서의 극적인 요청도 있겠고, 긴 프로세스의 제안서도 일종의 요청이며, 자신을 위해 돈이나 기구를 빌리는 행위, 공익을 위한 모금 등도 모두 요청이다. 특히 위인이나 성공한 사람의 자서전을 보면 반드시 누군가 그의 요청을 들어준 사람이 있었다. 인생의 구구절절한 사연에는 구석구석 요청이 자리 잡고 있다.

2장에서는 '과연 요청이란 무엇인가?'에 대해 해부하듯이 속살을 들여다보았다. 개인이나 단체가 하는 요청의 내용과 질을 보면 그들의 품격이 무엇으로 만들어졌는지 알 수 있다. 그래서 요청은 요청자의 DNA인 셈이다. 돈을 빌리는 것을 보면 그가 재정적으로 어떤 상태인지 알 수 있고, 실력자에게 자식을 공공기관에 취직시켜 달라고 청탁하면 그의 윤리관과 더불어 자식을 어떻게 생각하는지를 알 수 있다. 아마도 그렇기에 모두 요청을 어려워하는지 모른다. 누구나 자신의 사정을 밝히고 싶지 않을 것이다. 마치 판도라의 상자를 여는 것처럼 생각할지 모른다. 하지만 이것도 삶을 살기 위해 극복해야 할 장애물 중의 하나다.

그리고 요청자와 요청받는 사람의 성향, 심리와 동기를 서술하고 그들의 두려움을 해소하는 방법을 제시했다. 요청asking이라는 단어와 콘셉트가 주는 이미지는 문화권이나 개인에 따라 다르다. 일본 문화권에서는 밖에 나가서 남에게 폐를 끼치지 말라고 가르친다. 요청 자체를 폐라고 생각하므로 다른 나라에서 성공한 모금 모델도 일본에서는 잘 '먹히지' 않는다. 모금을 위해서는 요청해야 하는데 사실 요청을 힘들어하는 문화이기 때문이다. 반면에 미국은 남에게 도움 되는 사람이 되라고 가르치기 때문에 요청이 리더십의 일환이어서 권장하는 편이고 요청받는 것도 자연스럽게 받아들인다. 그래서인지 영업 분야, 제안서 등 요청에 관한 이론서나 현장 요령 지침서 등의 연구가 활발하여 요청에 관한 책이 많이 나와 있다. 그런가 하면 한국 문화는 밖에 나가서 머리가 되라고 가르치기에 요청은 아랫사람이나 약자가 하는 것이라는 리더십의 개념에 차이가 있어 관련 책도 전혀 없는 실정이다. 그리고 한국은 요청을 얄팍한 영업술이나 처세술 정도로 취급하는 문화권이다. 이러한 잘못된 정서 때문에 지금까지 요청을 남에게 '아쉬운 소리'나 하는 것으로 깎아내렸다. 사실 자신들도 요청 덕분에 지금의 위치에 있다는 것을 망각한다. 하지만 요청에는 우리가 생각하는 것보다 더 깊은 철학적·인문학적·과학적 요소가 있다. 마치 우리가 늘 마시는 공기와 같은 것이기에 느끼지 못할 뿐이지 삶 그 자체이다. 이미 요청은 많은 직업 분야에서 필요한 요소이고, 일상생활에서도 빼놓을 수 없는 중요한 삶의 기술이 되었다. 이 장에서는 서로 다른 문화권 사람들의 요청 방법과 이해를 돕는 내용이 포함되어 있다.

3장에서는 착한 요청이 되기 위한 요건과 착한 요청의 기본 개념에 대해 자세히 설명하였다. 이 새로운 개념을 통해서 한국도 리더십의 패러다임이 새롭게 전환될 수 있기를 기대하였고, 스토리텔링의 왜곡됨과 현대의 박제화되고 정크화된 요청이 어떻게 잘못된 요청으로 변질될 수 있는지에 대한 예도 들었다. 결국은 유머가 착한 요청의 최고의 무기가 될 수 있도록 스스로 훈련하는 내용을 담았다.

4장과 5장에서는 새로운 개념인 요청지수 AQ의 개요와 개념, 석용 등이 서술되어 있다. AQ는 선천적인 면과 후천적인 면이 있는데, 우선 자신의 현재 AQ를 측정하고 어떤 항목이 부족한지, 어떤 전략으로 능력을 키울 것인지를 아는 것이 선행되어야 한다. 현대사회는 팀워크가 중요하므로 혼자서 자신의 부족함을 채우는 것은 쉽지 않기에 장점을 살리고 자신의 부족함을 채워줄 동료와 함께 일하는 것이 인생에서 성공하는 비결이다. 이 장에서는 각 항목의 이해 설명과 사례를 통해 계수를 설명하여 스스로 측정할 수 있게 하였고, 필자의 개인적인 경험과 모금 전문가 또는 교육자로서의 모금교육 자료를 보기로 소개하여 전략적으로 AQ를 높일 수 있는 내용들이 서술되었다.

6장에서는 일선에서 활동하는 모금 전문가가 들려주는 요청의 법칙들을 소개하였다.

7장에서는 사회생활을 하면서 요청의 지혜를 갖는 것이 바로 성공의 열쇠이며, 중요한 분야의 전문가들은 어떻게 요청하는지를 알아보는 요청의 전략과 비법이 서술되었다. 지혜의 출발은 '왜 요청하는가?' '명확하게 어떤 전략을, 누구에게, 어떤 요령으로 요청해서 본인이 원하는 것을 구하는가?'라는 질문에서 시작한다. 요청의 기본 전략의 골자란 최대한 적은 희생을 들여 최대의 효과를 얻어내는 것을 강조한다. 그리고 요청을 들어주는 사람도 결과에 만족하고 행복할 수 있다면 그런 요청은 서로에게 이익을 준다. 마찬가지로 요청의 전략에 있어서도 요청해도 들어줄 것 같지 않은 사람, 요청하지 않아도 들어주는 사람, 마지막으로 요청할 경우에만 들어주는 사람으로 나누는 것이 무엇보다 중요한데, 모금 전문가들은 이것을 우선순위로 생각하고 요청을 준비한다.

또한 여러 가지 요청의 비법들이 기술되어 있으며, 특히 중요한 것은 '과연 요청할 준비가 되어 있는가?'이다. 오프라 윈프리는 "행운이라는 것은, 바로 인생에서 중요한 요청을 받아줄 귀인을 언젠가 만나는데 그 준비를 얼마나 잘했는가의 문제이다"라고 말했다. 다시 말해 단순히 운이 따라서 좋은 사람을 만나 요청하고 받아준 것이 아니라 어떻게 준비하는가에 따라 행운이 바뀐다는 것이다. 또한 잭 캔필드는 유머러스하게 “당신이 무언가 요청하기 전에 당신 스스로 무엇인가 변화할 준비를 해야 한다.”고 말했다.

8장에서는 모금과 관련해서 주로 착한 요청을 하는 전문가들의 요청 방법과 이론 등 그들의 활동을 이해하고 자신의 요청에 도움이 되는 내용을 골라 서술했다. 요청 시 해야 할 이야기와 하지 말아야 할 이야기를 넣었고, 착한 요청을 하는 모금세계 사람들을 엿보는 기회로 삼았다.

부록에서는 실제로 20문제를 AQ 테스트 문항에 넣었다. 10~15분 내에 선택한 문항들의 점수를 합산한 값이 자신의 AQ 값이다. 하지만 새로운 콘셉트여서 많은 데이터가 필요하여 지금도 계속 업그레이드하는 작업을 진행하고 있다. 최소한 2,500명 정도의 데이터가 접수되면 정규분포normal distribution의 통계는 좀 더 완성도가 높아질 것으로 기대된다.

진정한 리더는 약자에게 요청을 받아 강자에게 요청하는 자이다.

– 비케이 안

chapter

01

요청이 인생의 성공에 어떤 영향을 미치는가?

01. 요청은 우리 삶에 이미 자리 잡고 있었다

내 인생의 첫 외상은 동네 만화가게에서 시작했다. 만화가 너무 보고 싶었지만 돈이 없어 간신히 용기를 내어 주인아주머니에게 외상을 요청했는데 놀랍게도 선뜻 들어준 것이다. 요청의 마력을 그때 처음 느꼈는데, 그 후에는 돈이 생기면 갚고 또다시 빌리기도 했다. 그러다가 더욱 대담해져 학교 아이들과 떼거리로 몰려가 내 이름으로 외상을 요청했다. 나중에는 타성이 생겨 제대로 갚지도 못하게 되자 미안해서 내가 직접 가지 못해 동생을 시킨 것으로 기억한다. 그래서 이미 어린 나이에 신용을 잃으면 요청하기도 어렵다는 것과 신용이 자본이라는 것을 깨달았다. 그 당시 스스로 위인은 절대 못 될 것이라는 자책도 하고 만화 값도 못 갚는 '신용불량자'라는 생각이 마음속에 자리 잡고 있었다. 나중에 돈이 생겨 그곳에 갔을 때는 이미 만화가게가 없어진 뒤였다. 아마도 많은 사람이 살면서 나와 같은 경험을 했으리라고 생각된다. 그것이 요청에 두려움을 느낀 첫 경험이었을 것이고, 왜 힘들어하게 되는지도 이해될 것이다. 어려운 일을 겪었을 때 요청한 후 감사인사도 없이 도망친 적도 있을 것이다. 그래서 당당하게 요청을 잘 하는 사람은 이미 요청의 중요성을 알고 신뢰자본을 획득한 사람들이 대부분이다.

30여 년 만에 옛 은사님을 만났다. 은사님은 학교에서 퇴직하고 그 당시 서울 강북에 있는 방학동 복지회관 내의 장애인 재활학교 교장으로 봉사하고 계셨다. 여생을 보람된 일을 하시고자 40명 정도의 장애인 학생과 더불어 본인의 돈과 시간을 들여 자원봉사하시는 거라고 말씀하셨다. 그러다가 궁극적인 교육의 결실을 보기 위해 제빵 기술을 가르쳐 자생시키는 프로그램을 생각하고 복지회관 지하실에 제빵 시설을 설치하고자 복지관에 건의했으나 예산 부족 때문에 도움을 받지 못하고 스스로 모금운동을 통해 요청하기로 하셨다. 평생 학교 교사로 계셔서 모금 경험이 없으셨던 은사님은, 세상에는 아직도 좋은 일에 얼마든지 도움을 줄 사람이 많을 것이라는 열정으로 혼자서 모금을 시작하셨다. 일단 수백 통의 편지를 손수 작성하여 동네의 평수 넓은 아파트 편지함에 넣고 기다렸으나 연락이 없었다. 심지어 청와대에도 편지를 보내고, 안내장을 만들어 인근 동네에까지 돌아다니시며 만나는 사람들에게 전해주었으나 생각과 달리 반응은 냉담했다. 마지막으로 개인적으로 아는 제자들과 친구들에게 전화를 걸거나 직접 만나서 사정하니 몇만 원에서 십만 원, 어떤 사람은 백만 원도 기부했지만 시설을 갖출 만한 금액으로는 턱없이 모자라 지금은 포기 상태라고 하셨다. 은사님은 처음으로 한 요청이지만 그것을 마지막으로 더 이상 하고 싶지 않다고 하시면서 실망감을 감추지 않으셨다. 그 말씀을 듣고 몹시 안타까웠고 죄송한 마음과 함께 알 수 없는 죄책감마저 들었다. 그 순간에 모금 전문가로서 해드릴 수 있는 말이 무엇이 있었겠는가? 희망을 버리지 말고 좀 더 나은 방법으로 요청하시도록 조언해 드렸고, 열정을 살리시도록 많은 얘기를 나누었다. 아쉬운 마음에 돌아보면, 약간의 요청교육과 훈련을 받고 시작하셨더라면 좀 다른 결과를 기대할 수 있지 않았을까 하는 생각도 든다. 은사님께서는 평소 남에게 요청받은 적은 있어도 요청해보신 분은 아닌 것 같다. 요청 후의 기대를 잘못 계산했을 수도 있고, 요청 방법이 지나치게 순진했다는 생각이 들었다. 특히 기부금 요청은 또 다른 차원의 요청이다.

02. 결국 인생은 요청을 잘하는가 못하는가에 달렸다

누구나 인생을 살면서 '왜 이리 일이 잘 안 풀릴까?' 하고 짜증이 날 때가 많이 있다. 하는 일마다 잘 안 되면 "모든 문제는 파트너의 잘못이다."라며 핑곗거리를 찾는다. 만약 자신을 진지하게 돌아본다면 인생은 요청과 밀접한 상관관계가 있다는 것을 깨닫게 될 것이다. 자신의 인생에 문제가 있다고 생각하는 사람은 지금까지 요청할 곳에 제대로 요청하지 못했거나, 요청할 타이밍을 잘못 잡았거나, 아니면 상대방이 싫어하는 요청만 골라서 했다거나 분명히 셋 중의 하나일 것이다. 첫째, 요즘은 웬만큼 영향력이 있지 않고서는 사람들이 알아서 챙겨주는 일은 극히 드물다. 결국 본인이 나서서 제안하고 요청해야 그나마 알아줄까 말까이다. 요청해야 할 곳에는 하지 못하고 하지 말아야 할 곳에 요청한 것이다. 둘째, 너무 일찍 하거나 우물쭈물하다가 요청할 타이밍을 놓치고 너무 늦게 요청해 실패를 반복하게 되어 요청할 용기를 아예 잃어버리는 것이다. 타이밍에 감각이 없으면 기회를 만들지 못한다. 요즘 같은 시대에는 가만히 앉아 요청해오기를 기다리는 사람은 없다. 목표물이 움직이면 요청자도 같이 속도를 맞추어 움직여야 한다. 셋째, 요청을 잘한다는 것은 상대가 기꺼이 요청을 들어주게 만드는 것이다. 그런데 늘 상대가 부담스러워하는 요청이나 이기적인 요청만 반복한다면 다음 요청에서는 고의로 피할 것이다. 그러면 결국 '왕따'를 당해 요청할 기회를 원천적으로 봉쇄당한다.

만약 일이 잘 안 풀린다고 생각되면 지금까지 요청하던 방식을 바꾸면 된다. 실패의 원인을 극복한다고 하면서 다른 분야는 고치지만 계속해오던 방법으로 요청을 되풀이하면 똑같은 실패를 경험하게 될 것이다. 얼마 전에 한 유명인이 잘못을 저질러 옥살이를 하고 나와서는 새로운 삶을 산다고 책을 출간한 적이 있다. 책을 통해 독자에게 자신을 이해해달라고 요청하는 방식을 사용한 것이지만, 자신을 감옥에 가게 한 근본적인 삶의 방식을 그대로 재현하는 것 같아 안타까운 생각이 들었다. 즉, 요청에 대한 생각과 태도의 프레임을 바꾸지 않는다면 변하는 것은 아무것도 없다. 요청의 프레임을 바꾼다는 것은 지금까지의 수동적인 패턴에서 벗어나 직접 필요를 적극적으로 요청하는 것으로, 이로써 모든 것이 달라진다. 모금 선진국과 모금 후진국의 차이점은, 선진국은 적극적으로 기부자를 찾아 요청하는 데 반해 후진국은 가게를 차려놓고 손님이 오기만을 기다리는 것처럼 근본부터 다르다.

자신이 요청을 잘하고 있는지 자가진단이 어렵다면 요청 코치나 전문 요청 컨설턴트와 상담해보는 것도 도움이 된다. 지금까지 습관적으로 하던 잘못된 요청 스타일이 자신도 모르게 몸에 축적되어 있다. 그것을 인식하고 다른 요청을 하기 전 빠른 시일 내에 새로운 패러다임으로 바꾸지 않으면 인생의 문제는 계속될 것이다.

03. 영향력을 갖기 위해 요청한다

요즘에는 다른 사람을 평가할 때 영향력을 본다. 그렇다고 해서 '2011년에 가장 영향력 있는 100인' 등이 가장 물질을 많이 가진 사람을 뜻하지는 않는다. 돈이 아무리 많아도 쓰지 않으면 영향력을 행사할 수 없다. 또한 유명하다고 영향력이 있는 것은 아니며, 늘 좋은 의미로만 쓰이는 것도 아니다. 유명 연예인, 예술가, 사상가, 발명가, 정치인, 종교인 등 많은 분야에서 다른 사람에게 영향력을 미치는 사람이 많이 있다. 누군가에게 "당신은 영향력 있는 사람입니까?"라고 물으면 대부분 "아니오."라고 대답할 것이지만, "당신은 영향력 있는 사람이 되길 원하십니까?"라고 물으면 전혀 다른 대답이 나온다. 영향력 있는 사람과 함께 사진을 찍기 원하고 그와 친분관계를 맺기 원한다. 마치 영향력이 전염이라도 되는 듯이 자신도 그런 사람으로 인식되기를 원한다. 그와의 의미 없는 만남에도 의미를 부여하는 유혹을 떨치기가 어렵다. 그리고 기회만 주어진다면 영향력 있는 사람에게 요청하고 싶어 한다. 하지만 너무 속을 내보이면 기회주의자로 보일까 봐 조심하기도 하고, 그렇기 때문에 자신도 요청을 많이 받는 사람으로 보이길 원한다. 이같이 요청과 영향력 간에는 미묘한 긴장감이 감돈다.

사람은 누구나 영향력 있는 사람과 가까이하려는 본능이 있다. 하지만 대부분 자리 때문에 임시로 영향력이 있는 경우와 그 사람이 평생 이루어놓은 업적으로 인한 영향력을 본능적으로 구분할 줄 안다. 재미있는 것은 전자의 경우, 그 자리의 옷을 벗고 나오면 신기루처럼 영향력이 없어진다. 그래서 철새처럼 그런 사람을 찾다가 사라지곤 한다. 젊어서는 누가 영향력이 있는지 잘 몰라서 시행착오를 겪다가 나이를 먹으면서 알게 된다. 처음에는 잘 모르고 접근했다가 학습을 통해 저절로 습득한다. 처세술, 인맥 관리 등 특히 요즘 유행하는 SNS에서의 '친구' 개념이 현대인의 마음을 그대로 보여준다. 유명하고 힘 있고 영향력 있는 상대를 만나면 무엇인가 에너지를 얻을 것 같지만, 상대의 에너지가 크면 클수록 작은 에너지는 흡수당한다. 어떤 사람은 유명인의 강의를 듣고 그 사람을 찾아가 자신을 소개하면서 어떤 형태로건 인맥을 만들어 에너지를 요청한다. 하지만 유명한 사람들은 그리 쉽게 에너지를 나누어주지 않기에 이내 실망한다. 작은 에너지는 굴복과 존경을 이용해 유명인의 에너지를 조금 나누어달라고 요청하지만, 요즘은 먼저 나머지 작은 에너지마저 몽땅 요구하고 나중에 나누어주겠다고 한다. 그래서 작은 비전을 가진 사람은 큰 비전을 가진 사람에게 흡수당하고 만다. 하지만 에너지를 충분히 받았거나 뭔가 기대하고 자신의 에너지를 내놓았지만 기대치에 못 미치면 미련 없이 떠난다.

인간의 본능은 자신의 영향력을 실제보다 과대평가하는 경향이 있다. 그리고 은근히 자신의 영향력을 과시하거나 알아주기를 바란다. 서양에서는 그것을 오히려 '적극적인 자기 PR'이라며 좋은 덕목이라고 권장한다. 이런 경우는 모든 요청에 대해 자신의 영향력을 기대하고 오는 사람으로 생각하고 귀찮게 생각하지만 막상 요청이 없으면 불안해하기도 한다. 늘 요청을 들어주던 입장에 있던 사람이나 국가는 막상 요청하려면 잘 되지 않는다.

04. 유명인도 요청해야 산다

일반인이든 유명인이든 누구에게나 경제적인 문제는 있는 듯싶다. 누구든 피할 수 없는 함정이다. 그런데 중요한 것은 그 함정을 요청이라는 방어 시스템으로 어떻게 헤쳐나가는가이다. 『톰 소여의 모험』의 작가 마크 트웨인도 부를 위한 투자에 관심이 많아서 타자기 사업에 손댔다가 결국은 파산해서 평생 빚쟁이와 법정 소송에 시달려야 했다. 마찬가지로 『성공하는 사람들의 7가지 습관』을 쓴 스티븐 코비의 파산에서도 볼 수 있듯이, 유명인이 돈을 많이 벌기는 하지만 부를 운영하는 것은 또 다른 문제이다. 단지 문제가 있을 때 요청을 통해 어떻게 빠져나오는가하는 것이 관건인 것이다. 앤드루 카네기의 자서전에 나오는 마크 트웨인의 노트에서, 평생을 같이한 친구로서 유머러스하게 요청한 편지는 지금도 많은 사람이 인용하고 있다.

> 친애하는 친구여!
>
> 자네가 요즘 아주 잘나간다는 소식을 들었네. 찬송가를 사려고 하는데 혹시 1달러 50센트를 빌려줄 수 있겠나? 그러면 하나님이 자네를 축복하실 것이네. 난 그걸 느끼고 잘 알고 있네.
>
> -마크 트웨인-
>
> P.S. 제발 찬송가를 사서 보내지 말고 돈으로 보내주게. 내가 직접 찬송가를 고를 생각이네.

편지 내용을 보면 돈 자체를 요청하기보다 작가로서 유머러스하고 해학적인 자세로 요청하는 모습을 볼 수 있다. 그는 자신의 70세 생일잔치에 백만장자들을 바로 옆자리에 앉혀 달라고 친구인 앤드루 카네기에게 단도직입적으로 요청한 것으로 봐서 빚을 청산하기 위해 적극적으로 요청하였고, 결국 빚에서 해방되었다. 스티븐 코비의 현재 진행형인 요청 방법에 많은 사람의 이목이 쏠리고 있다. 아이러니하게도 금쪽같은 『성공하는 사람들의 7가지 습관』에서 이제는 '8가지 습관'으로 발전하여 수많은 사람을 성공으로 이끌었음에도 정작 자신의 경제적 문제는 해결하지 못한 그의 요청 방법이 포함된 9가지 습관을 기대해 본다. 이같이 요청을 통해 자신의 문제를 해결하는 것은 그 사람의 삶의 일부이다.

05. 요청의 좌절을 맛보고 이겨낸 사람이 진정한 요청꾼이 된다

현대사회의 리더는 요청을 하라고 앉힌 자리이다. 진정한 요청꾼이 그 자리에 있기를 원하는 이유는 그래야 섬기는 방법을 안다고 보기 때문이다. 선거에서 정치후보생들이 어색하게 표를 요청하는 것을 보면 눈에 거슬린다. 평소에 해보지 않던 행동을 하려니 죽을 맛이기에 보기가 안쓰럽다. 그래서 청소년 시기부터 자연스럽게 남을 위해 요청하는 법과 습관을 들이는 것이 중요하다. 어색함과 자연스러움은 단순히 단어 차이가 아니라 요청에 관한 한 그 사람의 과거와 현재, 미래를 말해준다. 그런 과정을 거치지 않은 리더는 자존심을 앞세워 제대로 요청하지 못해 국민만 고생시킨다. 어려서부터 요청 경험을 맛보는 것 중에서 가장 좋은 방법은 직접 모금 활동에 참여하거나 주도해서 해보는 것이다. 그런 경험을 통해 좌절을 맛본다. 2002년 미스코리아 진 금나나는 『나의 네버 엔딩 스토리』라는 책에서 "하버드가 준 가장 큰 선물은 '좌절'이었다."고 말했다. 필자의 딸이 중학교 때 걸스카우트에서 쿠키 판매를 하여 모금 활동을 할 때 일부 지인들과 친구들의 냉정한 모습을 보고 울며 집으로 돌아와 처음으로 인생에서 좌절을 맛본 듯 며칠 동안 자기 방에서 나오지 않았던 것을 기억한다. 하지만 지금은 요청한 후에 거절당해도 꿈쩍하지 않는다. 입학사정관들은 모금 활동으로 리더십과 봉사하는 따뜻한 마음을 기르는 것도 중요하지만, 모금을 통해서 맛보는 좌절과 그것을 이겨내고 성취감을 느끼는 것이 앞으로 있을 학업의 좌절을 극복하는 데 도움이 되기에 관심을 둔다.

06. 자식 사랑에 요청교육처럼 중요한 선물은 없다

요청하는 스타일을 보면 그가 어떤 사람인지 알 수 있다. 그 사람의 과거를 알 수 있고 현재를 이해하고 미래를 가늠할 수 있다. 물론 그 사람이 속해 있는 사회, 문화의 영향을 받았고 부모나 주위 동료에게서도 영향을 받아온 것이다. 어려서 부모가 대신 요청해준 아이는 성인이 되어서도 스스로 요청하여 해결하기 어려울 것이고, 은퇴 후에도 주위에 부탁해 일자리를 알아보지 않는다고 아내에게 질책을 받는 등 전체 인생에 영향을 받게 될 것이다. 따라서 부모가 아이를 진정으로 사랑하고 아낀다면, 어려서부터 올바른 요청 방법을 가르치는 것이 글자나 숫자를 가르치는 것 못지않게 중요하다. 아이는 무의식중이라도 부모의 요청 방식을 흉내 낸다.

부모가 집에서 요청을 통해 필요를 어떻게 해결하는가를 보고 배우는 것이다. 대부분 아이를 보면 부모가 보인다는 말이 요청에도 적용된다. 요청은 그 사람의 성격을 파악할 수 있는 가장 좋은 방법이다. 그 사람을 이해하는 데 요청처럼 많은 정보를 담고 있는 것이 없다. 조금만 신경 써서 요청의 내용을 들여다보면 누가 무슨 도움이 필요한 상태라는 것을 알 수 있다. 마치 공중목욕탕에서 아이의 등을 밀어주면서 몸이 어디가 부실한지 살펴보는 것처럼 말이다. 그리고 요청하는 방식을 보면 앞으로 어떤 독립적인 생활을 할지도 알 수 있다. 하지만 가족을 넘어서 남에게 요청하는 경우는 자신의 개인 문제가 드러날까 봐 부담스러워서 주저하게 된다. 부모는 바로 그것을 극복하고 요청자나 받는 자 모두에게 이익이 되는 고기 잡는 법을 가르쳐야 한다.

친구 부부에게 아들과 딸이 하나씩 있는데, 둘은 성격이 확연히 다르다. 오래전 우리 가족과 함께 미국 전역을 자동차로 여행한 적이 있는데, 가끔 길을 잃고 헤맬 때 아들에게 가게에 들어가 위치를 좀 물어보라고 해도 "싫어, 묻는 건 아빠가 해."라고 말한다. 하지만 딸은 초면에 남에게 길을 묻는 것을 그리 어렵게 생각하지 않았다. 캠핑 가서도 잘도 묻고 잘도 요청해서 얻기도 잘한다. 길을 잃어버렸던 경험이 있는 사람은 누구나 알 것이다. 지도보다 더 정확한 것이 자신의 현 위치를 모르니까 그 동네 사람에게 묻는 것이다. 사실 그저 길을 묻는 것조차 사람들은 귀찮아하거나 요청하기를 꺼린다.

친구 아내의 등쌀에 딸아이는 그 지역에서 가장 좋다는 여자들이 많은 사립학교에 다녔고, 아들은 사립은 싫다고 하며 공립학교를 고집했다. 미국의 공립학교와 사립학교는 장단점이 있지만, 특이한 사실은 사립학교는 기부문화가 발달하여 모금 활동이 많고, 교내에도 모금 프로그램이 많아서 누구에게든지 당당하게 기금을 요청하고 모금계획을 세우기도 하면서 리더십을 키운다. 하지만 공립학교에 다녔던 아들은 그런 기회가 있었는지 기억이 없다. 몇 년이 지난 지금은 그 둘의 차이가 엄청나다는 것을 알 수 있다. 물론 환경이 그렇다 하더라도 사람마다 모두 똑같을 수는 없지만, 딸은 한때 오바마 선거 캠프에서 선거운동도 돕고 모금에도 적극적이며 상류층 사람들과 어울리며 필요한 것을 요청하는 것에 매우 자연스럽다. 하지만 아들은 아직도 사람들을 만나 설득하고 요청하고 제안하는 데 익숙하지 않고, 자신보다 좀 더 사정이 나은 사람들에게 접근하여 요청하는 데 부담감을 느낀다고 한다. 현재 아들은 회사 영업 분야에서 몇 년 동안이나 적응하지 못하여 결국 사람들과 접촉이 많지 않은 분야에서 일하고 있다. 아무래도 요청을 잘하는 사람은 직업 선택의 폭이 커지고 결정적인 순간에 도움을 요청해 필요한 것을 얻지만, 그렇지 못한 사람은 기회를 상실하거나 힘들게 더 고생한다.

모금가로서 그 친구의 딸이 남에게 요청하는 것을 지켜보니 모금의 요청 원리를 그대로 이해하는 듯싶다. 우선 기쁘고 즐겁게 요청하고 상대가 즐겁게 대답할 것이라는 긍정적인 생각을 가진다. 그리고 가장 중요한 것으로는 진심이 담긴 미소와 감사의 말을 잊지 않는다. 사람들의 반응이 좋고 또다시 요청하는 사이클이 이미 몸 안에 배어 있기에 상대가 받아줄 확률도 높아진다. 하지만 자연스럽게 요청하지 못하는 사람은 요청을 두려워하며 거절에 대한 좋지 않은 경험을 갖고 있다. 자연히 요청하는 자세나 태도도 어설프기 때문에 시원치 않은 반응이 악순환 되어 습관으로 자리 잡는다.

어느 여성 시나리오 작가의 죽음과 도움 요청

부모로서 자식을 교육할 때, 도움이 필요하면 어떻게 요청해야 할지 구체적인 지식이나 지혜, 용기를 가르쳐야 한다. 스스로 못하면 최소한 교육 받을 수 있는 기회를 주어야 한다. 지금까지는 도움을 요청하는 것은 실패를 자인하는 것이고, 무언중에 노약자만이 하는 것이라 가르쳤지만 그것은 잘못된 것이다. 그리고 가능하다면 더 나아가 남을 위해 요청하는 법을 가르쳐야 한다. 현재 남을 위해 도움을 요청하는 기술은 미국 상류층 자제의 교육 목록 제1호이다.

일반적으로 인간은 절실한 도움이 필요하면 본능적으로 도움을 요청할 것이라고 오해하는데, 그것은 사람 나름이다. 어떤 경우는 자신이 그렇게 절박하지 않다는 착각이나 자존심으로 극단의 결과를 맺기도 한다. 최근 확실한 내용은 알 수 없지만 어느 여성 시나리오 작가가 굶어 죽은 사건이 발생했는데, 그녀의 죽음 이후 "창피하지만 며칠째 아무것도 못 먹었습니다. 남는 밥이랑 김치가 있으면 집 문을 두들겨 주세요"라는 쪽지가 발견되었다고 한다. '젊은 여자', '영화 시나리오 작가', '절박한 요청', '굶어 죽음' 등 그야말로 일반 노숙자나 실업자의 죽음과는 다른 특이한 스토리가 미디어를 장식하였고, 사회적인 이슈가 되기에 충분했다. 그래서 관계 복지공무원의 태만과 이웃 주민의 무정함, 영화산업의 부조리 그리고 사회 안전망의 부재 등의 이슈들이 한꺼번에 쏟아져 나왔다.

모금하는 사람으로서는 그 사건의 대의 효과를 논하기보다 만약 그 여성 작가가 도움을 요청하는 법을 알았다면, 아니 좀 더 '현명하게 요청하는 방법'을 알았다면 좋았을 것이라는 아쉬움이 있다.

보통 젊은 여자가 뭔가 요청하면 주위에서는 그래도 잘 도와주지만, "먹을 것을 달라"는 요청은 그리 심각하게 받아들이지 않는 것이 사회 정서이다. 본능적으로 여성은 남성보다 먹을거리에 대한 접근이 좀 더 쉬운 것으로 생각하는 것이다. 다른 것도 아닌 생존에 관한 것이라면 자존심을 버려야 하지만, 어떤 사람들에게는 죽기보다 싫은 것이 '구걸'성 요청이다. 특히 감수성이 예민한 젊은 작가의 입장에서는 스스로 삶을 포기했을 수도 있고, 그렇게까지 될 줄 모른 채 정신을 잃은 것이 죽음에 이르게 했는지도 모른다.

이슬람의 어느 종교 지도자는 도움을 요청할 수 있는 3가지 경우 중의 하나가 굶는 사람의 경우인데, 요청을 하기 위해 "이 사람은 굶어서 몸이 가벼워지고 있다."고 말할 세 사람의 증인이 있을 경우에만 도와주라고 가르쳤다고 한다. 아마도 그 당시에는 굶주림을 빙자해 돈을 요구하는 이가 많아 그것을 방지하기 위해서 그렇게 가르쳤을 것이라 생각된다.

모금의 꽃은 요청이기에 이런 사건을 보는 관점은 남다르다. 사실 자신의 어려움에 대해 어떻게 요청해야 할지 방법을 모르거나 용기가 없다면 남에게 요청할 수 없는 것이 간단한 원리이다. 모금가들을 교육할 때 남을 위한 요청이므로 좀 더 당당할 수 있다고 가르치지만, 그 전에 자신의 문제에 대해 어떻게 요청할 수 있는가를 곰곰이 생각해보는 것이 선행되어야 한다.

07. 교육 프로그램에서 요청이 필요한 이유는 무엇인가?

미국의 심리학자이자 철학자인 윌리엄 제임스William James는 지식에는 3가지 단계가 있다고 했다. 첫째는 복잡한 생각이 요구되지 않는, 단지 기억하고 인식하는 정도의 지식이다. 둘째는 단지 지식을 축적하는 단계에서 벗어나, 이해하거나 비교·분석·유추·설명할 수 있고 좀 더 나아가 보여주는 능력이 요구되는 단계이다. 마지막으로는 실제로 자신의 상황에 맞게 활용할 수 있는 지식으로 발전시키는 단계이다. 현대사회의 교육 프로그램은 궁극적으로 마지막 단계를 목표로 지향하고, 그에 걸맞은 인재를 자신의 울타리 안에 두고 싶어 한다.

한국에서는 2007년에 처음으로 인문학적인 요청 철학과 시스템적인 요청의 기초를 이야기했는데, 그 당시만 해도 한국에서 요청하는 사람들의 일반적인 생각은 요청의 방법know-how보다 사람know-who에게 관심이 있었고, 혹시나 하는 특별한 비법을 기대하고 강의를 들으러 온 사람이 많았다. 요청 방법을 기대한 사람은 요청의 초보자로서 기대 반 호기심 반의 마음을 가지고 적은 노력으로 많은 결과를 얻으려는 욕심을 갖고 있었다. 사람에게 관심이 있는 사람은 그나마 경험자로서, 요청이라는 것이 별거 아니고 결국은 누구를 아는가가 중요하기에 새로운 사람과의 만남을 소개받는 심정으로 강의를 들었던 것으로 기억된다. 하지만 두 부류 모두 실망을 느꼈을 것이다. 요청교육은 윤리를 말하는 것이고, 바로 요청하는 것을 배우는 것이다. 만약 요청 기술을 익히고 싶다면 먼저 사실과 개념을 알고 원리를 이해한 다음 올바른 태도를 가지고 마지막으로 스킬을 익히는 것이 순서이다. 만약 스킬에만 관심이 있어 그것만 배운다면 요청이 필요한 모금 사업은 사상누각이 되고, 요청하는 사람은 단순 기능인으로밖에 대접을 받지 못해 아무도 거들떠보지 않을 것이다.

한국의 교육 시스템은 이런 사실을 알고 단계를 거쳐 스킬을 배우는 곳이 아니라, 자리가 한정되어 있기에 걸러내기 위한 테스트로 전락해버린 듯한 아쉬움이 있다. 현재 미국 명문대학 입학사정관의 기준 중에는 요청 능력이 가장 중요한 관점이 되고 있다. 물론 수능SAT도 이해의 단편을 알려주지만 충분치 않다고 본다. 지식이 머릿속에만 존재하는 수재를 원하는 시대는 지나갔다. 지금은 얼마든지 필요한 지식에 수시로 접근할 수 있고, 기능적인 지식은 기계가 충분히 대신해 줄 수 있으므로 그보다는 과연 그 학생이 요청할 수 있는 능력을 갖추었는지를 본다. 모금이라는 주제가 학생들 사이에서 유행하는 것도 그런 이유에서다. 모금하는 것이 단지 돈을 마련하고 또 장래 학교의 기금 마련에 도움을 주는 인재를 뽑기 위해서가 아니다. 그들이 어떻게 세상을 이해하고 행동하는지, 모금이라는 요청의 한 장르가 학생으로서 보여줄 수 있는 최고의 과외 활동이라 보기에 배운 것을 어떻게 활용하는지 적극적으로 증명할 줄 아는, 행동하는 수재를 키워내고자 하는 것이다.

08. 입학사정관은 요청 능력을 본다

인천시 강화군에서 중학교를 졸업한 김 양은 세계적인 호텔 경영인이 되는 것이 꿈이다. 자신의 꿈을 실현하기 위해 김 양은 2004년 대원외고 프랑스어과에 입학했다. 그러나 입학과 동시에 부모님께서 강화도에서 운영하던 식당을 접으면서 가정 형편이 크게 기울었다. 학교 수업료를 내기도 빠듯해 학원은 꿈도 꾸지 못했다. 외고 입학 직후에는 친구들과 너무 다른 환경 때문에 울기도 많이 했다. 그러나 교내외 장학금으로 수업료를 마련해가며 3년 동안 학원 대신 독서실에서 혼자 공부하며 아이비리그의 꿈을 키웠다. 모르는 내용은 학교 선생님들에게 질문하고 인터넷 강의로 해결했다. 영어를 잘하는 친구들에게는 영어를 요청해 배웠고, 교재는 친구들 것을 복사해서 공부했으며, 30분 단위로 시간계획표를 짜서 실천했다.

고3이 되자 미국 유학비가 걸림돌이 됐다. 김 양의 부모는 장학금을 받지 않으면 유학 뒷바라지를 해주기 어렵다고 했다. 그래서 그녀는 신라, 워커힐, 프라자, 인터컨티넨탈 등 7개 호텔 CEO에게 "나를 주식으로 생각하고 투자해 달라."며 편지를 보냈다. 결과적으로 장학금은 받지 못했지만 CEO들의 격려에 큰 힘을 얻었다.

이런 경험을 담아 쓴 입학 에세이가 하버드 대학 입학사정관의 마음을 움직여 4년간 20만 달러의 장학금을 받기로 하고 입학하게 되었다. 그녀는 어린 나이에 이미 요청의 마력을 알고 있었다. 거기에다 진정성까지 있으면 불가능을 가능케 하기도 한다. 미국 사회는 요청의 힘이 리더십에서 나온다고 보고 그런 요청을 아는 사람과 실행하는 사람을 선택하고 있다. 그것을 다른 사람에게 하게 할 수 있다면 더 큰 리더가 될 수 있고, 사회에 영향력을 끼치는 사람이 될 수 있다. 세상은 요청하는 사람에게 답을 해줄 준비가 되어 있다.

전 세계의 교육계는 21세기가 원하는 인재상을 토대로 교육의 목표를 다음 4가지로 정하고, 각 명문대학은 입학사정관 제도를 통해 학생을 선발하는 기준으로 삼고 있다. 요청의 능력과 경험이 각 분야에서 촉매제 역할을 하기에 교육자나 부모의 입장에서는 매우 심도 있게 고려해봐야 한다.

① 의사소통 표현: 내 아이디어를 어떻게 표현할까? 요청하기 위해서는 듣기가 기본이고, 적당한 질문이 있어야 적절한 표현을 할 수 있을 것이다. 당당하게 요청할 수 있는 사람은 자신에 대해 표현을 잘할 수 있다고 보는 것이다.

② 경험적 추론: 내가 아는 바를 어떻게 증명할까? 요청을 하다 보면 귀납법적인 논리를 자연히 습득하게 될 것이다.

③ 개인적 특성: 책임감과 리더십을 가지고 어떻게 내 능력을 발휘해 더욱 발전시킬까? 현대의 리더십은 섬김에 기반을 둔 요청에서 오기에 요청을 통해서 자신의 특성을 살릴 수 있다.

④ 자기주장만 하지 말고 타인의 견해 수용하기: 다른 사람들의 견해는 어떨까? 다른 사람에 대해 모르면 요청은 이루어지지 못한다. 자신과 다르다는 것을 이해하고 요청해야 한다는 것을 자연히 알게 된다.

그러나 이같은 네 분야에 대한 각각의 능력을 체크하기가 현실적으로 어렵기에 가장 간단한 방법으로 종합적인 면을 보는 한 가지 방법은 남을 위해 모금 활동을 해본 경험이 있는가, 어떻게 팀을 구성해서 어떤 역할을 했는가를 보면 위의 4가지를 추측하고 그의 미래를 예측할 수 있다고 보는 것이다.

정치적 감각에 요청 능력이 포함되어 있다

국제적으로 큰 단체의 주요 모금 직책을 뽑을 때는 크게 두 가지를 본다. 사회적 감각과 정치적 감각이 필수조건이라고 한다. 여기서 사회적 감각은 EQ감성지수와 관련이 있으며 주로 관계, 커뮤니케이션, 사회성, 네트워크 능력과 연계되어 있다. 하지만 한국에서는 정치적 감각이라는 용어를 생소하게 생각하거나 부정적인 개념으로 생각하는 사람이 많다. 점점 많은 국제기구나 대형 단체에서 구인광고를 낼 때 그 부분을 명확하고 구체적으로 명시하는 추세이다. 그만큼 일의 성과를 내기 위해서는 정치적 감각이 얼마나 중요한지 시행착오를 겪으면서 학습효과로 모든 단체가 알게 된 것이다. 얼마 전 스위스에 본사를 둔 CARE 인터내셔널에서 글로벌 모금 리더를 모집하는데 심사기준에 다음과 같은 자격조건의 글이 명시된 적이 있다.

> "이 직책은 전략적 사고와 정치적 감각으로 복잡한 시스템을 배우고 진행하는 능력을 갖추어야 한다."

여기서 '정치적 감각'이란 무슨 뜻일까? 한국적인 정서로는 문구로 직접 표현하지 않지만 조직 내에서 중요한 직책을 맡은 사람이 조직에 대한 정치적 감각이 둔하거나 부정적으로 생각되면 무능해 보이거나 문제 해결에 불협화음을 만드는 사람으로 보인다. 조직에 적응하지 못하고 자주 옮겨다니는 사람은 조직에 있어서의 정치적 감각이 무딘 사람으로 취급받는다. 여기서는 모금 전문가가 알아야 할 비영리단체 내에서 필요한 기본적인 정치적 감각이 무엇인지 살펴보자. 그 이유는 고용주라면 어떻게든지 신청자가 낸 이력서나 인터뷰를 통해 다음 사실의 정도를 알려고 노력하기에 미리 알고 대비하는 것이 중요하다. 필자는 지원자에게 그런 능력이 있다는 것을 서류나 인터뷰에 나타나 보이도록 적극적으로 노력하라고 조언한다. 기본적인 정치적 감각은 대략 6가지로 나눈다.

① 단체 내의 시스템 안에서 어떻게 적응하는지 아는 것: 단체 안에서 모금을 끌고 가는 그룹(fundraising dominant)을 파악하여 그들과 어떻게 소통하는지, 요청할 줄 아는지, 단체 내의 독특한 정치적 문화를 익혀 자신이 그 안에서 얼마나 쉽게 적응할 수 있는지 보여준다. 외부 요청 환경이나 자신의 지식과 경험만을 주장하는 것이 아니라 시스템에 자신을 맞추는 능력을 말한다.

② 다른 사람의 정치성을 이해하는 것: 인간은 누구나 정치적이기에 인간관계의 정치적 역학을 이해하는 능력이 필요하다. 다른 사람의 동기, 목적, 필요, 원하는 것을 이해하는 능력을 말한다.

③ 정치적 언어를 쓸 수 있어야 한다는 것: 여러 계층과 이해관계자를 자극하는 언어를 쓰지 않고 정치적인 언어 사용이 자유로워야 한다는 것이다. 도전과 반대를 착한 요청의 마인드를 가진 단어로 바꿀 수 있는 능력을 말한다.

④ 큰 그림을 그릴 수 있어야 한다는 것: 작은 것을 버리고 큰 것을 취하기 위해 단체의 큰 그림이 무엇인가를 알고 그릴 수 있는 능력을 말한다. 정치적이란 큰 그림을 그린다는 뜻이기도 하다. 큰 그림을 그릴 수 없다는 것은 리더십이 부족하다는 말과 같다.

⑤ 지원할 네트워크를 개발할 줄 안다는 것: 미션을 보조할 네트워크를 스스로 만들 수 있는가 없는가 하는 문제이다. 대부분 단체는 네트워크를 형성할 충분한 자료나 재원을 제공하지 않는다. 따라서 처음부터 스스로 개발할 수 있는 사람을 원한다. 혼자서 해결하려는 성향을 가진 사람은 마이너스이다. 팀을 만들려면 요청하는 정치적 감각이 없으면 불가능하다.

⑥ 어디에 정치적 지렛대가 존재하는지를 안다는 것: 미련하게 막무가내로 힘으로 밀어붙여서 될 일이 있고 안 될 일이 있다는 것을 아는 능력을 말한다. 단체 안팎에서 불가능해 보이는 일도 누군가 지렛대 역할을 할 사람이나 물건을 찾아내고 그를 설득해 자기 사람으로 만드는 능력이 필요하다. 그 지렛대를 찾아내고 요청하는 능력을 본다.

여기서 윤리와 정치를 따로 놓고 보면 안 된다. 정치적이라고 해서 윤리적인 문제를 포기하라는 뜻이 아니다. 이 둘을 서로 호환적으로 보며 윤리를 기반으로 하는 정치적 감각은 갈등을 해결하고 소통, 즉 착한 요청을 먼저 해서 조직 내 문제 해결을 원활히 할 수 있는 아주 중요한 덕목이다. 아무리 훌륭한 기술과 열정이 있어도 정치적인 감각이 없으면 매니저나 모금 리더로서 팀을 제대로 이끌어가기 어려운 것이 현대 조직 내의 현실이다. 하지만 자신이 부족하다고 실망할 필요는 없다. 위의 6가지 조건은 이론상의 지침일 뿐이며, 이 세상에 완벽한 사람은 없다. 자신이 완벽에 가깝다고 자신한다면 모금을 할 것이 아니라 정치인이 되라고 권면하고 싶다.

09. 글로벌 문화지수가 높은 미래 인재가 필요하다

국제 비영리단체들이 글로벌 문화지수CQ가 높은 인재를 애타게 찾고 있다. 이질적인 문화 환경 속에서는 미세한 문화적 뉘앙스를 재빨리 알아차리고 남을 배려할 줄 아는 능력, 조화롭게 적용하고 주도해나갈 줄 아는 능력이 매우 중요하다. 문화 지능이 높은 사람은 낯선 문화에서도 적응을 잘하고, 문화의 힘을 알고 활용할 줄 안다. 그래서 문화진흥 향상을 위한 교육은 우리와 다른 문화에 대한 이해를 골자로 한다. 그것이 바로 CQ문화지수이다. 다른 나라의 문화에 대한 지식과 이해는 곧 그 문화권 사람들과의 원만한 소통을 위한 큰 자산이 된다.

요청을 전문적으로 하는 사람 중에 기금요청가grant writer들이 있다. 이들은 각 재단이나 개인 기부자들에게 비영리단체 기금을 요청하는 사람들로, 유명한 소설가 신경숙 씨의 『엄마를 부탁해』를 영어로 번역한 김지영 씨는 변호사를 그만두고 LA 카운티 미술관의 기금요청가로 일하고 있는데, "상대를 설득하고 감동을 주어야 한다는 점에서 기금요청과 문학 번역은 일치한다."고 말했다.

기금요청가는 직접 찾아가 만나서 요청하는 것이 아니라 주로 서면으로 요청하지만, 깊은 인문학적 이해와 남을 배려하는 마음, 경청을 통해 다른 사람의 생각을 읽을 수 있는 능력이 필요하며, 커뮤니케이션을 잘해야 하는 미국에서 매우 높은 연봉을 받는 직종이다. 서로 다른 문화를 이해하는 요청의 덕목은 현대의 리더에게 요구되는 기본 필수과목이다.

몇 년 전 미국 댈러스에서 장학금 기금 마련 만찬과 모금행사를 도와준 적이 있었다. 우선 열 명 정도 되는 지역 주 커뮤니티 리더들을 모아놓고 요청에 대해 교육했다. 대부분이 전에 한 번도 남에게 요청한 경험이 없었지만 그래도 열정을 갖고 요청 훈련에 임했다. 그중에서 가장 기억에 남는 분은 필자의 주치의였던 홍승국 박사이다. 중앙은행의 이사로 계시는 분이었는데, 훈련을 마치고 나서 은행에 기금을 요청하기로 하고 모두 밖에서 그 결과를 기다리고 있었다. 그런데 얼마 후 그분이 수표를 들고 어린아이처럼 뛰어나오며, "나도 한 건 했어! 사실 이런 요청을 해보긴 처음이야. 근데 할 만하네." 하고 흥분된 목소리로 외치던 모습이 엊그제 일처럼 생생하다. 우리가 받은 금액 중에서 가장 큰 금액이었던 것으로 기억된다. 물론 본인도 충분히 낼 수 있는 금액이었지만 스스로 남에게 요청해서 받아낸 것이었기 때문에 그 성취감은 남달랐을 것이다. 많은 학생이 장학금 혜택을 받았고, 그 뒤부터 그분은 다른 커뮤니티 일에도 적극적으로 나서서 요청의 달인이 되었다. 지금은 미국 내 한인 은행으로는 가장 큰 은행의 이사장으로 추대되어 댈러스 한인 리더로 존경받고 있다.

현대 민주주의 사회의 공공기관 리더에게 있어 리더십의 의미는 비영리단체의 리더와 마찬가지로 요청하는 자리이고 요청을 잘 받아주어야 하는 자리이다. 정책을 발표하고 따르도록 요구하기보다는 요청이나 의뢰로 국민이 동참하도록 요청해야 그나마 따른다. 어떤 분야의 장長이라는 것은 사람들의 요청을 들어주고 단체를 대표하여 요청하는 창구의 책임자임을 의미한다. 아무리 명문대학을 나오고 똑똑하더라도 요청을 잘 할 줄 모르고 받을 줄 모르면 민주주의 리더십의 미숙아나 자폐아로 불린다. 하지만 그 위치를 잘 모르고 시작하여 어려워하는 사람들을 자주 본다. "요청은 어떻게, 무엇을 해야 하나?"보다 "무엇을 하지 말아야 하는가?"가 더 중요하고 현실적이다.

10. 요청과 새로운 리더십의 패러다임

과거에는 강압적으로라도 무리를 이끌고 갈 수 있는 사람, 지배하더라도 복종하게 만들 수 있는 사람이 리더십의 모델이 되었다. 그 후 발전하여 얼마 전까지만 해도 '함께 가는 리더십fellowship'이 주목받은 적이 있었다. 하지만 요즘의 리더십 코드는 '리더'가 아니라 '팔로어follower'에게 초점을 맞춘 순응하고 따르는 '팔로어십followship'이 대세이다. 따르지 못하는 사람이 어떻게 사람들을 이끌어갈 수 있는가 말이다. 평등의식이 높아질수록 리더와 팔로어의 간극은 좁아지고 경계선 라인은 점점 희미해진다. 더욱이 리더가 팔로어의 기대만큼 못하면 리더로 인정받기는 매우 어렵지만, 한편 리더를 인정하지 않는 팔로어에게 그 일을 맡아 수행하라고 하면 그 이상하지 못하는 게 현실이다. 따른 경험과 성적표를 보고 장래 리더감으로서 심성을 판단할 수 있다. 더욱이 21세기는 무대의 위와 아래, 앞과 뒤를 구분하지 않는다. 배우와 관중, 주연과 조연 간 차이를 두지 않는다. 리더는 앞에 있는 것이 아니라 중간쯤에 서서 같이 움직인다. 리더는 권위와 특권을 행사하는 위치가 아니라 단지 직무일 뿐이다. 그러다가도 위기 때는 앞장서서 문제 해결에 귀를 기울이고 해결할 수 있는 사람에게 담대히 간청이라도 할 수 있는 이가 리더이다.

따른다는 것은 다르게 표현하면 아무리 말을 잘해 설득력이 있다 해도 경청할 수양을 갖추지 못하면 한계가 있다는 뜻이다. 무리의 리더를 선정할 때 경청이 우선순위가 되는 이유가 바로 그 때문이다. 또한 함께 가기 위해 반드시 그들의 입장을 고려하고 대변하는 입장으로서 사심을 버리고 다른 무리에게 선제 요청을 할 진정한 용기가 있어야 한다. 현대는 같은 무리 사이에 소통의 문제가 생기면 중개 역할을 하고, 재원의 분배에 불만이 있으면 가진 자에게 요청해서 부족한 자에게 나눠주는 메커니즘, 즉 명령이 아니라 요청을 요구하는 리더십 시대이다. 리더는 나도 너도 아닌 우리를 위해, 세상을 편하게 만들기 위해 맨 위가 아니라 중간에서 먼저 요청을 들어주고 그 요청을 들어줄 사람에게 요청해야 하는 매치메이커match maker이다. 따라서 현대의 리더가 갖춰야 할 덕목은 경청과 요청이다.

새로운 리더십 = 팔로어십(경청+요청)

하지만 위의 기준으로 짧은 시간에 사람을 정확하게 판단하는 것은 위험하기에 그런 오류를 줄이기 위해 인문학을 공부한다. 인문학은 허와 실을 구별할 줄 알고 관습과 편견에서 자유로워지며 오류를 확인할 줄 알고 남이 하찮게 생각하는 것에서도 진정한 즐거움을 얻기 위해 배운다. 보통 리더는 비전, 인내, 용기, 추진력 등을 갖추고 결과를 얻어내야 한다고 말한다. 또 전체를 조감할 수 있는 융합적인 시각도 가져야 한다고 말한다. 그러기 위해서는 늘 새로운 지식을 추구하는 학문적 삶을 살아야 한다. 리더는 감각, 특히 그중에서도 상황맥락지능이 발달해야 한다. '이 상황에서 내가 어떤 역할을 해야 하는가?'에 대한 판단을 명확히 할 수 있어야 한다는 얘기다.

현재 모금 리더 중에는 제대로 모금교육을 받지도 않고 정당하고 올바른 경험 없이 등장한 사람들이 많다. 요청이 봉사라는 것을 모르고 리더가 된 것이다. 단지 공부를 잘해 지위가 높아졌거나 선대의 유산으로 영리 회사의 CEO가 되어 세상 어려운 줄 모르고 지내다가 나중에 비영리기관에서 모금의 중책을 맡게 된다. 필자의 견해로는 기부자가 그런 상황을 알았으면 한다. 유감스럽게도 일부 비영리단체가 공익이라는 이름을 내걸고 단체의 이익 추구에만 급급함으로써 그런 단체나 모금가를 믿을 수 없게 되었다. 사익이 우선인 사람이 비영리단체의 리더가 되면 결국 사익의 범주를 벗어나지 못한다. 그러므로 비영리단체의 리더는 자아실현 단계에 있는 사람이 가장 적임자이다. 리더십의 패러다임이 바뀌었는지도 모르는 리더와 팔로어가 가장 불행하다.

김용 총장의 세계은행 총재 선출의 의미

최근 오바마 미 대통령이 김용 Yong Kim 다트머스 대학 총장을 세계은행의 총재로 선출하여 화제가 되고 있다. 이는 세계 리더십 코드와 트랜드가 어디로 가고 있는가를 보여주는 것으로 상징적인 큰 의미가 있다. 김용 총장은 이미 재정에 힘겨워하던 다트머스 대학에서 대학 발전을 위한 모금에 탁월한 재능을 보여주었다. 그는 전에 비영리단체인 PIHPartners in Health의 공동설립자로서 발전과 모금에 있어 열정을 가지고 국제적으로 일한 경험이 있다. 그에 대해 오바마 대통령은 "현재 전 세계에서 가장 큰 에이전시인 세계은행에는 모금개발 전문가가 일할 때가 왔다."고 말했는데, 오바마 자신도 모금개발전문가 Development Professional 출신으로서 시카고의 개발 비영리단체에 있다가 정치로 입문한 인물이므로 그러한 말을 한 배경을 이해할 만하다. 변호사였던 오바마나 의사였던 김용은 각각 전문 분야에서의 전공이 있었지만 편안함에 안주하지 않고, 더 나아가 남을 돕는 자선사업의 일환으로 비영리단체를 설립하고 각 단체의 미션과 비전을 사람들과 공유하는 개발 과정을 이해하고 경험을 쌓았으며, 모금으로 정부, 조직, 개인에게 필요한 재원을 충당하는 능력을 키운 사람들이다. 특히 그의 동료들이 김용 총장의 능력에 대해 한 말 가운데 "sways and woos"라고 한 표현은, 남의 말을 잘 안 듣고 움직이기 힘들며 서로 가치가 다른 고지식한 단체의 사람들을 흔들고 구애하는, 문자 그대로 '착한 요청을 할 줄 아는 리더의 덕목을 갖춘 자'라는 뜻으로, 이는 앞으로 정치적 리더로서 반드시 지녀야 할 덕목이다. 그래서 지금까지는 금융전문가가 세계은행의 수장이 되었지만 그 틀을 깨고 새로운 리더십의 패러다임을 선언한 것이다. 그런 의미에서 볼 때 아마도 오바마나 김용 총장은 AQ 지수가 우수한 사람일 것이다.

chapter 02

요청이란 무엇인가?

– 요청의 내부 속살

01. 요청은 에너지 흡수의 통로이다

인간도 자연의 일부이기 때문에 인간의 행동 원리도 자연의 원리로 설명할 수 있다. 인간은 자연에서 직접 에너지를 얻기도 하고, 다른 인간을 통해 자연의 에너지를 얻으며 살아가고 있다. 어떤 형태로든 에너지가 필요하기에 자신에게 결핍한 에너지의 종류에 따라 자신도 모르게 몸이 그쪽으로 향하게 된다. 자신의 의도나 의지와 관계없이 이렇게 디자인되었기에 인간은 만날 때마다 무엇인가 에너지를 흡수할 수 있기를 기대한다. 나 자신의 에너지를 주기 위해서만 만나는 것은 극히 드물고 대부분 어떤 형태로든 에너지를 원한다. 사람들이 다른 사람에게 전화하거나 만나기를 원하는 것은 자신의 에너지를 충족시키기 위해서이다. 동물이나 식물은 자신이 필요한 것은 요청 없이 빼앗거나 흡수한다. 하지만 인간은 요청을 통해 필요한 것을 얻는다. 에너지 소통 도구로서 인간만이 할 수 있는 메커니즘이 바로 요청이다. 인간은 에너지를 흡수해야 하기에 요청이 반드시 필요한 존재이다.

인간은 필요에 의해서이든 원해서이든 에너지가 충족되어야 육체적으로나 감정적으로 살아갈 수 있다. 사람들이 이리저리 움직이고 전화하고 서로 만나는 이유는 에너지를 흡수하기 위한 생물체의 본능적인 몸부림인 것이다. 사람들은 자신이 느끼는 결핍을 돈을 주고 사기도 하고, 돈으로 살 수 없는 감정의 결핍을 메우기 위해서는 다른 사람과의 만남을 갖는다. 인간에게 부여된 선물인 요청이라는 에너지 충족 도구를 적절히 사용하지 못하면 가난의 굴레에서 벗어나지 못하거나 마음이 피폐해지기도 한다. 따라서 요청의 메커니즘을 안다는 것은 에너지 흡수 효율과 직접 관련이 있기에 삶에서 가장 중요한 원리를 아는 것과 같다.

요청에 관한 한 나는 누구인가?

자신에게 무엇이 부족한가를 알려면 자신이 누구를 만나려고 하는지, 몸이 어디로 향하는지를 보면 된다. 부족에는 여러 가지 종류가 있다. 마치 비타민이 B, C, D 등 여러 가지 종류가 있는 것처럼 인간에게는 경제적인 이유, 심리의 안정, 성적인 욕구, 명예의 욕구, 자아실현의 욕구, 생리적인 욕구, 심지어는 감사를 받기 위한 욕구 등 수많은 에너지가 있어야 하기에 먼저 접근을 시도한다. 지금까지 만나고 헤어지고 또 만나는 과정을 통한 수천의 요청이나 교환 속에서 몇 사람이 다음 요청을 위해 남아 있는가를 보면 자신이 누구이고 어떻게 살아왔는지를 알 수 있다. 배경이나 인맥이 없는 사람들은 자신이 다른 사람을 통해 어떻게 에너지를 찾는지 그 패턴을 보면 좀 더 자신을 이해할 수 있다.

사람들은 흔히 돈, 사랑, 일자리, 재미, 의무감을 충족한 해방감 등 상대가 원하는 것이 무엇인지는 알려고 하지 않고 우선 자신의 것만 얻으려고 신경 쓴다. 그리고 어떤 형태로든 무언의 보상 약속이 있어야 그나마 먼저 에너지를 나누어준다. 모든 자기계발서에서는 이론적으로 상대가 원하는 것을 먼저 신경 쓰라고 가르쳐주고 있지만, 공감은 해도 실행이 잘 안 된다. 그나마 상대방에게 신경을 쓴다는 것은 상대를 위해서 혹은 에너지를 주기 위해서가 아니라 상대가 감동해서 자신의 에너지를 무상으로 퍼주기를 바라는 심리가 더 크다. 예를 들어 경청하라는 것도 에너지를 효율적으로 흡수하고 상대를 기쁘게 하면 자신이 원하는 에너지를 쉽게 얻을 수 있기 때문이다. 상대에게 진정으로 원하는 에너지의 종류는 사람마다 다르다. 처음 만나서는 밥값도 내고 친절이라는 희생의 에너지를 쓰고 베풀지만, 곧 어떤 형식이든 요청을 통해 상대방에게서 에너지를 얻기 원한다. 그리고 그 결과에 곧 실망하게 된다.

그렇다고 해서 누구나 경제적인 이해타산만 가지고 사람을 만난다는 뜻은 아니다. 하지만 친구들끼리 아무런 이해관계 없이 그저 재미있는 수다와 기쁨의 에너지를 주고받기 위해 만난다고 해도 아마 그 이면에는 어떤 에너지의 결핍이 있을 것이다. 필요한 에너지가 충족되거나 기대에 못 미치면 더 이상 만나지 않거나 다른 무엇에게로 마음을 옮길 것이다. 어떤 사람은 사람에게서 에너지 흡수를 포기하고 종교에 기대어 신에게서 에너지를 받는다. 결과에 만족하는 사람은 더 의지하고, 실망하는 사람은 계속해서 다른 곳을 찾는다.

상대가 원하는 에너지를 잘 파악하지 못해서 오는 부작용은 막대하다. 부부일 경우에는 이혼을 하고 사업 파트너는 헤어지기도 하는 등 수많은 사람이 상대에게 실망하곤 한다. 엉뚱한 에너지를 준다면 상대는 또다시 요청하거나 실망할 것이다. 사실 자신이 요청한 것이 정말 필요하거나 원하는 것인지 잘 모를 때가 있다. 그것을 가장 잘 알려면 직접 질문하는 것이 좋다. 조금 어색할 수는 있어도, 만약 서로 조화가 안 된다면 시간이 더 많이 흘러서 큰 실망을 주기 전에 상대에게 알려주어야 하는 것이 소위 요청의 윤리이다.

사회적 교환으로서의 요청

사람은 늘 만남에 실망하면서도 또다시 기대하며 만나는 일을 반복한다. 처음부터 다 알고 시작한다면 만날 의미가 없다. 모르기 때문에 기름을 소비하면서까지 자동차를 몰고 가고, 커피를 마시고, 여러 가지를 소비한다. 이렇듯 모든 경제 효과는 에너지 충족과 필요의 교환을 위해 요청하러 다니는 사람들 때문에 일어난다. 자신 혹은 상대에게 필요할 것이라고 느낀 에너지는 사실 필요한 것과 원하는 것이 다를 수 있다. 그래서 세상의 모든 마케팅의 원리는 필요한 것을 파는 것이 아니라 원하는 것을 판다. 그런데 우리는 필요 없는 것도 원하기 때문에 쓸데없이 값을 치른다.

사실 대부분의 경우 순수하게 남을 위한다고 하지만 저변에 숨어 있는 무엇인가 결핍을 채우기 위해 숨어서 남에게 봉사하는 것이다. 봉사하면서 비록 남이 알아주지 않더라도 자신이 느끼는 만족이나 기쁨이 희생보다 더 크다고 생각하기에 반복할 수 있는 의지가 생기고 행동으로 옮길 수 있는 것이다. 그리고 '감사'라는 커다란 선물을 받을 수 있다. 하지만 감사나 기쁨 없이 남을 의식하고 보여주기 위한 행동이라면 한두 번 하다가 자신이나 다른 누군가의 결핍을 채워주지 못하기에 그만두게 된다. 이러한 현상은 아주 자연스러운 것이다.

사람은 누구나 그런 에너지를 '요청'이라는 그릇에 담아 전달한다. 어떤 사람은 그릇이 크고 단단하고 가볍지만, 어떤 사람은 접시같이 작고 깨지기 쉽다. 모든 만물의 현상에 대의 효과cause-effect가 있듯이 요청 뒤에는 엄청난 비밀이 숨어 있다. 엄마가 시집간 자신의 딸을 만나는 것은 엄격히 말해서 이타주의라기보다는 딸의 요청을 들어주면서 즐거운 감정의 에너지를 얻기 위해서이다. 사랑하는 딸을 만나는 것도 엄마이기에 갖는 의무감을 충족하는 데서 에너지를 얻는다면 관계가 유지되고, 자신의 에너지 희생이 얻는 것보다 많다면 그건 이타주의가 되는 것으로 몸과 마음은 자연히 자신의 의도와는 달리 멀어진다. 이것은 인간의 의지와는 별개 문제이다. 다른 사람을 대상으로 하여 본능적으로 에너지를 찾아서 길을 나서는 것이다. 인맥을 쌓는다는 것은 언젠가 에너지를 흡수할 창고에 투자하는 셈이다. 마치 다람쥐가 추운 겨울을 나기 위해 도토리를 숨겨놓는 심리와도 같다. 가령 가족은 에너지의 보물 창고이다. 아이는 엄마에게 기쁨의 에너지를 주고, 남편은 밖에서 에너지를 얻는 데 실패해도 매일 아내에게서 에너지를 얻고 살아간다. 그런데 남편은 아내에게 필요한 에너지를 충족시켜주지 못한다면 균형이 깨지게 되어 가정 파탄이 온다. 그 에너지가 부족하지 않고 몸에 축적된다고 생각되어야 몸이 그곳에 머물기를 원하게 된다.

요청의 갈등과 부작용

어린아이는 자신에게 필요한 에너지를 숨길 기술이 부족해 그대로 원색적인 요청으로 나타낸다. 거짓말은 진실을 전달하는 방법이 서툴고 어색하기에 나오는 것이다. 하지만 나이를 먹을수록, 혹은 인간관계의 베테랑일수록 처음부터 희생을 감수하지 않으려고 한다. 또한 희생하더라도 오래가지 않는다. 그리고 처음부터 내가 원하는 에너지 종류를 상대에게 말하지 않는다. 하지만 상대방에게 어떤 에너지가 필요한지는 웬만큼 훈련받은 사람도 알아내기가 쉽지 않다. 그런데도 왜 사람은 한두 번 만나면 더 이상 만나지 않을까? 먼저 연락을 취한다는 것은 큰 에너지의 방출을 의미하기 때문이다. 먼저 연락하는 것은 요청에 대한 하나의 선전포고이고, 상대의 에너지를 흡수할 수 있을 것이라는 기대를 갖게 하기도 한다. 그래서 만나는 것이다. 왜 사람은 시간이 지나면서 처음 느낀 감정이 변하는 것일까? 요청은 감정의 티핑 포인트tipping point, 변화의 신호탄이다. 관계의 변환점이고 자신이 원하는 에너지를 서서히 밝히는 순간이기도 하다. 사람마다 다르기는 하지만 어떤 사람은 이해하기 좋게 쉽게 요청하는 사람이 있고, 어떤 사람은 좀처럼 파악하기 어렵다. 하지만 가만히 생각해보면 누구나 만나는 순간부터 눈에 보이지 않고 귀에 들리지 않고 느낌으로도 알 수 없지만, 방사능처럼 이미 방출하고 있는 것이다. 다만 느끼지 못할 뿐이다. 사실 사회경험이 많고 특별히 성공한 사람들의 특징은 그것을 상대보다 먼저 알아채고 요청을 대비하기도 한다.

자신이 가진 패는 상대보다 늘 높아 보이기에 도박에 빠지듯이 자신이 가진 에너지의 가치를 실제보다 더 높게 평가하는 경향이 있다. 사람 간의 만남은 어떨 때는 에너지의 교환을 의미하기도 한다. 서로 다른 에너지를 교환하는 데 어떤 사람은 돈이 필요하고 어떤 사람은 명예가 필요하다. 하지만 문제는 각자 서로 다른 저울을 갖고 있어 측정치가 객관적이지 않다는 데 있다. 내가 준 만큼 받지 못하면 손해를 본다고 생각한다. 거기에서 갈등이 생기고 자신의 의지와는 다르게 서로 멀어져 간다.

요청의 원리에 벗어나는 행동

이런 자연스러운 현상과 요청을 방해하는 요소는 자존심과 병리적인 중독성 그리고 역린이다. 인간은 동물과 달리 자신이 필요한 것을 알지만 먼저 접근하는 것에 대해 자존심이 상하거나 남에게 피해가 될까 봐 주저하거나 포기하는 경우가 있다. 요청하면 즉시 해결될 일이나 요청하지 못하면 큰 문제가 생긴다는 것을 알면서도 자존심 때문에 하지 못한다. 또한 중독성이란 부족한 에너지를 충분히 받았으면 이론적으로는 다른 것을 찾아야 하는데 습관이나 통제능력이 상실되어 계속해서 과다하게 채우려 함을 말한다. 예를 들어, 사람은 누구나 가끔 재미와 스릴, 흥분할 기회를 갖기 원한다. 하지만 그것이 지나치면 도박에 빠지게 된다. 친구의 아들은 아주 모범생이었는데 유학 중에 우연히 라스베이거스에 놀러가 재미로 친구들과 블랙잭을 했다가 5,000불을 딴 것이 화근이 되어 결국 중독되어 대학 수업료까지 다 탕진해서 부모의 속을 무척 썩였다고 들었다. 역린soft spot이란, 다른 사람이 절대 건드리지 말아야 할 개인적인 민감한 사항이다. 인간은 누군가 그것을 건드리면 모든 이성적인 판단이 중단되고 정상적인 요청 프로세스의 에너지 충족도 마다하게 되는 심리적·감정적 약점을 갖고 있다. 그러므로 만약 누군가가 더 이상 나에게 연락하지 않거나 내 쪽에서 그에게 연락하지 않는다면 서로의 자존심이 에너지 교환 욕구보다 크거나 상대로부터 결핍 에너지를 충당할 가치를 못 느껴서일 것이다.

이런 요청의 탄생 원리를 이해한다면 자신과 상대의 행동을 이해할 수 있게 되며, 그 안에서 일어나는 모든 일을 원활하게 이루기 위해서는 반드시 요청이 필요하므로 요청에 대한 부정적인 생각을 버려야 한다. 결국 요청을 잘하는 사람이란 '요청을 방해하는 요소를 극복하고 자신의 부족함을 채움과 동시에 상대의 부족함도 채워줄 수 있는 능력을 갖춘 사람'이라고 정의할 수 있다. 어떤 조직이나 국가든 요청을 통해 에너지가 건강하게 교환되는 사회가 되어야 한다. 조직이나 리더들이 요청을 잘하는 사람에게 관심을 두는 이유는, 그 개인의 능력이 조직의 미션 또는 에너지를 충당하는 데 그대로 활용되어 도움을 받기 원하기 때문이다.

우리의 눈은 배보다 크다 Eyes is bigger than the tommy

파티 등에 가면 자신이 먹을 수 있는 양보다 많은 양의 음식을 접시에 수북이 쌓아놓고 먹는다. 대부분 남기지만 모자라는 사람은 더 담아오는데, 두 번째 접시는 반드시 남아 버리게 마련이다. 경험이 없는 어린아이일수록 심하고, 먹어보지 못한 음식이 나올 때 편차가 더 심하다. 한 사람만 그러면 별 문제가 없지만 파티에 온 사람이 대부분 그러하다면 버리는 음식 양은 엄청날 것이다. 그리고 나중에 온 사람은 음식이 모자라 못 먹는 경우도 생긴다. 우리가 먹을 수 있다고 생각하는 것보다 음식을 채우는 위는 작게 디자인되어 있지만 늘 착각한다. 그래서 약간 부족하다고 느낄 때가 중단할 가장 적절한 시기이다. 또한 우리는 노후를 걱정하여 필요 이상으로 부를 축적하려는 경향이 있다. 마치 다람쥐가 겨울 동안 먹을 수 있는 용량을 벗어나 지나치게 많은 도토리를 쌓아놓았다가 나중에는 먹지 못해 그냥 버리듯이 우리 자신의 본래 용량을 잊어버리고 정신없이 부를 축적하려고 노력하며 고민 속에 빠져 산다. 자신에게 필요하다고 상상하는 용량이 실제보다 훨씬 크기에 쓸데없는 노력이 되고, 부를 축적할 수 있다는 생각은 실제로 할 수 있는 용량보다 크기에 인생은 늘 번민 속에 빠져 살 수밖에 없다. 문제는 불경기로 인해 준비된 노후 대책이 부족하다고 느껴 더 많은 노력을 한다면 이번 접시는 자신의 필요보다 더 많이 담게 될 것이다. 사회는 이런 쓰고 남은 것을 환원시킬 시스템을 만들어야 한다.

요청 원리 중에 "우리의 눈은 배보다 크다The fundraising eyes is bigger than the stomach."는 말이 있다. 즉, 예상하고 상상한 것은 실제로 그가 할 수 있는 것보다 크다는 뜻이다. 모금가는 늘 실제보다 요청을 더 많이 할 수 있다고 예상하고 계획을 잡거나 예산을 준비한다. 모금 컨설팅을 의뢰한 단체장은 모금이 되기도 전에 건축이 되는 것으로 생각하는 경우도 많다. 여러 사람이 동시에 실제로 모금할 수 있는 용량을 넘어서 예상 모금액을 말하고 모금 리더가 그들의 예상까지 합쳐서 기대한다면 심각한 문제에 봉착하게 된다. 모금 캠페인에서 부풀린 기대에 못 미쳐 참담한 결과를 안게 되는 경우를 자주 경험한다. 따라서 경험이 풍부한 모금가는 쓸데없이 긍정적으로 생각하는 것은 오히려 해가 된다고 믿는다. 마치 이미 내부가 썩어 있는 나무에 밝은 페인트칠을 한다고 해서 새로운 나무가 될 수 없는 것처럼, 거품이 제거된 사실을 가려내어 현실을 직시해야 한다. '과거의 데이터가 없다면 우리가 할 수 있을까?'라고 예상하는 것은 희망사항 그 이상도 이하도 아니라고 생각해야 한다.

02. 요청을 낱낱이 해부한다

서양에서는 요청asking이 여러 가지 의미로 쓰인다. 주로 성경에서 그 어원의 의미를 찾기도 하는데, "Ask and it will be given to you; Seek and you will find; Knock and the door will be opened to you구하라 줄 것이요 찾으라 그러면 찾을 것이요 두드려라 그러면 문이 열릴 것이다 (누가복음 11:9)."라는 구절이 있다. Ask, Seek, Knock라는 세 글자의 뜻이 합쳐져 요청의 기본 태도와 사상이 된 것이다.

처음의 ask는 현재 진행형으로서 '지속적으로 계속하는 것', 나머지 두 개는 미래형으로 '기대'와 '약속'을 의미한다. 이것은 기도하는 사람에게 믿음의 약속을 주는 말로 시작되었지만, 현대에 와서는 기독교의 종교관을 떠나서 일반적으로 요청에 대한 긍정적인 결과를 기대하는 개념으로 자리 잡았다.

그리스어 사전에 의하면 asking은 *aiteo* 아이테오로 발음로서 요청, 구걸, 요구, 갈망, 욕망, 필요 등의 뜻으로 쓰인다. 상급자가 하급자에게 하는 요청은 요구가 되고, 하급자가 상급자에게 하는 요청은 주로 청원이 될 것이다. '주다'라는 의미의 *didomi*는 (요청하면) 준다는 뜻이다. 찾는 것은 *zeteo*로 상태 속성의 반영, 관찰, 실험이나 조사를 통해서 쉬지 않고 열심히 찾으면 결국에는 찾게 되리라는 것이고, 두드리면 결국은 문을 열어주리라는 것 역시 원하는 것을 줄 것이라는 뜻이다. 이 3가지 방법은 결국 한 가지로, 요청을 부끄러워하지 말고 신념을 갖고 중단하지 말고 끝까지 요청하면 대답을 얻을 수 있다는 것이다.

03. 요청을 구조적으로 이해하자

사실 요청처럼 다양한 뜻을 가진 단어도 드물다. 비영리 쪽에서는 구걸식 요청과 남을 돕는 것에 동참하자는 당당한 사회적 투자 요청이 있다. 그리고 영리 쪽에서는 물건을 팔기 위한 영업상 요청이 있고, 동업을 전제로 한 투자 제안이 또 하나의 요청이다. 정치에도 부정적인 의미의 청탁과 서로 긍정적인 정치성 거래인 요청이 있을 수 있다. 법원에 구제해달라는 읍소형 탄원이나 피켓을 들고 길거리에서 외치는 저항형 요구도 요청의 하나이다. 가족 간의 관계에서도 장난감을 안 사주면 밥을 안 먹겠다고 떼쓰는 어린아이나 공부를 잘하면 선물을 사주겠다는 엄마의 요청도 거기에 포함된다. 이렇듯 포괄적인 의미에서의 요청은 강도에 따라 다음과 같은 순서로 진행된다.

구걸 → 간청 → 요청 → 의뢰 →요구 → 명령

또한 요청의 경계선이 불분명할 때도 있고 요청의 방법이 뒤섞일 때도 있다. 심지어 같은 요청도 시간에 따라 다르게 변하기도 한다. 따라서 자신의 요청이 어떤 상황의 요청이어야 하는가를 정확히 이해하는 것이 중요하다. 자리를 정확히 찾지 못하면 반드시 부작용이 생기고 만다. 만약 요구해야 할 곳에 간청한다든지 요청해야 할 곳에 구걸한다면 요청이 받아들여지지 않는다. 모금교육에서도 기금을 구걸하듯이 하지 말고 요청과 의뢰의 중간 정도로 하라고 가르친다. 한국에서도 한때 기금을 정부의 권력으로 각 기업에 할당해 명령한 적이 있어 큰 부작용이 생긴 적도 있다.

만약 고용주에게 월급을 올려달라고 요청하고 싶으면 어떤 방법으로 할 것인지 고민될 것이다. 결론적으로 말해서 요청 지능지수가 높은 사람이 월급을 올려 받을 확률이 높다.

요청의 5대 요소

요청이 성립하기 위해서는 다음과 같은 5가지 요소가 필요하다. 요청의 승패를 결정짓는 요소이기에 요청자는 다음 사항을 하나씩 검토한 후에 가장 가능성이 큰 것부터 우선순위를 정해야 한다.

① 용량: 부나 자원에는 여러 부류가 있으나 어떻게 쓰는가에 따라 다르다. 얼마 전 신문을 보니 우주에서도 볼 수 있는 크기로 자신의 이름을 새긴 사람은 아랍에미리트에 사는 63세의 부호로 확인되었는데, 이 남자는 아부다비 인근의 사막에 거대한 크기로 '하마드HAMAD'라고 새겼다. 사막에 새겨진 문구의 크기는 우주에서도 확인할 수 있을 정도로 광대한데, 전체 크기가 가로세로 각각 3㎞, 1㎞에 달한다. 자신의 이름을 전 세계는 물론 우주에까지 전파한 이 억만장자는 최고급 승용차 200대를 소유하고 있으며, 피라미드 모양으로 지은 거대한 저택에서 살고 있다고 한다. 구글 맵 서비스 등을 통해 이 억만장자의 이름을 확인한 네티즌들은 그를 '철부지'라 비웃었는

데, 그와는 달리 따스한 마음으로 공익을 위해 돈을 쓴 부자도 많다.

② 관계: 요청자와 요청받는 기부자의 친한 정도가 어떤가에 따라 다르다. 문제는 내가 알고 있는 정도와 그가 나를 아는 정도가 다르다는 데 있다. 그 간극이 적어야 요청자의 현실적인 기대치와 요청 방법을 정해 요청이 성공할 확률이 높다. 빌 게이츠의 부의 용량이 아무리 크다 해도 나와의 관계는 0에 가까울 것이다.

③ 시간: 요청할 때의 타이밍이 매우 중요하다. 그가 요청을 받을 만한 상황인지 아닌지 정확히 아는 노력이 필요하고, 거기에 바탕을 두어 정보를 수집해야 한다. 아무리 다른 조건이 좋아도 타이밍이 좋지 않으면 아무 소용이 없다. '눈치'도 능력이라는 말은 이럴 때 필요하다.

④ 내용: 어떤 주제와 내용으로 요청하는가이다. 돈인가 단순한 부탁인가, 개인의 이익인가 공익인가에 따라 반응이 다를 것이다. 내용이 평소에 기부자가 관심을 두는 가치 안에 있다면 좋을 것이다. 업그레이드해서 가치를 창조할 것인가? 비록 손실을 메우기 위한 요청이라고 하더라도 가치를 창조하는 아이디어로 디자인할 수 있다. 사람들은 가치가 새로이 창조될 때 기쁜 마음으로 요청을 받아들이게 된다.

⑤ 방법: 어떤 방법으로 요청할 것인가이다. 전화, e-mail, 직접 만나 얼굴을 맞대는가에 따라 다르다. 가능하다면 직접 만나 요청하는 방법이 가장 좋을 것이다.

다음 그림은 여러 종류의 요청을 그림으로 요약해본 것이다.

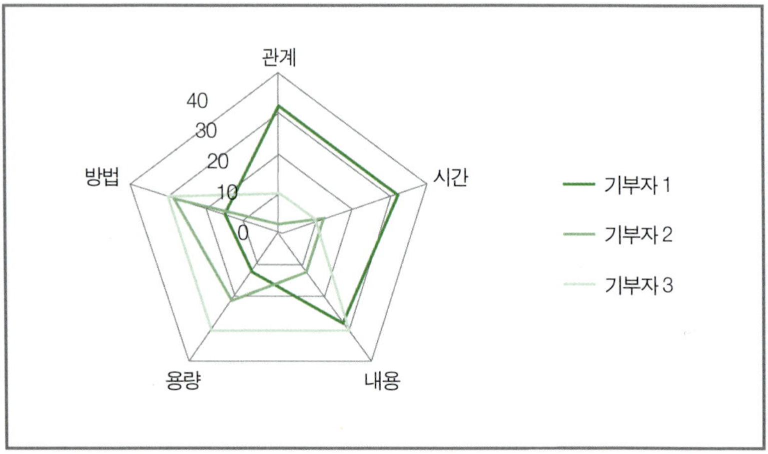

위의 기부자 2나 3보다 1 같은 경우는 관계도 좋고 타이밍도 맞고 내용도 좋기에 비록 부자는 아니고 직접 만나지 못한다 하더라도 전체 면적이 크므로 가장 먼저 시도해보는 것이 현명하다. 요청을 잘 한다는 것은 위의 5가지 요소를 공감적으로 잘 이해하고 통합적으로 조율해서 가장 적절한 대상을 상대로 요청하는 것을 말한다.

요청 심리학에 대한 오해

스탠퍼드 대학의 조직행동심리학 교수인 프랜시스 플린Francis Flynn의 현장 테스트를 통한 연구 논문에 의하면 사람들은 보통 요청에 대해 3가지 큰 오해를 하고 있다고 한다.

첫 번째로 가장 큰 오해는, '직접 만나 요청하면 들어줄 것인가?'라는 추측이나 예상이 실제로 직접 요청하면 들어주는 것보다 훨씬 작다는 것이다. 다시 말해 실제로 직접 요청하면 예상보다 2~3배 더 잘 들어줌에도 사람들은 요청의 효과를 과소평가한다는 것이다. 사람들은 요청을 들어줄 때 자신이 치러야 하는 값을 거절했을 때 치르는 값보다 더 중요시한다. 이는 들어주었을 때 오는 이익이 거절했을 때 오는 부담감보다 더 크기에 부탁하면 들어줄 확률이 예상보다 크다는 뜻이다. 사실은 그래서 요청을 두려워한다. 반면에 메일이나 편지 등으로 간접 요청했을 때의 기대치는 실제보다 훨씬 크다는 조사 보고가 나왔다. 그래서 많은 사람이 SNS나 이메일 요청이 예상보다 적은 결과가 나오는 것에 실망한다.

두 번째 오해는, 요청하는 것이 들어주는 것보다 쉽다고 생각하는데 훨씬 어렵다는 것이다. 즉, 기부보다 기부요청이 더 어렵다는 뜻인데, 그의 조사에 의하면 많은 단체나 조직이 프로그램을 만들어 도움을 요청하기를 기대한 것보다 실제로 사람들이 요청을 적게 한다는 것이다. 예를 들어, MBA 1학년 학생이 MBA 2학년 선배에게 멘토링을 받는 프로그램에 대한 기대치는 20~30퍼센트 정도라고 예상하지만, 실제로는 그 절반에도 못 미치는 요청이 왔다는 사실이다. 그 외에 다른 현장 데이터도 비슷한 수치이다.

세 번째 오해는, 처음 요청을 거절한 사람은 두 번째에도 승낙할 확률이 작다고 생각하는 것이다. 보통은 처음에 거절한 사람에게 다시 요청하기를 꺼린다. 하지만 현장 테스트에 의하면 새로운 사람에게 요청하는 것보다 한 번 거절한 사람이 들어줄 확률이 2~3배나 많다고 한다. 그래서 새로운 기부자를 찾는 것보다 기존 기부자 중에서 기부를 중단하거나 한 번 요청했던 사람에게 다시 시도하는 것이 더 지혜롭다.

요청에는 5가지 프로세스가 필요하다

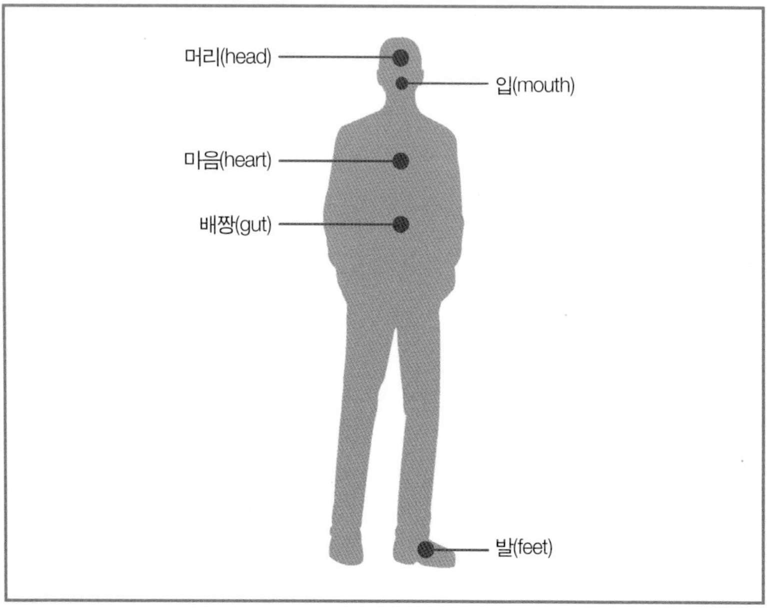

요청하기 위한 프로세스에는 머리head, 마음heart, 배짱gut, 발feet, 입mouth이 있다.

우선 머리는 논리에 근거를 둔다. 무슨 이유로 요청하는 것인가? 어떤 근거로 상대가 수락할 수 있는가? 그리고 나는 그가 들어줄 것을 믿고 신뢰한다는 생각을 머리로 먼저 하게 된다. 그리고 마음은 관계로 인한 감정의 교환과 열정이 있어야 한다. 해도 되고 안 해도 되는 것이 아니라 반드시 해야 하는 절박한 필요의 심정이다. 그리고 배짱, 즉 용기가 필요하다. 하고자 하는 욕구가 생겨야 할 수 있다. 발은 아무리 위의 여러 조건이 갖추어져도 본인 스스로 걸어가서 만나야 요청할 수 있다. 마음은 있으되 발이 움직이지 않으면 소용이 없다. 마지막으로 이 모든 것이 갖추어져도 막상 상대 앞에 가서 입이 떨어지지 않으면 그것도 소용이 없다. 누구나 '마음은 굴뚝같으나 입이 안 떨어져서' 요청하지 못한 경험이 있을 것이다. 행동으로 옮기는 것은 발과 입이 함께 해주어야 가능하다. 그래서 모금 전문가들은 반드시 입으로 하는 훈련을 거친 후에 관계 매니저RM의 심사를 거쳐 실현해보게 한 후에 합격하면 말로 요청하게 한다. 말로 하는 요청은 실제로 훈련하지 않으면 절대 쉽지 않다. 어떤 사람은 아무리 훈련해도 잘 안 되는 경우가 있는데, 그럴 때는 직접 요청하지 말고 다른 일로 얼마든지 모금 활동을 도울 수 있다.

요청이 실제로 머리에서 입으로 전해지는 확률을 수학적으로 나타내보자. 머리에서 50퍼센트는 마음으로, 다음 50퍼센트는 배짱으로, 다음 50퍼센트는 발로, 다음 50퍼센트는 입으로 간다고 가정하면 0.5×0.5×0.5×0.5=0.0625로서 실제로는 약 7퍼센트밖에 안 된다. 다시 말해, 처음에 누군가에게 요청해야겠다는 생각을 머리로 한 사람이 행동으로 옮겨 말로 요청하게 될 확률은 불과 7퍼센트도 안 된다는 얘기다. 그래서 실제로 많은 모금 활동이 실패하는 첫 번째 이유는 열성적인 모금가는 있었지만 실제로 만나 요청한 사람이 많지 않았기 때문이고, 필자에게도 그런 경험이 있다.

얼마 전에 주위의 누군가에게 들은 얘기다. 그는 자신이 원하던 대학에 합격해놓고도 집안 형편이 여의치 않아 입학금을 못 내 포기해야 할 판이었다. 주위에 도움을 청할 사람이라고는 딱 한 사람이 있었는데, 바로 돌아가신 아버지의 친동생인 작은아버지였다. 작은아버지는 사업에 크게 성공하셔서 돈이 많아 그분께 요청할까 생각해보았다. 우선 머리로 논리적으로 생각해보면, 대학에 들어가는 것은 그의 인생에서 매우 중요하고, 지금 못 가면 영영 기회가 없을 것 같았다. 비록 돌아가신 아버지와 사이가 안 좋았던 건 알지만 그래도 작은아버지가 아닌가? 만약 도와주면 나중에 취직해서 얼마든지 갚을 수 있을 것 같은 열정이 생겼다. 용기를 내어 작은아버지 댁으로 찾아가 만나 뵙고 직접 말씀을 드렸다. 결국 그는 작은아버지의 도움을 받아 등록하였고, 지금은 졸업해서 좋은 회사에 취직도 하고 행복한 신혼살림을 한다는 이야기를 들었다.

하지만 이 이야기처럼 요청한 뒤의 결과가 항상 해피엔딩으로 끝나지만은 않는 것이 우리네 인생살이다. 우리 주위에는 이와 유사한 상황이 많이 있지만 결과는 전혀 다르다. 어떤 경우는 그 단계로 가는 과정이 너무 복잡하거나 시간이 많이 걸리고, 도중에 멈추어 진전이 없는 경우도 있다. 위의 사례에서는 작은아버지 집까지 찾아가서도 돈 얘기를 하지 못하고 용돈만 받고 나올 수도 있다. 프로세스대로 했지만 작은아버지가 거절할 수도 있다. 작은아버지의 반응이 예상외로 "요즘 세상에 대학 졸업장이 최고냐? 나도 대학은 못 나왔지만 충분히 잘살고 있고, 네 아버지가 나에게 해준 것도 없는데 너 스스로 인생을 개척해야지, 팔다리가 멀쩡한 젊은 사람이 그러면 되겠어?" 하고 거절할지도 모른다. 하지만 여기에서 미리 적절히 논리적·수사학적으로 이성과 감정을 불러일으킬 수 있는 현명한 요청 준비가 중요하다. 예를 들어, '나에게 대학 교육이 왜 중요한가? 도와주면 작은아버지에게 어떤 이득이 있는가?'에 대해 대답할 준비가 되어 있다면 승산이 있을 것이다.

요청의 프레임

프레임frame은 심리학 용어로 '세상을 바라보는 마음의 창'을 의미한다. 요청이라는 문제를 바라보는 관점, 요청의 사안을 해석하는 방식, 세상에 대한 비유, 요청에 대한 사람들의 고정관념 등은 모두 프레임의 범주에 속한다. 프레임은 요청 배경의 복잡다단한 사건들을 쉽게 해석하고 한결같이 보도록 이끄는 조력자 역할을 함과 동시에 우리의 시야를 제한하는 검열관 역할도 한다. 요청은 프레임 혹은 맥락 안에서 이루어지기에 요청의 결정은 프레임 효과에 의해서 결정된다. 웹사이트를 볼 때 "뭐 좀 살 게 있나?"라고 말하는 것을 보면 그 사람은 '웹=온라인 구매처'로 보는 프레임을 갖고 있는 것이고, "쓸 만한 정보가 있나?" 하고 말하는 사람은 '웹=정보검색 출처'라는 프레임으로 보는 것이고, "비슷한 취미를 가진 사람이라도 만나볼까?" 하면 '웹=만남의 소스'라는 프레임을 갖고 있듯이 제각기 다르다. 비유법을 쓰자면 웹은 각 사람의 프레임에 따라 '상점', '도서관', '카페'가 된다. 모금을 하는 착한 요청자도 기부자를 ATM 기계로 보는 프레임, 투자자로 보는 프레임, 애걸하듯이 간청할 사람으로 보는 프레임 등 모두 다르다. 또한 다른 사람과의 접촉을 통해 요청하기로 한다면 그때의 접촉과 대화는 어쩔 수 없이 맥락 안에서 일어날 수밖에 없다. 그리고 빠져나오기가 어렵다. 그래서 프레임에 따라 기부자를 다르게 보며, 다르게 대화하고, 기부 후에 그들에게 하는 후속 조치도 다르다.

어떤 상황에서 요청을 보는 관점이 부정적이든 긍정적이든 그것은 마치 프레임을 놓고 그림을 보는 것과 같다. 중요한 것은 그림이 프레임이 되고 프레임이 그 안의 그림이 되도록 생각해야 한다. 훌륭한 요청자는 서로 다른 아이디어를 동시에 한 가지 프레임에 놓고도 타협하면서 결정할 수 있다.

요청자가 주의해야 할 인지적 편향 3가지

인지認知란 어떤 대상을 느낌으로 알거나 이를 분별하고 판단하는 의식적 작용이다. 그리고 지각·재인再認·상상·추론 등을 포함하여 지식을 구성하는 모든 의식적 과정을 포함한다. 이 과정에서 누구나 편견이 생겨서 오류를 범하게 된다. 필자가 모금 전문가 교육에서 가르치는 '요청자가 어떤 결론을 내리기 전에 반드시 생각해두어야 할 주요 인지적 편향 3가지'를 소개하고자 한다.

① 군집 착각clustering illusion

동전을 던져 앞뒤가 나올 확률이 50 : 50이 되어도 사람들은 운이나 어떤 규칙에 따른 패턴으로 결과가 나올 것이라고 생각한다. 동전의 앞면이 나오면 ○, 뒷면이 나오면 ×라고 할 때 다음과 같은 결과가 나왔다고 가정해보자.

○○○××○○○××○○×○○×○○○×

위와 같이 나왔다고 가정하고 사람들에게 물어보면 어떤 패턴이 있을 것이라는 생각을 하게 되는데 사실 그건 오류이다. 그저 무작위에서 나오는 의미 없는 결과일 뿐이다.

예를 들어, 모금가가 어떤 큰 데이터를 대상으로 샘플조사를 했는데, 고액 기부자 100명 중 남자가 70명이라고 해서 모든 고액 기부자 중에서 남자가 70퍼센트라고 결론을 내리는 것은 너무 성급하다. 여자와 남자의 비율이 50 : 50이라고 보면 단순히 우연히도 고액 기부자 중에서 남자가 그 샘플 쪽에 몰려 있을 가능성이 있다. 만약 진실은 알 수 없다고 해도 실제로 전체 고액 기부자 1,000명 중에서 100명의 거액 기부자를 남자라고 가정하면 통계적으로 10퍼센트 정도밖에 안 되는 것이지만, 마침 그 100명 중에 70명이 샘플집단에 속해 있었을 수도 있는 것이기에 착각할 수 있다.

② **기저율 오류**base rate fallacy

전체 비율을 무시하고 특정 부분의 경우에 잘못 적용할 수 있다는 점에서 요청자들은 대표적으로 기저율 오류처럼 보이는 경우를 조심해야 한다. 예를 들어, 1만 명의 기부자 명단이 있는데 그중에 10억을 낼 수 있는 고액 기부자가 100명 있다고 가정해보자. 어떤 회사에서 고액 기부자를 찾아낼 수 있는 소프트웨어 프로그램이 개발되었는데 오류가 일어날 확률이 1퍼센트라는 광고를 보고 구입했다고 하면 보통 그 프로그램을 통해서 뽑아낸 사람은 10억을 낼 수 있는 확률이 99퍼센트라고 착각한다. 하지만 실제는 전혀 다르다. 1만 명 중 1퍼센트면 100명은 이미 잘못된 고액 기부자 명단이고, 정확한 계산은 99/199=0.5, 즉 50퍼센트이다. 쉽게 말해 프로그램을 지정한 사람이 진짜인가 아닌가 하는 정확도는 반반의 확률을 가진다. 그러니 과장 광고라고 할 수 있다. 물론 프로그램의 효용도는 프로그램을 전혀 쓰지 않은 것과 비교하면 무시할 수 없지만, 만약 데이터가 커지면 확률은 더 떨어진다.

이것은 공항에 설치된 테러리스트의 얼굴 인식기가 1퍼센트의 오류 확률이 있다고 할 때 지나가는 승객을 인식기가 지적한 테러리스트로 인식할 확률이 얼마인가에서 볼 수 있다. 99퍼센트가 아니라 사실은 0.1퍼센트도 안 되어 생각보다 정확도가 떨어지고 많은 불필요한 수고가 더 필요하다.

③ 조합의 오류conjunction fallacy

단일 사건의 확률보다 두 사건이 결합된 경우의 확률을 더 높게 추정하는 경우를 말한다. 독립적인 두 사건이 함께 일어날 확률은 두 사건이 일어날 확률의 곱이므로 어느 한 사건의 확률보다 클 수 없는데도 결합사상의 확률을 더 높게 추정하는 오류를 범하게 된다. 예를 들어, 성격이 아주 활달하고 대학에서 정치학을 전공한 스마트한 32세 이상인 미혼 여성이 있다고 가정하고, 어떤 문장이 그녀를 가장 잘 대변해주는지를 사람들에게 추측해보라고 했다.

① 그녀는 모금가이다.
② 그녀는 모금가이고 여성운동에 참여하고 있다.

위의 두 문장에서 그녀가 ①번인 경우 모금가일 확률은 1퍼센트라고 하고 ②번의 경우 여성운동에 참여할 확률은 10퍼센트라고 보면 0.01×0.1=0.001인데도 ②번이 ①번인 1퍼센트 확률보다 더 높을 것이라고 신뢰하는 오류를 범한다. 누구나 일반적으로 평가하는 것보다 확률적으로 더 낮음에도 좀 더 세밀한 조건의 사람을 평가하는 것이 더 맞는다고 믿는 오류이다.

위의 3가지를 토대로 우리가 내린 어떤 추측이나 결정에 논리적 오류가 있었는지 다시 한 번 점검해보는 기회로 삼아야 한다.

04. 요청의 성공담을 무조건 맹신하지 말라

세상에 발표된 성공담의 뒷면에는 대부분 '직접 찾아가서'라는 말이 나온다. 직접 찾아가서 어떤 제안을 하거나 요청한 것이다. 그 요청을 듣는 사람이 마침 찾고 있었다든지 마음이 움직인 경우가 대부분이다. 성공한 파트너와의 만남은 둘 중의 하나가 먼저 접근한 것이다. 필자는 지금까지 일하면서 가만히 있는데 누가 나에게 찾아와 일거리를 준 기억이 거의 없다. 거의 다 내가 찾아가거나 아니면 누가 찾아와 요청해서 내가 받아들인 것이다. 결국은 찾아가서 요청하는 용기와 습관, 제대로 요청하는 방법을 터득한 사람이 사회 적응이 빠르고 성공할 확률이 높다. 필자는 사람을 고용할 때 그의 요청하는 능력을 본다. 단순히 성격이 외향적이어서 아무에게나 아무렇게나 요청할 수 있는 사람을 말하는 것이 아니다. 무작정 아무 데나 전략 없이 요청하는 것이 아니라 '현명한 요청'을 잘하는 사람이 많은 사람을 먹여 살린다. 아무리 좋은 아이디어와 성실로써 제품을 만들어 내도 팔 수 있도록 요청을 제대로 하는 사람이 없거나 하지 못하면 제품도 죽고 조직도 소멸한다. 그래서 조직의 리더는 자신을 돌아보고 만약 자신의 요청 능력이 떨어지면 반드시 능력 있는 사람을 고용하든가 그런 사람을 곁에 두어야 한다. 미국의 대통령 오바마가 바로 그런 사람이다. 그는 약간 내성적이다. 요청을 머리로 알고 가슴으로 이해하는 전략을 알지만 행동으로 세밀하게 옮기는 데 주저함을 느끼기에 그것을 채울 참모를 고용해서 대통령에 오른 사람이다.

이 글을 읽는 독자는 자신을 한번 돌아보자. 만약 자신이 지금까지 살면서 일이 잘 안 풀리고 하는 일마다 잘 안 되고 인생에 부족함이 있었다고 느낀다면 자신의 요청 능력을 한번 깊게 생각해봐야 한다. 이미 나이가 든 사람이라면 느낀다고 해서 의지적으로 쉽게 할 수 없는 것이 요청이기도 하다. 하지만 느낀다면 최소한 그런 사람을 친구나 파트너로 두면 인생이 달라진다. 그리고 그것을 보는 안목을 기르는 것이 바로 다음 장에 소개할 요청지능지수AQ 테스트의 목적이다.

남의 요청 성공사례를 한 번쯤 의심하라

요즘은 베스트셀러 책이나 유명한 강연이 되려면 성공사례가 많이 들어가 있어야 한다고 한다. 자신의 주장을 증명하기 위해서는 스토리텔링이 중요하기에 사례를 드는 것만큼 좋은 것은 없을 것이다. 무슨 수학 공식으로 증명하기도 어렵기에 저자로서는 사례 찾기에 열심이다. 사례로는 주로 자신의 실제 경험과 듣거나 읽은 실화 또는 실험 근거를 많이 든다. 모든 세상일이 이론과 실제가 100퍼센트 맞아떨어지는 경우는 드물다. 그래서 특히 오염된 사례가 많은 인터넷 정보가 넘쳐나는 이 시대에 저자는 아는 것이든 모르는 것이든 주제를 이미 정해놓고 그 이론이나 가설을 뒷받침할 사례를 찾으려고 노력하기에 약간의 수정도 마다하지 않는 유혹에 빠진다. 신기하게도 "아하!" 하는 탄성이 나와야 책도 팔리고 밀린 빚도 갚고 논문이 통과해야 졸업도 하기에 자신의 경험만을 이야기하는 것으로는 부족해서 유명인의 사례를 인터넷이나 여러 정보 출처를 통해 찾아내곤 한다. 하지만 요즘 인터넷을 통해 만들어진 사례 연구는 매우 위험하다. 입맛에 맞게 수정된 데이터를 근거로 짜 맞추기 식으로 구성한 사례도 많음을 알아야 한다. 독자나 청취자가 들어보면 그럴듯하고 자신의 경험과도 일치하기에 쉽게 인정하게 된다. 그래서 그 책 안에 기술되어 있는 사례가 어떻게 만들어졌는지 일반 독자들은 모르거나 구태여 알려고도 하지 않는다. 하지만 그 성공사례라는 것을 한 번쯤 의심해야 한다. 인간의 생명을 다루는 자연과학의 실험 자료 조작에 비해 사회과학 분야는 관대하거나 '좋은 게 좋은 것'이라는 정서가 팽배하다. 아무도 확인하는 사람이 없고, 출판사로부터 책이 팔리려면 많은 유명인의 사례를 찾아야 한다고 종용을 받기도 한다. 하지만 사례만 놓고 가설을 증명하려는 것은 마치 어떤 약이 다이어트에 좋다고 유명 연예인 인터뷰도 넣고 또 알 만한 사람의 사례를 들어가며 전혀 확인할 길 없는 외국의 무슨 박사 팀이나 연구소라고 하면서 선전하는 것이나 다를 바 없다.

심지어는 유명 대학의 MBA 과정에 소개하는 기업 성공사례에서도 기자가 기업을 찾아가 성공한 요소를 찾다 보면 본래 가설에 위반되는 데이터는 슬그머니 제외한다는 사실은 공공연한 비밀이다. 필자도 직접 경험했지만 내 가설에 사례로 쓰려면 약간의 수정이 필요할 경우는 아무리 윤리적인 관점에서 소리쳐도 유혹을 뿌리치기가 어렵다. 내 가설에 사례로 쓰려고 인터넷에서 찾아 그대로 쓰기 전에 그 정보의 출처를 찾아보면 본래 의도와는 다른 원천적 사실이 발견된다. 본래 사실에 근거해 실제로 일어났던 일과 기자나 리서치 연구원이 기술했던 글, 그리고 그 글이 유통되고 배달되는 과정의 음모는 그야말로 들춰내면 곤란을 겪을 사람이 많을 것이다. 그래서 모든 자기계발서, 처세술의 성공사례를 그대로 내 경우에 적용하려 하면 절대 책처럼 되지 않는다. 말은 그럴싸하고 일리는 있지만 실행이 쉽지 않은 것은 결과가 일률적이지 않다는 것이다. 필자 개인이 경험하기에는 일반 모든 사례는 1/3은 맞는 것 같고, 1/3은 전혀 다르고, 1/3은 맞기도 하고 안 맞기도 하여 그 이유를 전혀 알 수 없는 복잡계의 일부분이라고 본다. 따라서 성공사례를 무조건 맹신해서는 안 되는 창의적인 사고가 절실히 필요하다.

수학자들은 실험실에서 행해진 실험 자료로 쓴 논문을 인정하지 않는 경향이 있다고 한다. 그만큼 믿지 않는다는 뜻이다. 얼마 전 한국의 어느 유명 교수의 실험 논문이 과학계에서 문제가 되었던 것처럼 과학계는 임상실험도 꽤 까다로운 과정을 거쳐 사람들에게 적용하곤 한다. 하지만 인문학, 사회과학, 경영 분야에서 몇 사람의 심리 실험 혹은 어느 기업이나 개인의 사례를 들어 증명하려는 것은 실험실에서 실험한 약을 그대로 사람에게 먹이는 것과 별반 다르지 않다. 이것이 현재 베스트셀러에서 흔히 찾아볼 수 있는 성공사례의 문제점이다. 베스트셀러는 많은 사람에게 좋은 영향을 미친다는 점에서는 좋지만 책을 단순히 엔터테인먼트 목적을 뛰어넘어서 자신의 시간과 노력으로 투자나 실생활에 적용하려면 실망을 감수해야 한다는 뜻이다. 그래서 필자는 이 책에서 소개하는 사례를 반드시 성공사례라고 하지는 않는다. 단지 내 경우의 경험과 생각이고, 나머지는 독자 스스로 증명하도록 하기 위한 열정을 주기 위해 노력할 뿐이다.

05. 요청에 성공하기 위한 여러 가지 요소

필자는 어느 두 CEO가 자선 요청에 대해 솔직하게 털어놓은 것을 기억한다. 한 CEO는 "난 누군가 기부를 요청하면 요청자의 준비성과 태도를 먼저 보고 난 뒤에 플랜의 진실성과 신빙성을 살피고 나서 그의 명성을 참작한 뒤에 기부한다." 또 다른 CEO는 "난 누군가 요청하면 그 미션이 나하고 무슨 연관관계가 있는지를 먼저 보고 요청자가 매우 중요한 사람일 경우에만 요청을 받게 된다."고 하였다. 이같이 두 CEO의 요청 반응은 조금씩 다르지만 단순히 이타주의적인 이유로 요청을 받지는 않는 듯싶다. 그래서 필자는 고액 기부를 받기 위한 승패의 4대 요소라는 주제로 요청교육을 하곤 한다. 교육의 골자는 첫째, 요청자의 금전관과 요청의 전반적인 능력AQ 지수을 아는 것으로, 자신이 누구인지를 정확히 아는 것이 급선무이다. 무엇보다 상대를 알기 전에 자신을 파악해야 한다. 둘째, 요청받는 사람의 요청에 관한 일반적인 태도 혹은 금전관이다. 사람은 본래부터 요청을 잘 받아주는 사람이 있고 요청에 매우 둔감한 사람이 있다. 세 번째는, '요청자를 어떻게 생각하는가? 어떤 관계가 있는가?'에 달렸는데 요청자가 유명한 사람인지 아니면 구걸하는 사람인지, 본능적으로 이 요청을 거절하면 나에게 어떤 영향이 있는가를 먼저 생각하기 마련이다. 넷째, 요청 방법이다. 요청받는 사람을 배려하거나 들어주기 편리한 방법으로 요청할 경우는 받아준다.

요청받는 사람의 결정 요소

사람들은 요청을 받으면 요청을 받아들이기 전에 다음과 같은 3가지 면을 조사한다. 이는 모금가가 요청할 때 잠정기부자가 기부를 결정할 때와 사용하는 요소를 감안해서 요청하도록 훈련하는 것과 같다. 만족의 삼각형 이론the satisfaction triangle으로, 원래 크리스 무어Chris Moore의 화해 조정과 협상이론에서 나왔지만 일반적인 요청을 받았을 때 받는 사람의 결정 프로세스는 같다고 본다.

다음 그림을 참조해보자.

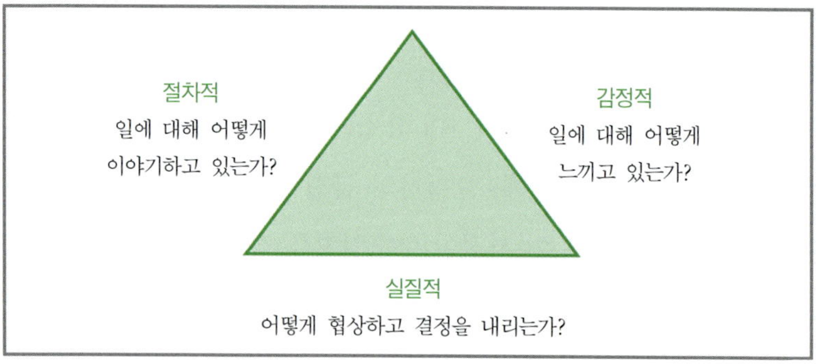

여기서 한 면은 절차상의 필요에 있어서 요청하는 사람이 절차상의 문제는 없는지, 무턱대고 만나자마자 부탁을 한 것인지, 직접

요청하지 않고 다른 사람을 통해서 온 것인지, 아니면 여러 단계를 거쳐 올라와야 하는데 절차를 무시한 것인지, 자신의 의견도 물어보지 않고 온 것인지를 먼저 본다. 가능한 질문으로는 요청이 그 사람을 위한 최고의 방법인지, 다른 방법을 고려할 수 있는 것인지, 왜 자신이 요청받는 적임자라고 생각하는지, 요청을 증명할 데이터는 있는지 등이 있을 수 있다.

또 한 면은 감정적 필요를 본다. 요청자의 개인적·관계적 감정과 요청의 주제에 대한 감정 그리고 요청하는 과정에서 받는 느낌에 영향을 받는다. 너무 고자세이거나 거만하게 요청하거나, 이전의 나쁜 감정을 되살린다거나, 요청하는 주제에 대해 평소에 좋지 않은 감정을 갖고 있었다든가, 혹은 정반대로 좋은 감정이라면 결정에 영향을 미친다. 또한 정직하고 신뢰감을 갖고 요청하는 것인지, 평소에 좋은 평판과 존경을 받는 사람이 요청하는지 등이 있다.

마지막 면은 실질적인 필요로, 요청하는 주제나 이슈에 대한 것이다. 평소에 친구에게 돈을 빌려주면 돈도 잃고 친구도 잃는다고 믿는 사람에게 돈을 빌리는 요청은 다른 방법으로 도움을 생각해야 할 것이다.

요청한 후 결정 공식은 다음과 같이 나타낼 수 있다.

결정 = 절차적 × 감정적 × 실질적

여기서 수학적으로 절차가 0이면 결정이 유보되거나 '거절' 반응이 나타나고, 감정이나 실질적 필요가 어느 한 군데에서 0이면 마찬가지로 요청을 받아들이지 않는다.

이 3가지 면은 서로 독립적인 것이 아니라 서로 영향을 주기 때문에 요청자는 통합적으로 요청 전, 요청 중, 요청 후를 감안하여 조화를 잘 맞추어 요청해야 한다.

요청 대상자의 사고 프로세스

요청을 받는 자의 입장에서는 3가지를 먼저 생각한다. 우선, 요청자의 진정성 조사이다. 모두 나름대로 평가 기준이 다른 메커니즘을 갖고 있다. 어떤 사람은 첫인상을 보고, 어떤 사람은 출신과 배경을 보고, 대부분은 지금까지의 행적을 본다. 그리고 요청하는 태도와 신체언어까지 보는 세밀한 사람들도 있다. 진정으로 필요에 의해서 요청하는 것인지 아니면 다른 용도나 의도를 갖고 요청하는지 진실을 알고 싶어 하는 것이다. 다음은, 그 요청이 나에게 돌아올 이익이 무엇인가를 본다. 요청을 들어주면 감사인사가 돌아올 것이고, 도와준 프로젝트에 큰 영향을 미침으로써 성취감, 안도, 단순한 이타주의에서 오는 만족감, 나아가 좀 더 서로 긴밀한 관계를 만들 수 있을 것이다. 사실 기부자는 혹시 나중에 그 사람에게 요청할 일이 생기면 갚을 것이라는 생각에서, 또는 모금을 통해 기부자 자신의 좋은 이미지를 부각시키기 위해서 기부하는 것으로, 미션 자체를 마케팅 전략으로 삼는다. 본능적으로 보통은 이 점을 생각한다. 마지막으로는 과연 요청을 받아주기 전에 걸림돌이 무엇인가 생각한다. 아내가 반대한다든지, 해줄 능력이 안 된다든지, 아니면 해주면 계속 부탁할까 봐 두렵기도 하고 말썽이 생길 여지도 있고 구설에 오를 수도 있는 등 수만 가지 생각이 떠오른다. 그런 장애물을 넘을 수 있고 자신에게 돌아올 이익이 장애물보다 크다면 받을 수 있을 것이다.

착한 요청자들의 총성 없는 3가지 전쟁

현재 비영리단체들은 이전에 경험해 보지 못한 3가지 전쟁을 치르고 있다. IT 기술의 발달은 전쟁을 더욱 부추긴다. 특히 모금가는 이러한 전쟁에 자유로울 수 없기에 원하지 않은 희생자가 나오고 적극적인 활동이 위축되고 있다. 유탄을 피하거나 숨기보다 다음 3가지를 이해하고 지혜롭게 대처해야 모금을 할 수 있는 시대에 와 있다.

문화전쟁culture war

세상은 두 개의 대립되는 가치, 이슈, 믿음으로 인해 갈등을 겪고 있다. 점점 양극화되어가고 있고 상대를 인정하지 않고 서로를 적대시하기도 한다. 과거에는 인정받았던 가치가 새롭게 도전을 받기도 한다. 소통수단의 발전은 오히려 오해를 낳고 문화의 갈등을 확산시키는 네 일조하기도 한다. 가끔 모금가는 그 거대한 흐름의 중간에 끼거나 한쪽에 서서 모금하게 되고, 전쟁터에 나가다 유탄에 맞아 큰 위기에 봉착하기도 한다. 예를 들어, 미국의 수잔 코맨 재단Susan G. Koman foundation이 낙태를 찬성하는 단체에 대한 지원을 중단하면서 갈등이 심화되어 모금 책임자가 옷을 벗고, 1% vs 99%

기부자 부자세 문제, 환경보호자와 일거리 창출자 간의 팽팽한 대립각, 걸스카우트가 양성애자를 받은 후의 갈등, 한국의 경우 남북 간 지원문제에 가치 차이로 인한 갈등, 각종 종교적 갈등 등이 모금에도 확산되고 있다. 최선의 전략은 그러한 문화전쟁에 처음부터 개입하지 않는 것이다.

세대 간 전쟁generation war

지금까지는 서로 목소리가 다르고 모금에 영향을 주는 여러 세대가 동시대에 함께 있었던 경우가 역사적으로 없었다. 과거에도 물론 다른 세대가 있었지만 이토록 확연히 취향이 구별되는 시대는 없었다. 소비 패턴이나 정치적·문화적으로도 각 세대는 관심도와 기부성향이 서로 다르다. 관련 세대에 대한 분석과 태도가 비영리단체로서는 마케팅 차원에서 아주 골칫거리이다. 기부자 관리에도 비용이 더 든다. 서로 자신의 파이를 차지하려는 갈등이 고조되어 가고 있다. 각 나라마다 세대에 따라 부르는 이름이 다르고, 같은 베이비 부머baby boomer라도 미국과 한국이 다르다. 미국은 2차대전 후 1945~1964년에 태어난 세대가 베이비 부머 세대이고, 1965~1980년은 'X세대'라 부른다. 한국은 한국전쟁 후 1955~1963년에 태어난 세대가 베이비 부머 세대이다. Y세대, 베이비 부머, 전쟁 전 세대 등 서로 다른 세대가 자신들의 영역을 고수하고 대립하여 모금하는 사람들이 구분하는 데 어려움을 겪고 있다. 기술의 발달 속도는 점점 빨라져 세대 간의 격차가 심화하고 다음 새로운 세대가 더 빨리 등장하게 된다. 새로운 세대에 적응되기도 전에 다른 세대가 나오니 모금가는 정신이 없다. 최선의 전략은 걷던 단체는 경보를 하는 시스템을 갖추는 것이다.

섹터 전쟁sector war

비영리와 영리의 구별이 불명확하고 서로의 경계가 사라지고 있다. 가끔 서로 적대시하기도 하지만 자신의 영역을 지키기 위한 이념에는 관심이 없어졌다. 비영리는 영리의 개념으로 운영해야 살아남고, 영리는 비영리라는 공익적 사회공헌이 곧 경영의 의미와 윤리로 받아들여진다. 서로의 장점이 필요할 때는 간판을 바꾸어 달기를 주저하지 않는다. 2섹터인 영리 회사가 3섹터인 비영리 영역으로 가기도 하고, 비영리 섹터가 영리 섹터로 가기도 한다. 구태여 구분 지으려 하지 않는다. 또한 4섹터인 사회적 기업 형태로 나오기도 하고, 기존 영리 회사의 공익 의미를 가미한 B라는 새로운 형태의 회사가 생기고 있다. 특히 모금은 여러 섹터에서 해야 살아남기에 점점 경쟁이 심화되고 있다. 전체 파이를 늘려야 함에도 좀처럼 늘지 않고, 각 단체의 모금파이가 작아지고 있다. 최선의 전략은 다른 섹터와 파트너십을 갖고 전략적 제휴를 자유롭게 하는 문화를 만들어야 한다.

요청과 설립자 증후군

노벨상을 받은 방글라데시 그라민뱅크Grameen Bank의 유너스Yunus 총재를 정부 중앙은행이 은퇴법 위반을 이유로 강제로 직위를 박탈했는데, 본인이 법원에 탄원함으로써 자칫 잘못하면 전설적인 소액

저금리 대출의 대부가 소송에 휘말릴 수도 있게 되었다. 그는 올해 70세인데, 정부가 그 은행에 가장 큰 25퍼센트 정도의 지분을 갖고 있고 나머지는 일반인이 나누어 갖고 있어 정부 중앙은행의 독단적이고도 정치적인 명령에 불만을 나타낸 것이다.

주제에서 좀 벗어난 사례일 수도 있지만 비영리단체에서도 본래 여러 형태의 설립자 증후군Founder's Syndrome이 있다. 설립자가 어느 정도 단계까지 조직을 성장시키고 열정과 명성으로 주도적으로 요청했지만 너무 한쪽으로 힘이 쏠려 다른 일반 단체의 요청가들이 역할을 제대로 하지 못해서 그 설립자가 오히려 성장에 걸림돌이 되는 경우이다. 그의 명성이나 지나치게 큰 영향력 때문에 다른 요청가의 요청을 듣지 않고 기분 나쁘게 생각하는 것이다. 설립자가 더 이상 요청하지 못하면 그 단체는 문을 닫아야 하는 경우를 자주 본다. 정부에서나 조직 내부에서도 유너스 총재가 이젠 내려놓을 때가 된 것으로 생각하는 것 같다. 하지만 설립 당사자는 아직도 자신의 역할이 끝났다고 생각하는 것 같지 않다. 그래서 전설적인 소액대부의 성공 이야기가 해피엔딩이 되지 않을 것이 우려된다. 필자는 유너스 총재가 나이에 상관없이 아직 영향력이 있고 건강하기에 조직을 위해 더 일해야 한다거나 내려와야 한다고 말할 입장이 되지 못한다. 조직 사정도 잘 모르고 특히 인사 문제는 매우 민감하기에 잘 해결되길 바라고 지켜볼 뿐이다.

비영리기관의 직위는 권위적이거나 특권이라기보다 역할이고 기능이다. 특히 요청가는 주연과 조연의 역할을 정확히 아는 것이 중요하고, 나설 때와 물러설 때를 잘 아는 것이 매우 중요하다. 사실 역할과 시기에 대한 생각의 차이 때문에 조직 내 갈등의 역사가 시작된다. 전문가들은 역설적으로 모금 리더들이 아직도 자신이 꼭 필요한 존재이고 큰 역할을 할 수 있다고 생각되는 그 시기가 물러설 가장 적절한 시기라고 본다. 그럴 때일수록 다음 세대가 잘할 수 있도록 준비하는 역할이 더 중요하다고 조언한다. 물론 그것은 나이가 기준이 될 수 없다. 하지만 큰 단체를 궤도에 올려놓고 내려와서 다른 작은 명분을 가진 단체를 스스로 개척하는 모금 리더를 주위에서 얼마든지 볼 수 있다.

하지만 한국에서는 설립자 증후군에 대해 좀 더 이성적인 접근이 필요하다. 조직 문화와 정서가 다르고 사례마다 다르기에 일률적으로 적용하기는 어렵지만, 장기 모금 역량을 우려하는 단체라면 한 번쯤 깊이 생각해보아야 할 문제이다. 비영리단체라면 일종의 성장통이라고 생각하면 된다. 필자가 보기에 미국에서는 이미 이런 현상에 대해 학계 연구나 실제 사례가 많이 축적되어 있어 벤치마킹할 사례가 많다. 조직의 성장과 새로운 변화를 고려하는 리더들은 한 번쯤 생각해볼 만한 가치가 있다고 본다. 조직 내의 다른 사람이 요청할 수 있도록 기회를 만들어주거나 역량을 키워야 한다.

같은 사람에게 또 다른 요청을 할 경우

보통 요청한 후에 다시 다른 일로 그 사람에게 요청하지 않으려는 이유는 명확하다. 요청 후 후속 조치를 게을리했기 때문이다. 면목이 없어서 그럴 수도 있고 습관이 안 되어 있어서 그렇기도 하다. 그래서 모금교육 시 기부자에게 또 다른 기부요청을 하기 전에 반드시 해야 할 3가지 강령을 주지시키는 내용을 배우면 일반적인 요청에 유용하게 적용할 수 있다. 먼저 요청이 받아들여졌거나 비록 안 받아들여졌어도 바로 감사하라는 것이다. 직접 만나서 하든 감사편지든 전화든 이메일이든 즉각 감사를 표현하라는 것이다. 빠르고 정확하고 진정성을 담는 것이 중요하다. 아는 사람에게서 어떤 자료요청이 와서 보내주었는데 그 뒤 아무런 소식이 없다가 몇 달 뒤에 또 다른 자료요청이 오면 보내주겠는가? 두 번째는 의뢰한 요청 내용이 처음 의뢰한 대로 쓰였는지 중간보고를 해야 한다는 것이다. 왜냐하면 상대가 매우 궁금해하기 때문이다. 요청한 자료가 어떻게 쓰이고 어떤 효과를 봤다는 이야기를 들으면 들어준 사람은 기쁘다. 그리고 마지막으로 요청을 받아준 사람의 노력으로 이루어진 결과물에 대한 증거자료를 만들어 다음 요청 전에 보여주라는 것이다. 받은 자료를 바탕으로 리포트를 쓴 복사본을 보여준다면 준 사람은 더욱 기쁠 것이다. 이런 프로세스가 몸에 배어서 신용을 쌓아야 다음 요청도 쉽게 할 수 있다.

요청세계의 남과 여

남녀의 성 차이에 있어 요청 능력이 어떻게 다른가에 대한 질문에 관심을 두게 된다. 일반적으로 여성이 모성애가 있어서 남성보다 요청을 더 잘하는 편이고, 남성보다 더 효과를 거두는 것으로 알려져 있다. 모금세계에서는 “여성은 누가 받는가로 기부를 결정하고, 남성은 누가 요청하는가로 기부를 결정한다.”는 말이 있다. 지금까지의 모금 경험을 바탕으로 생각해봐도 이 말에 공감이 간다. 여성 기부자는 누가 수혜자인가 하는 것이 기부의 결정적인 요인이라고 생각하지만, 남성 기부자는 누가 요청하는가에 민감하다. 모금 마케팅 중 데이터 마이닝 기법에서는 성별이 매우 중요한 변수가 된다. 그래서 일반 대중을 대상으로 하는 방송 모금이나 풀뿌리 모금에는 여성 기부자를 타깃으로 하면 유리하고, 상호이해관계를 위주로 기부를 결정하는 거액 모금에는 주로 거절하기 어려워하는 남성 요청자를 물색한다. 특히 감성에 호소하는 아동 등 긴급구호에서는 여성 기부자가 강세이고, 남성 기부자는 논리와 이성을 강조하는 사회적 기업이나 사회구조 개선 등에 관심이 많다. 최근 발표되는 보고서를 보면 여성이 남성보다 전체적으로 기부를 많이 하는 것으로 통계가 나왔는데, 예를 들어, 미국 '월드 비전'의 기부자 4명 중 3명이 여성 기부자라고 한다. 기부 감동 스토리에도 '김밥 할머니'는 많이 있지만 '고철 할아버지'는 상대적으로 적다. 이는 여성이 평균적으로 남성보다 수명이 길며, 부부의 공동재산이 여성에게 넘어와 유산 기부에 여성이 최종 기부 결정권자가 될 확률이 높기 때문이다.

미국의 모금세계 역사를 보면 15년 주기로 감성과 이성이 서로 바뀌어서 주도하는데, 요즘은 감성이 우세하여 홍보나 모금, 모금 명문서에 사진이나 감성적인 시적 문구가 많이 나타나는 것을 볼 수 있다. 아마도 여성 기부자에게 마케팅 초점을 맞추는 것이 아닌가 싶다. 사실 여성은 감성적으로 스토리를 만들어 내는 데 남성보다 유리하고 이성과 감정이 연결된 것에 지갑을 잘 연다. 사람들은 아무래도 든든한 아버지의 말씀보다 어머니 같은 따뜻한 가슴에 마음이 더 움직이는 듯하다.

여성의 마음은 여성이 잘 알아서인지 전체 모금 분야뿐만 아니라 자선사업에 여성 직업인 파워가 강세이다. 사실 비영리단체의 모금가 중에서 미국의 경우는 여성이 70퍼센트가 넘는다. 여성이 다수인 이유는 많이 있지만, 여성 모금가의 보상체계가 남성보다 상대적으로 적다는 것이 사회문제가 되기도 한다. 어느 대학의 현장 리서치 연구 보고서에 의하면 여성 기부자는 여성이든 남성이든 기부요청에 별 차이를 두지 않고 기부하지만 남성은 여성이 요청할 때 좀 더 많이 기부할 확률이 높은 것으로 나타났다. 현장 일선 모금가의 일반적인 생각도 여성이 요청할 때 잠정기부자가 기부할 확률이 높은 것으로 인식되어 모금 캠페인에서도 관계 매니저Relation Manager(RM)들이 일선에 여성 모금가를 가능한 한 많이 배치하는 것이 효과적이라는 사실이 통념으로 받아들여진다. 그래서 부작용이 생기기도 한다. 최근 미국 신문지상에 여성 모금가가 남성 잠정기부자들로부터 기부 조건으로 개인적 관계를 요청받는 사례가 늘어나 법적이나 사회적으로 문제가 되기도 했다. 여성 모금가들이 관계 매니저에게 이러한 사실을 보고했지만 실적을 최고로 여기는 모금 분위기여서 아무런 조처를 하지 않았다 해서 소송하는 사례도 발생한다. 그래서 앞으로 한국에서도 남녀 차이에 대한 실천능력에 대해 좀 더 심층적인 연구가 필요하며 그 연구를 바탕으로 요청교육 내용 중에 한국적 상황에서 발생할 수 있는 윤리적 문제, 불공정을 방지할 수 있는 시스템적 토론, 효과적인 마케팅 내용이 첨가되기를 기대해본다.

요청을 위한 욕구 5단계

현대 모금에서는 인간관계를 이해하는 것이 매우 중요하다. 에이브러햄 매슬로Abram Maslow의 인간 욕구 5단계 이론은 사람들이 만나고 요청하는 데 중대한 영향을 미쳤다. 모금가 입장에서 잠정기부자를 만나서 대화하고 질문하고 시간을 보내는 중대한 이유 중의 하나는 상대방이 어떤 욕구 단계인지 아는 것에 있다. 만약 잘못 이해한다면 대화의 방향이 어긋나고 상대에게는 곤혹스러운 만남이 될 수 있을 것이다. 다음 표는 인간이 살아가면서 단계별로 자신의 필요를 충족시키기 위해 꾸준히 노력한다는 것을 나타내고 있다.

❙ 매슬로의 인간 욕구 5단계 ❙

인간의 필요	일반 사례	비영리단체 사례
생물학적	피난처	기본 급여
보안	안정	은퇴계획
소속감	우정	동료 간의 유대관계
존중	지위	직위
자아실현	목표달성	도전

매슬로에 의하면 사람은 생물학적 욕구, 즉 숨쉬기나 배고픔이 해결되면 거처할 집 등 안전을 꾀하고, 그것이 해결되면 어느 조직이나 그룹에 소속되기 원하고, 그것이 해결되면 그 안에서 중요한 인물이 되기 원하고, 마지막 단계인 자아실현에 이른다는 이론이다. 이 이론은 요청자와 잠정기부자의 관계에서도 그대로 적용할 수 있다.

상대방과 대화할 때 상대가 무엇을 필요로 하는지 전혀 생각지 않고 이해도 하지 못하면서 내 이야기만 한다면 어떨까? 예를 들어 보자. 내가 요청하기 위해 어떤 사람을 찾아갔다. 그런데 그 사람이 심한 감기 몸살에 걸려 있는 상황이다. 이럴 때 어떻게 하는 것이 좋을까? 아픈 사람을 앞에 두고 "우리 단체는 아주 좋은 단체이고 투명성도 있고 기부하면 좋은 일에 많이 쓰일 것이다."라고 이야기한다고 해서 아픈 사람의 귀에 기부에 대한 이야기가 들릴까? 그에게 지금 필요한 것은 육체적 안정인 첫 번째 단계이다. 기부금 문제는 거의 자아실현 단계에 있는 경우에나 가능하다. 또 다른 예로 아픈 사람이 병을 낫게 하기 위해서 자신이 가진 모든 재산을 다 써버렸다. 몸은 다 나아서 다시 일할 수 있게 되었지만 당장 먹고 살기도 어려운 상황이 되어버렸다. 이런 상황을 모르고 찾아가서 기부에 대해 이야기한다면 그 사람은 이렇게 말할지도 모른다. "내가 도움을 받아야 할 사람입니다. 날 도와주세요."라는 웃지 못할 상황이 생길 수 있다. 그는 모금자 앞에서는 "예, 단체가 좋은 일을 하는군요." 하고 웃으면서 이야기하지만 속마음은 둘째 단계인 경제의 안정감을 추구하는 단계이다. 이런 단계를 이해하지 못하면 요청이 실패할 수밖에 없다.

위의 도표에서 필요 단계를 보면 기본 급여와 은퇴계획 단계가 있다. 위의 사례는 일반적인 상황으로 보자면 이 단계에 속한다.

사람들은 생활의 안정을 찾으면 대화 상대를 찾고 삶을 즐기려 한다. 이들은 안정 속에서 소속감과 함께 친구들을 중요하게 생각한다. 남을 돕거나 선행하기보다는 주위 사람들과 삶을 즐기며 윤택하게 살기를 희망한다. 인생에서 뭔가 타이틀이 필요한 사람은 어떤 사람들일까? 도표에서 보면 존중, 즉 직위일 것이다.

자아실현의 전 단계인 이들에게는 무엇을 요구할 것인가? 예를 들어보자. 신문을 보면 이런 내용이 자주 나온다. "어느 기업의 회장이 어느 단체에 1억 기부" 등등. 이런 기사들이 나올 때 기부자는 어떻게 느낄까? 아직 자아실현의 단계는 아니지만 기부를 함으로써 어떤 타이틀을 갖게 된다.

기부자를 만날 때는 기부자의 상황과 생각을 잘 알아야 만남을 성공적으로 이끌 수 있다. 모금 대상자는 주로 자아실현 과정에 있는 사람들이 참여할 확률이 높다. 그렇지 못하면 생계형 모금가나 안정적이고 고정적인 월급을 찾아다니는 자원봉사자들이 넘쳐나 비영리단체의 지속성이 떨어지게 마련이다.

거절한 상대에게 하는 요청: 주도권 다툼Tug of War

미국에서는 상대방이 기분 나쁘지 않게 거절하는 방법을 연구하기도 하고 책도 많이 나와 한때 베스트셀러가 되기도 했다. 모임에 초청을 받는다거나 돈을 빌리려는 친구, 무작정 밀어붙이는 세일즈맨, 악착같은 모금가에 이르기까지 요청하는 모든 사람을 적으로 간주해 거절하는 요령을 가르친다. 그런 배경도 이해할 만하다. 모든 사람이 요청을 다 들어주다 보면 편히 살 수 없을 것이다. 심지어 거절을 잘하는 것이 성공의 비밀이라고도 한다. 사실은 일리가 있는 말이다. 그래서 요청하는 사람은 딜레마에 빠지고 만다. 이 둘 사이에는 영원한 긴장감이 감돌기도 한다. 미국 사람들, 특히 상류층 자녀는 어릴 적부터 멋지게 거절하는 법을 배운다. 만약 누가 공연을 같이 가자고 요청해왔는데 사실 시간은 있지만 그 공연에 관심이 없거나 요청한 사람과 같이 가고 싶지 않을 때 그냥 거절하면 실례이기에 적당한 이유를 댄다. "참 고마워요. 그렇지 않아도 보고 싶었던 공연인데. 그런데 어떡하죠? 그 시간에 다른 선약이 있어서요. 공연을 보고 나서 어떤지 알려주세요." 상대의 기분을 상하지 않게 하는 배려이지만 어쨌든 거절인 것이다. 거의 이런 식으로 거절하는 요령을 가르친다. 그래서 요청하는 사람이 알아야 할 것은 많은 사람이 싫어도 그 당시에는 거절하지 못하고 나중에 후회해서 요청이 무산되는 일도 있고, 멋지게 거절할 때라도 그 사람의 진의를 아는 것이 요청자의 지혜이다. 한편 진의를 모를 때 거절에 대항하여 멋지게 요청하는 방법은 그리 많이 개발되어 있지 않다. 그래도 가장 적절한 방법은 '상황의 법칙'에 바탕을 둔 설득 방법이다.

요청 후 사후 조치가 가장 중요하다

지금까지 인생을 살면서 누구나 수백 번 아니 수천 번 이상 요청했을 것이고, 요청받은 것도 셀 수 없을 것이다. 그중 많은 사례는 요청했지만 안 들어준 경우도 많을 것이다. 그리고 요청을 받아준 사람에게 그 뒤에 얼마나 감사를 표현했는지, 얼마나 만족하는지 안다면 좋을 것이다. 사실 리더는 군림하는 것이 아니라 일을 성사시키기 위해 요청하고 요청받는 자리이다. 그것을 잘하지 못하면 무능한 사람으로 낙인찍힌다. 그래서 요청 자체보다 요청 후의 조치가 중요하다. 모금 전문가 교육에서는 기부요청을 했을 때 거절당하면 반드시 그 자리를 뜨기 전에 4가지를 확실히 묻도록 하고 있다. 금액이 너무 많지는 않았는지, 타이밍이 좋지 않았는지, 요청 방법이 좋지 않은지, 그리고 요청하는 이유가 마음에 들지 않았는지를 묻도록 조언한다. 그래야 다음 사람에게는 좀 더 향상된 방법으로 요청하게 될 것이다. 물론 일반적인 요청은 모금의 경우와는 다르지만 요청한 뒤에는 반드시 피드백을 확인할 필요가 있다. 보통은 검토해보겠다거나 종교인은 기도해보겠다고 대답하는데, 이는 거절은 아니지만 부정적인 대답을 완곡하게 하는 경우가 대부분이다. 그런데 왜 그런 결정을 하게 되었는지 물어보지도 않고 그 자리를 떠난다. 한국인에게는 정말 힘들겠지만 요청한 후 "왜 거절하시는지 이유를 물어봐도 될까요?"라는 질문이 인생을 살면서 가장 중요할 것이다.

06. 요청자 자신에 대한 연구가 먼저이다

요청자 스스로 자신을 평가하기

모금 전문가 교육 때 자주 하는 이야기가 있다. 어느 날 모금 전문가가 무인도에 표류하다가 요술 항아리를 발견하고 열어보니 지니가 나타나 3가지 소원을 말해보라고 요청했다. 그래서 그는 요청의 능력을 갖추기 위해 모금가답게 "첫째는 사람들이 보는 나와 실제 내 모습의 격차를 줄여달라는 것, 둘째는 말과 행동이 일치할 수 있게 해달라는 것, 셋째로는 요청했을 때 비록 상대방이 'No'라고 해도 결국 들어줄 것이라는 신념을 유지하는 능력을 달라."고 요청했다. 그러자 지니가 그건 매우 쉬운 부탁이라고 하면서 진짜로 후회하지 않겠느냐고 재삼 확인하는 것이었다. 그래도 원한다고 하자 곧바로 그를 개로 만들어주었다. 그만큼 인간으로서는 힘들다는 이야기일 것이다.

모금요청이 지속적으로 실패할 때 혹은 요청이 두렵거나 싫을 때 그 이유를 잠정기부자에게서 찾으려 하기보다는 스스로에 대한 고찰을 먼저 하도록 한다. 실질적인 모금을 경험하기 전까지 모금자 자신도 어떤 생각과 태도로 요청할지에 대하여 잘 알지 못한다. 미국에서도 예전에는 모금의 패턴이나 진행 과정을 잠정기부자에 초점을 맞추어 조사·연구하였는데, 연구되는 주제들이 후원자의 후원 동기에서 파악될 수 있는 그들의 환경적 요소였고, 후원자의 각기 다른 기부 환경 혹은 성향에 따라 요청의 준비과정들도 철저히 달랐다. 하지만 최근 들어 요청자의 환경과 인격 등에 초점을 맞춘 요청 준비 작업이 좀 더 일반화되고 있다. 아무리 상대방의 관점과 눈높이에서 모든 것을 바라보려고 노력해도 상대방을 전적으로 이해하고 동의하기는 어렵다. 즉, 객관적이어야 할 일에도 결국 어느 정도의 주관적인 판단이 개입된다는 것이다. 예를 들어, 국가 경제가 매우 어려운 상황이라고 가정해보자. 요청자 주위에 도움을 받아야 할 사람 혹은 경제적인 어려움으로 문제를 겪고 있는 사람들만 가득하다면 요청하기에 앞서 '이렇게 혼자 살아남기도 어려운 상황에 기부를 받아내는 것이 과연 가능하기나 할까? 기부를 받아내는 것은 무리일 거야.'라는 생각을 하기 쉽다. 이는 경제적으로 여유 있는 사람들의 세계에서 기부 상황을 이해했다기보다 자신의 주관이 먼저 개입되었기 때문이다. 이러한 생각들은 실질적인 요청을 묻는 단계 이전부터 부정적인 편견을 심어주고, 소극적이고 주눅 든 태도로 상대방에게 요청하는 것에 대한 두려움을 준다.

여기서 두려움의 원천을 찾아보자. 잘 알지 못하는 잠정기부자와 그들로부터 받을지도 모를 거절로 요청자는 누구나 할 수 있는 올바르고 가능성이 많아 보이는 요청을 선택한다. 하지만 이것이 근본적인 해결책이 될 수는 없다. 요청자 자신을 파악하는 일을 우선시해야 한다. 첫 사업의 투자금은 어디에서 왔고, 사업을 위해 돈을 어떻게 벌었는지, 또 돈을 어떻게 써왔는지, 어떠한 집안 환경에서 자랐으며, 돈에 관한 습관과 철학 등이 무엇인지 알아보아야 한다. 만일 요청자 스스로 돈을 어렵게 벌었기에 돈을 쓰는 데 매우 인색하다면 반드시 다른 사람의 금전에 관한 철학에 대해서도 동일시하게 될 것이다. 그리고 이는 거절이라는 대답을 무의식적으로 자신에게 입력시킴으로써 잠정기부자에게 최상의 상태로 요청하는 데 어려움을 겪게 된다. 요청자는 자신을 되돌아보고 자신의 습관이나 삶의 태도로 형성해온 주관적인 편견을 제거하도록 한다. 그리고 스스로 기부하는 사람이 되도록 하자. 기부에 대한 자연스러운 이해와 습관은 요청자로 하여금 자신 있게 접근할 수 있게 하며, 긍정적인 마인드로 두려움을 최소화한 상태에서 요청할 최고의 방법이 될 것이다.

현실에서의 모금은 사람과 사람이 중심이 되는 행위이기 때문에 교과서의 이론대로 절대 간편하지 않고 매순간 명확한 답을 가지고 있는 것도 아니다. 그래서 이론적인 지식이나 경험과 더불어 상대방을 더욱 간파할 수 있고, 그러기 위해서 자신을 더 잘 알아갈 수 있는 훈련을 수시로 반복해야 한다. 상대방의 관점에서 현상을 바라볼 수 있도록 하고 스스로 모금에 대한 인식이나 습관을 익혀 긍정적이고 자신 있는 태도로 요청한다면 요청자에게 긍정적인 인상을 심어줄 수 있을 것이다.

현장의 모금가는 부족한 여건 속에서도 현실에 맞게 모금을 실행에 옮기곤 한다. 모금가 교육의 요점은 첫째로는 요청하기 전에 준비단계를 배우고, 둘째로는 사전 요청을 하여 과연 기부자가 준비되어 있는지 상태를 파악하며, 셋째로는 요청 시 반드시 해야 할 내용과 피해야 할 내용을 훈련하고, 넷째로는 만약 "No"라는 대답을 들었을 경우 어떻게 대처해 나가며, 마지막으로 요청 후 어떤 단계를 거치는가이다.

만약 자신이 요청하기에 부담이 있거나 효과적이지 않다고 여겨지면 반드시 해야 하는 것은 아니다. 물론 요청의 두려움은 과학적인 훈련을 통해서 해소될 수 있다. 이 훈련이 감정을 유도하고 박제된 얄팍한 상술로 포장된다고 생각하면 큰 오산이다.

07. 요청자의 등급

요청자 자체를 구하기도 어려운 요즘 상황에서 훌륭한 요청자를 찾는다는 것은 사치처럼 들릴 수도 있다. 하지만 요청자를 찾는 것이 기부자를 찾는 것보다 더 신중해야 하기에 자연히 훌륭한 요청자가 누구인가에 관심을 두게 된다. 우선 기부자와 눈높이가 같은 요청자이거나 기부자가 거절하기 어려운 관계에 있는 요청자, 요청자와 같은 금액을 기부한 경험이 있는 요청자라고 해도 본인이 요청자 역할을 부정적으로 보거나 어쩔 수 없이 하게 되면 문제이다. 그래서 무엇보다 요청자 역할을 승낙한 요청자가 요청자 중 최상급일 것이다.

전문 모금가 사이에서는 이러한 요청자 중에서도 등급을 나누곤 한다. 아마도 후보자가 많이 나올 경우이지만 사실 큰 의미는 두지 않는다.

맨 아래 있는 1단은 설득을 잘하는 사람이다. 천성적으로 설득력이 있고 소위 세일즈를 많이 해보았거나 잘하는 사람이다.

2단은 협상을 잘하는 사람이다. 요청한 뒤에 가끔 기부자와 요청자 간에 협상해야 할 경우가 생긴다.

3단은 경청하는 사람이다. 남의 이야기를 잘 들어주고 기분 좋게 해주면서도 나중에 자신이 하고자 하는 이야기를 다 하는 사람을 본 적이 있을 것이다. 잠정기부자와 대화할 때 요청자가 필요한 이야기만 계속하고 잠정기부자의 이야기를 들을 때 필요한 부분만을 듣는다면 잠정기부자는 다시 생각할 수 있을 것이다.

4단은 훈련을 받은 사람이다. 누구나 학교에 다니면서 교육을 받는다. 교육을 받는 이유는 살아가면서 기본적으로 필요한 것들이기 때문이다. 기본 능력을 갖추었다고 하더라도 교육이 필요하다. 낮은 자세로 교육받은 사람이 천성적으로 잘하는 사람보다 결과가 좋다. 요청하는 법을 배우지 못하고 요청한다면 실패하기 일쑤일 것이다.

5단은 요청을 즐기는 사람이다. 어떤 분야에서 최고가 된 사람들을 보면 그냥 그 일이 좋아서 했을 뿐이라고 대답하는 것을 자주 보았을 것이다. 남이 시켜서 하는 일과 자발적으로 하는 일에는 성취도나 결과물에서 많은 차이가 난다. 요청자의 기본은 일을 즐기면서 하는 사람일 것이다.

요청자 선발을 위한 하트만 가치평가

조직마다 추구하는 목표가 있다. 이는 '가치'로 표현할 수 있으며, '비전'이나 '미션' 혹은 '경영이념'과 같은 개념으로 대체할 수 있다. 가치 중심적인 조직이라면 대표적으로 NGO로, 추구하고자 하는 가치를 공유하고 그 가치를 창출실현하고자 한다. 이는 조직이 추구하고자 하는 가치에 부합되는 인재를 선발하고, 배치하고, 동기부여를 함으로써 달성할 수 있다. 사람이 가지고 있는 가치에 대해 파악하기는 쉽지 않지만, 개인의 경험, 지식 등에 따라 형성되는 가치는 사고과정과 행동에 영향을 준다. 따라서 사람의 가치 선호를 파악하고, 사고 패턴을 측정하는 특정 프로파일의 활용은 조직에 부합되는 인재를 선발하고, 적절한 직무에 배치하고, 팀을 결성하는 데 중요한 자료를 제공할 것이다. 즉, 조직의 영향력과 가치를 확대하는 데 유용할 것이다.

비영리기관에서 착한 요청을 하는 모금가를 고용할 때 어떤 사람이 단체가 필요로 하는 좋은 사람인가를 판단하는 데 쓰는 3가지 프로파일이 있는데 스펭글러-알포트 동기 프로파일, MBTI나 DISC, 하트만 가치평가Hartman Value Profile Assessment가 널리 쓰인다www.ICNPM.org에서 Mind Scan Test 참조. 비영리기관에서 쓰는 가장 중요한 '가치명제'와 요청하는 사람의 가치판단 패턴이 조화를 이룰 수 있는지 엿볼 수 있는 도구가 바로 하트만 가치평가이다. 이것은 개인의 가치 시스템 평가를 목적으로 한다. 다른 두 테스트는 시간이 오래 걸리고 시험자 본인이 원하는 결과를 조정할 수 있지만, HVP는 시험 당사자가 미리 결과를 예측할 수 없어 신빙성이 매우 높다.

HVP는 로버트 하트만Robert S. Hartman 박사에 의해 개발됐으며, 가치과학axiology을 근거로 1973년에 노벨상 후보에 올랐다. 일명 '사람 마음의 X-ray'라는 별명을 갖고 있으며, 개인의 사고 패턴을 식별하는 독특한 평가 시스템이다. 이미 학계에서 수많은 전문가에 의해 공증된 테스트로, '사람은 어떻게 판단 결정을 하는가?'에 대해 그의 사고방식에 따른 결과를 예측해 수학적으로 평가하여 보여준다. 가치 시스템은 모든 사건과 삶에 영향을 주고 선택과 판단의 근원이 되기도 한다. 또한 개인이 세계와 본인 스스로에 대한 정보를 처리할 때 사용하는 의사결정 패턴을 측정한다.

HVP는 두 부분으로 구성되어 있는데, Part1은 세계와 관련된 18개 항목이며, Part2는 자아에 관한 18개 관용구로 되어 있다. HVP의 결과는 자신의 개별적인 선호를 반영하며, 이는 공식 가치이론에 의해 주어진 객관적인 등급을 측정한다. 측정은 매우 정확하면서도 실제로 무한한 다양함이 인정된다.

또한 그 결과는 논리적이고 수학적인 규범에서 파생되며, 어떤 특정 인구나 그룹의 값을 기준으로 하지 않는다. HVP는 통과 또는 실패를 결정하는 테스트가 아니며, 그 결과는 성, 연령, 인종, 신념 또는 기타 사회문화적 분류와 관련해서 어떤 편견을 갖지 않는다. HVP는 자기보고 도구가 아니며, 행동이 아닌 사고에 중점을 둔다는 점에서 다른 평가 시스템과 다르다.

연구에 따르면 사람은 처음에 생각하고, 그 후 어떤 감정을 느끼고 결과를 도출하기 위해 행동한다. 이는 개인의 성장과 발전에 그 사람의 사고 패턴에 대한 정보가 강력한 도구가 된다는 것을 의미한다. HVP는 사람이 실제로 보유한 능력을 정확히 알아내고, 그들의 영향력을 최대화하기 위한 강점을 강화하기 위한 방법을 제안한다. 따라서 개인과 그룹의 발전에 영향력 있는 도구라고 할 수 있다.

모금 이외에도 이미 수많은 영리 기관에서 사용하고 있으며, 다음과 같은 영역에서 사용될 수 있다.

채용/선발, 리더십/경영 역량, 고객 서비스, 위기관리 분석,
팀 운영의 이해와 개선, 혁신, 6시그마, 팀원의 과제 이해 등

특히 리더십이 필요한 매니저급의 모금가를 선정할 때 미국에서는 필수적으로 사용한다. 필자도 한번 상위 일을 신청했는데, 특정한 점수가 나오지 않아 그 자리에 오르는 데 실패한 적이 있다. 나중에 평가서를 보니 자신의 약점이 그대로 드러나 진땀을 흘렸다. 그 뒤 컨설팅 클라이언트가 모금가 고용을 부탁했을 때 자격 여부와 개인의 장단점을 알고 보완하는 자문의 주요 도구로 사용해왔다. 요즘은 구태여 인터뷰를 하지 않고 전문고용대행업체를 통해 HVP 테스트로 대체하는 단체가 많아졌다. 그 이유는 인터뷰에서 얼마든지 그들이 원하는 대답을 얻을 수 있기에 마치 온몸에 MRI 스캔을 떠서 건강진단을 하는 것처럼 인간의 마음도 스캔할 수 있다면 고용자 입장에서는 많은 에너지와 시간을 절약하고 위험부담을 줄일 수 있는 것이다. 보통 1년 안에 35퍼센트의 이직률을 보이던 요청 관련 직종에서 이 테스트를 거쳐 고용하자 5퍼센트 이내로

떨어진 사례가 있다. 요즘은 대학 진학을 결정할 때, 결혼 전에 상대의 가치관을 알고 싶을 때 등 개인의 자기계발 도구로까지 영역이 확대되고 있어 곧 한국에서도 널리 쓰일 것으로 기대된다.

08. 요청받는 사람에 대한 과학적인 연구 방법

요청에 도움이 되는 성향 분석

모금가를 위한 대부분 마케팅 교과서를 한마디로 요약한다면 기부자의 유형에 따라 다른 접근 전략으로 요청해야 한다는 것이다. 요청할 때 모든 사람에게 똑같은 방법으로 요청하는 것은 절대 효과적이 아니다. 모금 전문가를 상대로 한 교육과정 가운데 상대와 대화하기 전에 성향을 파악하는 과정은 모금가로서 큰 도움이 된다. 일반적인 요청을 시도하기 전에 다음 3가지 패턴으로 사람들의 성향을 미리 파악할 수 있다면 좀 더 효과적인 요청 전략이 나올 것이다.

매처matcher와 미스매처mismatcher

사람은 크게 두 부류로 나눈다. 매처긍정적인 공통점을 찾는 사람와 미스매처부정적인 차이점을 찾는 사람인데, 매처들은 모든 사물과 현상이 공통점이 있어야 설득되거나 믿는 경향이 있다. 반대로 미스매처들은 모든 것에 차이점이 있어야 하고, 무엇인가 다른 점을 발견해야 만족한다. 필자가 그동안 수많은 세미나와 워크숍에서 사람들에게 다음과 같은 방법으로 테스트한 결과, 여러 가지 놀라운 사실들을 발견하게 되었다. 그 사람의 성향을 대화를 통해 경청함으로써 안다면 그를 이해하거나 요청하는 데 도움이 될 것이다. 사람은 누구나 조금씩 다르다. 우선 한 예로, 얼마 전 한국의 한 세미나에서 참석한 두 사람에게 다음 그림을 보고 무슨 생각이 드는지 물어보았다.

그러자 두 참석자는 확연하게 다른 대답을 했다. 기부자의 유형은 크게 두 가지로 나눠볼 수 있다. 아래 도표는 어느 세미나에서 실제로 질문했을 때 나온 답변들이다.

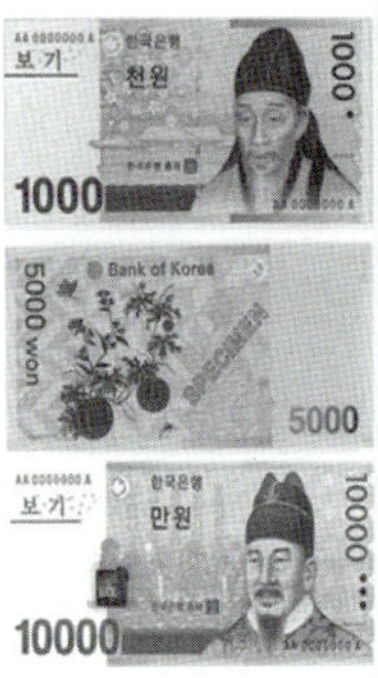

긍정적인 공통점을 찾는 사람 (matcher)	부정적인 차이점을 찾는 사람 (mismatcher)
1. 모두 한국 돈이다.	1. 금액이 다르다.
2. 모두 종이로 만들었다.	2. 색이 다르다.
3. 크기가 같다.	3. 영어와 한글로 쓰인 부분이 다르다.
4. 한국은행에서 만들었다.	4. 인물이 다르다.
5. 가짜 돈이다.	5. 디자인이 다르다.

위의 지폐 관계에서는 1번에 가장 주목해야 한다. 대부분의 사람이 반반으로 나뉘는데 지폐의 차이점, 즉 각각 1,000원, 5,000원, 10,000원으로 금액이 다름을 지적하는 사람과, 다 같은 점을 이야기하는 사람으로 확연히 구분된다. 그래서 현장에서 모금가나 세일즈맨들은 매처matcher에게는 "우리 제품이 당신이 제일 좋아하는 제품과 동일하다."는 것을 설명하며 지금까지 요청을 들어준 사람과 같다는 점을 강조하고, 미스매처mismatcher들에게는 다른 점을 설명

하면 효과적이다. 공통점을 찾는 사람에게 "우린 다른 단체와 다르다. 투명성, 신뢰성……." 이런 식으로 말을 건넨다면 기부자는 크게 관심을 두지 않을 것이다. 하지만 많은 사람이 평소 좋아하고 신뢰하는 비슷한 단체와 거의 비슷하다는 것을 강조하면서 "이 단체에 기부한다면 기부하시는 분의 뜻이 공통점이 많아서 더욱 큰 의미가 있을 것이다."라고 설명한다면 훨씬 설득력 있는 대화가 될 것이다. 반면에 미스매처에게는 자기가 속한 단체가 다른 단체보다 우수한 차이점이 무엇이고 장점이 무엇인가를 강조하면 설득력이 높아진다. 필자는 미스매처 중의 한 사람이다. 주위의 다른 사람에게 실험해보면 그를 이해하는 데 도움이 된다.

최소조건에도 만족하는 사람과 최적을 추구하는 사람

세상에는 두 가지 부류가 있다. 모든 조건이 갖추어져야 결정하는 최적추구자satisfier가 있고 몇 가지 기본 조건만 맞으면 결정하는 최소만족자maximizer인데, 서로의 성향에 대해 이해하지 못하면 보통 이 두 부류는 사이가 좋지 않다. 모금 전문가 교육 시 본인과 기부자의 성향을 분석할 때 쓰는 방법으로, 모금가 자신과 기부자의 성향을 잘 파악하는 것이 듣기에 도움이 된다. 이왕이면 같은 '코드' 성향을 가진 사람끼리 팀을 이루는 것이 유리하다. 이 두 가지 다른 성향의 사람들이 대화할 때 잘 들어보면 기본 생각의 콘셉트가 달라 그것이 방해 요인인 필터 역할을 한다. 같은 핏줄을 나눈 형제라 하더라도 전혀 다르다. 예를 들어, 동생은 마트에서 물건을 고를 때 몇 시간이나 걸리고 쩔쩔매지만, 형의 경우는 불과 몇 분이면 쇼핑이 끝난다. 필자의 성향은 어느 모로 보나 최소만족자가 틀림없어 보인다. 반면에 동생은 최적추구자였다. 옛날에는 가끔 의견 충돌이 있었으나, 지금은 서로의 다름을 인정하며 서로 존중한다. 듣기에서 상대의 다름을 인정하면 그의 말이 잘 들리고 그의 결정에 군소리가 없어진다.

만약 최적추구자인 리더 입장에서 보면 최소만족자인 부하직원은 충분한 조사를 통해 결정하지 못하고 경솔하며, 부지런하지 못하거나 얼렁뚱땅 넘어가는 듯한 인상을 주는 부족한 사람으로 보인다. 한편 부하직원의 입장에서는 리더가 너무 완벽주의이고 까다로운 사람으로 보여 평행선을 유지할 수밖에 없어 서로 소통이 어려운 경우가 많다.

하지만 이런 리더도 배리 슈워츠Barry Schwartz의 『선택의 패러독스The Paradox of Choice』에서 "오히려 많은 선택이 인간을 불행하게 할 수 있다."는 내용을 이해하면 도움이 된다. 또한 프랑스 계몽주의 작가인 볼테르Voltaire의 "모든 일 처리를 모든 조건이나 환경이 완벽할 때 결정하면 되는 일이 없기에 비록 완벽하지 않더라도 처리하는 것이 좋다."는 것도 같은 뜻이다. 부하직원은 일의 완성도를 높이기 위해 반드시 필요한 사항일 수 있음을 알아야 한다. 모든 일에는 그만한 가치가 있다. 이같이 사람은 타고난 성향이 다르다. 그 성향을 서로 존중하고 이해하여 상대의 입장에 서면 모든 것이 새롭게 이해되기 시작한다.

높은 자기모니터링과 낮은 자기모니터링

모금요청에 대해 훈련하다 보면 사람은 두 가지 유형이 있음을 알게 된다. 따라서 훈련 방법과 활동 방향도 달라야 한다. 높은 자기모니터링High self Monitors: HM은 한마디로 남의 눈치를 잘 살피는 유형이다. 상대방이 나의 행동을 어떻게 생각하고 심지어는 나의 말, 옷 입은 것까지 어떻게 신경을 쓰고 있는지도 민감하게 생각한다. 그래서 자신의 요청에 대한 반응 스타일을 그 사람에게 맞추어 변화하기도 한다. 반면에 낮은 자기모니터링Low self Monitors: LM을 가진 사람들은 남이 어떻게 생각하는 것과 상관없이 자신의 느낌과 가치 기준대로 늘 같은 반응을 보인다. 이런 유형은 요청에 대한 반응이나 스타일도 사람에 따라 다르지 않고 비슷한 경향을 보이는 경우가 많다.

그래서 일반 세일즈나 보험업계에서는 LM을 선호한다. 그리고 훈련 방법도 남의 이목을 생각하지 않고 저돌적으로 요청하는 '확률의 법칙'에 충실하다. 하지만 요청하는 숫자가 많을수록 성공할 확률이 높다고 생각하기에 때때로 부작용이 생기기도 한다. 어떤 모금교육 단체는 청와대에도 요청하고 길거리 모금요청도 해서 대담성을 키운다고 한다. 하지만 그것도 사람을 봐가며 교육해야 한다. 교육 방향과 개인적 성향이 맞지 않는 잘못된 요청 전략은 오히려 모금을 멀리하게 하기도 한다. 반면에 고액 기금요청에는 HM을 선호한다. '초점의 법칙'이나 '상황의 법칙'에 좀 더 무게를 두어 상대의 입장을 생각하면서 건강한 '눈치'를 볼 줄 아는 사람을 원한다.

2011년에 발생한 재해에 대한 일본인의 대응을 보면서 전형적인

HM이라고 일본 전문가들은 한목소리를 낸다. 남이 나를 어떻게 보고 생각하는가를 가장 먼저 의식하기에 카메라가 돌아가거나 남이 주시하면 슬픔도 억제하고 배고픔도 참고 줄을 선다. 반면에 LM 유형의 문화나 국가는 남이 어떻게 생각하는가는 중요하지 않고 자신의 감정과 필요를 그대로 표현한다. 그래서 모금 전문가들은 일본인의 요청교육이 미국에서 하던 방식으로는 통하지 않음을 알고 실제 데이터를 놓고 수년간 논문발표도 했다.

우선 요청하는 자신이 HM인지, LM인지 아니면 혼합형인지 아는 것이 선행되어야 하고, 상대가 어떤 유형인지를 아는 노력이 모금 전략의 1순위이다. 따라서 좋은 모금 전략이란 예를 들어, HM인 요청자가 LM에게 요청하는 방법 혹은 같은 LM끼리 요청하는 방법이 서로 다르기 때문에 다양한 사례에 맞는 맞춤형 요청 방법을 생각해야 한다.

세 부류의 사람

자신의 경험을 이야기할 때 주의 깊게 살펴보면 어떤 사람은 눈으로 본 것을 주로 이야기하고, 또 어떤 사람은 귀로 들은 것을 주로 이야기하고, 나머지 한 사람은 느낀 것을 이야기한다. 다시 말해 보는 것에 의존하는 사람, 듣는 것에 의존하는 사람, 접촉하고 만지는 느낌에 의존하는 사람이 있듯, 방법도 사람마다 다르고 경험으로 전달하는 방법도 다르다. 그래서 교육자들은 다양한 교육방법으로 가르치며 각기 효과도 다르다. 마찬가지로 요청받는 기부자도 이같이 세 가지 부류로 나눌 수 있기에 설득을 위해 접근 방법을 달리해야 한다.

요청을 준비할 때 보는 것에 의존하는 사람에게는 눈으로 확인할 수 있는 동영상이나 실제 사진을 보여주는 것이 효과적이다. 듣는 것에 의존하는 사람은 목격자의 녹음이나 실제 사람이 말해주는 것이 최고이다. 느낌에 의존하는 사람은 실제 현장에 가서 느끼도록 하는 것이 좋다.

요청을 받아들이는 4가지 유형

모금가 교육 시 요청 대상자와 관계 다지기를 하면서 그의 성격을 파악하는 것이 매우 중요하다. 그와의 대화 시, 신체 언어나 그의 집이나 사무실을 방문했을 때 정돈 상태를 보고 어느 정도 짐작한다. 필자는 미국의 청소년 모금교육 프로그램 중에 어떤 사람의 사무실 사진을 보여주면서 그 사람의 성격과 직업을 알아맞히는 워크숍을 진행한 적이 있다. 이처럼 맞춤형으로 요청을 디자인하는 것이 중요하다.

- 표현형the Expressive: 참여하기 좋아하고 웬만한 부탁은 잘 들어주며, 친절하고 매우 활동적인 사람이다. 다른 사람의 눈을 마주 보고 말할 때 손짓을 이용한다.
- 호의형the Amiable: 사람들과 갈등을 싫어하며 인간관계를 매우 중요하게 생각한다. 남에게 인정받기 위해 자신을 희생하기도 한다. 다른 사람의 의견을 데이터나 사실보다 더 중요하게 생각한다. 말할 때 다른 사람의 눈을 보지 않는다.

- 주도형the Driver: 이런 사람은 행동과 목표 지향적이다. 빠른 결과를 요구하고 반응이 빠르다. 파워를 가진 상태에서 말하는 것을 좋아하고, 독립적이며 표정 변화가 거의 없다.
- 분석형the Analytical: 행동으로 옮기기 전에 조심하며, 사실과 데이터를 요구한다. 모든 것이 정돈되어 있어야 하고 표준에 맞춰 있어야 한다. 하지만 갈등을 피하기 원하는 타입이다.

위와 비슷한 방법으로 또 다른 각도에서 요청을 받아들이는 성향은 물건을 살 때 주로 4가지 부류로 나누는 것과 일치한다. 사람은 물건을 구매하는 패턴을 보면 어떻게 요청해야 효과적인지 알 수 있다. 예를 들어, 컴퓨터나 자동차를 살 때 보면 그 유형이 확연히 드러난다. 따라서 요청도 그에 따라 전략이 달라야 한다.

- 방법how: 컴퓨터 사양이 2.1GHz 프로세서, 10/100/1000 Ethernet, 4GB 램, 750GB 하드 드라이브, DDR3 SDRAM 메모리가 장착된 것이 필요하기에 그것을 우선순위로 보고 산다. 사실과 논리적 분석으로 효율성과 실적, 성과를 따진다. 먼저 말을 걸지 않으며, 요청에 대해 메모하며, 사실에 근거해서 생각하며, 너무 감정적인 개입을 싫어한다.
- 목적what: 컨슈머 리포트지에 3년 연속 최고 가치로 뽑혔고, 3년 동안 무료 AS에 평생 무료 기술지원을 해준다고 하기에 선택한다. 브랜드 이름을 중요시하고, 어떤 통제되고 규격화된 형식에 마음이 간다. 좋고 싫음이 확실하며 리더십을 갖는 데

주저하지 않는다. 요청받을 때 많은 질문과 적극적으로 의견을 표현하고, 요청 결과에 관한 관심이 많다.

- 대상who: 색상과 모니터가 커서 좋고, 영업사원이 매우 친절하고 언제든지 문제가 있으면 도움을 받을 수 있다고 하기에 선택한다. 주로 인간관계의 가치와 인식이나 감정에 충실하여 구매의 결정적인 요인이 된다. 먼저 대화를 시작하며 주로 밝은 색의 옷을 입고 큰 소리로 자주 웃는다.
- 이유why: 새로운 디자인이고, 헤드폰 없이 CD를 들을 수 있으며, 전화기를 직접 하드 드라이버에 연결할 수 있는 기능이 있기에 선택한다. 미래지향적이며 새로운 콘셉트를 꾸준히 찾아 융합하는 성향이 강하다. 듣고 말하기 좋아하고 조용히 웃지만 감사를 쉽게 표현하며, 새로운 관계 만들기를 좋아한다.

8가지 요청의 결정 타입

위의 내용과 비슷하지만 또 다른 각도에서 요청의 타입을 구분하는 기준으로는 모금가가 기부자에게 요청할 때 다음 8가지 유형을 살핀 후 그 유형에 맞게 요청 전략을 디자인한다.

① 가격: 무조건 가격이다. 그리고 나에게 돌아오는 보너스가 무엇인가에 관심이 많다.

② 창의성: 새로운 프로그램이나 창의적인 것에 매료당한다.

③ 신뢰성: 요청자가 믿을 수 있는 사람인가부터 따진다. 다른 사람의 평판에 많이 의존한다.

④ 편의성: 우선 편리를 찾는다. 요청 후 들어주는 방법이 복잡하면 싫어한다.

⑤ 지위: 부탁 정도가 자신이 중요한 대접을 받을 수 있는지를 중요시한다. 주로 VIP를 대상으로 하는 서비스나 요청에 반응한다.

⑥ 전문가: 정보의 출처로는 전문가의 의견을 무조건 좇는 타입이다. 다른 전문가가 요청을 들어준다면 그대로 따라 할 확률이 높다.

⑦ 관리: 요청 후 철저히 관리하는 것에 중점을 둔다. 인간관계에서 결정의 주된 요소이다.

⑧ 재미: 재미를 중요시하기에 모든 프로세스가 재미있어야 한다. 요청하는 사람이 재미있고 친절하게 요청할 때 큰 효과가 있다.

오바마 선거 전략팀의 웹사이트를 통한 후원금 요청 전략을 살펴보면 위의 8가지 요소를 바탕으로 각기 다른 그룹으로 나누어 요청 접근을 다르게 시도해서 성공한 것이 한 예다. 어떤 단체는 좀 더 자세히 기부자를 분류하였다. 예를 들면, 얼마 전에 모금 분야에서 주목받았던 기부자를 7가지 다른 부류로 나누어 접근한 방법이었다. 사람들은 자신을 다른 사람과 똑같이 취급하는 것을 싫어한다. 프린스Prince와 파일File은 『자선사업의 7가지 얼굴Seven Faces of Philanthropy』이라는 책을 통해 12개 금융자문회사의 부유층 고객 리스트에서 추출한 100만 달러 이상의 금융자산 소유자와 지난 2년간 한 단체에

5만 달러 이상을 기부한 218명을 대상으로 기부의 동기, 인식, 행태 등을 연구한 결과를 담았다. 프린스와 파일은 부유층 기부자들에 대한 심층 연구를 통해 미국의 고액 기부자들을 공동체주의형, 종교형, 투자가형, 사회계 명사형, 이타주의형, 사회환원형, 명문가형의 7가지 유형으로 분류하였고, 각 유형의 기부 인식 및 태도, 단체에 대한 기대 등을 정리하면서 유형에 맞는 고액 모금 전략의 팁을 제공하고 있다.

군집 분석cluster analysis

요청에는 두 가지가 중요하다. 하나는 요청을 받아줄 만한 사람이 누구인가이고 또 하나는 그들의 동기가 무엇인가이다. 비영리단체에서 하는 요청이 다 착한 요청은 아니지만, 착한 요청은 대부분 비영리단체의 테두리 안에서 일어난다. 직업적으로 요청하는 사람들은 그동안 단체에 기부금을 준 사람들의 데이터를 근거로 요청할 때 받아주는 사람을 6가지 군집으로 나누어 생각해볼 수 있다. 어느 단체의 예를 들어보자.

Wave Makers	가장 높은 기부 능력 그룹 (이들 7퍼센트가 전체의 70퍼센트를 차지한다)
Meeting Potential	두 번째로 기부 능력이 높은 그룹
Foundation Builders	큰 액수를 기부하는 것은 아니지만 단체의 근간이 되는 그룹

Low Likelihood Middle(LLM)	강한 유대관계가 없어 기부가 간헐적으로 이루어지는 그룹
Hesitant Potential	주저하는 부를 가진 그룹
Nonparticipants	전혀 반응이 없는 그룹(전체의 38퍼센트)

이것을 바탕으로 군집 분석을 통해 기부자가 누구인가를 알아낼 수 있다. 이러한 데이터를 바탕으로 요청에 대한 인력이나 자원을 배치하게 된다.

요청받는 자와 이해관계자 분석

만약 요청에 한 사람이 아니라 여러 사람이 포함되어 있고, 결정이나 결과가 여러 사람에게 영향을 미칠 것 같은 중요한 요청은 특별한 분석이 필요하다. 분석의 목적은 무턱대고 요청하기 전에 전략적으로 어떤 사람이나 조직에 어떻게 요청해야 하는가를 분석하기 위해 요청할 대상자와 요청 관련자를 조사함으로써 좀 더 효율적인 요청을 하기 위함이다. 이 방법은 이미 영리 회사나 비영리단체에서 기부자 관리나 관계자 관리에 쓰고 있는 방법인데, 요청에도 응용하면 편리하다. 요청에서 이해관계자란 이해와 관련해서 누군가 손해를 보거나 이익을 보는 데 예산, 위치, 법, 구성상 어떠한 변화를 가져오는 관계자를 말한다. 우선 관심, 영향력, 중요성을 1부터 5까지 나눈다. 예를 들어, 관심도는 '1=거의 관심이 없음, 2=어느 정도 관심 있음, 3=보통 관심 있음, 4=꽤 관심 있음, 5=아주 관심 있음'으로, 다른 5가지 영향력과 중요성도 마찬가지로 1~5까지 나누면 다음 매트릭스가 완성될 것이다.

<table>
<tr><td colspan="2" rowspan="2"></td><td colspan="4">이해관계자의 중요성</td></tr>
<tr><td>모름</td><td>중요하지 않음</td><td>약간 중요함</td><td>아주 중요함</td></tr>
<tr><td rowspan="4">이해관계와 영향력</td><td>큰 영향력이 있음</td><td colspan="2" rowspan="2">C</td><td colspan="2" rowspan="2">A</td></tr>
<tr><td>약간 영향력이 있음</td></tr>
<tr><td>영향력이 거의 없음</td><td colspan="2" rowspan="2">D</td><td colspan="2" rowspan="2">B</td></tr>
<tr><td>모름</td></tr>
</table>

위의 표를 근거로 모든 대상자에게 똑같은 방법으로 접촉하고 요청하는 것이 아니다.

A: 요청에서 가장 중요하고 영향력을 가진 사람이나 그룹이다. 우선순위를 두고 접근에 대한 투자와 특별한 요청 방법이 디자인되어야 한다.

B: 요청에서 중요하나 영향력이 약하다.

C: 중요하진 않으나 영향력을 미칠 수 있다. 요청 결정에 영향력을 갖고 있으나 결과에 관한 관심을 중요하게 생각하지 않는 사람이다.

D: 중요하지도 않고 영향력을 갖고 있지도 않다. 가장 낮은 우선순위를 두고 적은 투자로 요청 방법을 생각해 낸다.

우선 이해관계자가 누구인지 확인하고, 그들이 어떤 것에 관심이 있는지 알아보고, 그 요청이 그들에게 각기 어떤 영향을 미치는가를 안 뒤에 어떻게 서로 관계를 맺고 교류하고 소통할 것인가를 요청 전에 분석하고 실행계획에 포함해야 한다.

요청 시 기부자가 하는 질문들

과거에는 요청자가 기부금이 왜 필요한지 일방적으로 잠정기부자에 설명하고 기부금 요청을 하면 끝났다. 하지만 요즘은 어떤 단체가 그 사람에게 접근해서 기부금을 요청하기 전에 이미 비슷한 요청을 많이 받았을 확률이 높다. 그만큼 경쟁이 심하다는 뜻이다. 많은 기부자가 모금가들에게 아래와 같은 질문을 하곤 한다. 만약 대답할 준비가 안 되어 있어 "나중에 알아보고 대답해드리겠습니다." 하면 요청에 실패할 수 있다.

필자가 현장에서 받았던 다음과 같은 질문들에 대해서 모금가라면 어떻게 대답할 것인가?

① 잠정기부자가 요청자에게 "당신은 이 단체에서 진행하는 프로그램에 얼마나 기부했어요?"라고 질문한다면 뭐라고 대답하겠는가? 그래서 모든 요청자는 금액의 다소를 떠나서 먼저 모범을 보이는 것이 관례로 되어 있다. 자신도 하지 못했는데 남에게 요청하는 것은 아무리 해도 설명하기 어렵다.
② "당신은 월급을 받고 일하나요? 아니면 자원봉사자인가요?"라는 질문을 한다면 어떻게 대답할 수 있겠는가? 이때는 있는 그대로 솔직하게 대답해야 한다. 미국에서는 전문 모금가가 모금 운동에 개입돼 요청 팀에 합류하면 자신이 어떤 식의 보상을 받는지

말하도록 권유하고 있다. 물론 자원봉사자가 하는 요청이면 좋겠지만 요즘은 스태프들과 모금 전문가가 많이 나서는 추세이기에 밝힐 것은 밝혀야 한다.

③ "당신 단체가 그 일을 감당할 능력이 있는가? 설명을 들어보니 기부금을 내면 어린아이 몇 명의 생명을 구할 수 있다고 하는데, 과연 그런 일을 감당할 의지는 있다고 해도 능력이 있는가?" 하고 날카롭게 질문하곤 한다.

④ 능력은 인정하나 그 일을 가장 잘한다는 것을 증명하라. 기부자로서 자신의 기부가 가장 효율적이고도 효과적으로 쓰이기 바라는 것은 당연하다. 비슷하게 그 일을 할 수 있는 단체가 많기에 잘할 수 있는 단체에 투자를 하고 싶다는 의미의 질문이다. 그것도 말로만 할 것이 아니라 그동안 해온 것이나 성과기록을 보여달라는 것이다.

⑤ 좀 더 자세히 들어가면 "실제 경비는 얼마나 쓰나? 내가 낸 기부금 중의 몇 퍼센트가 실제 그 프로그램에 쓰이는가?"를 질문한다. 투명성은 기부한 금액에서 경비가 차지하는 부분도 매우 중요한 요소일 것이다. 기부금액의 많은 부분이 경비로 처리된다면 기부자는 단체에 대해 어떻게 생각할 것인가? 다음에 또 기부요청을 했을 때 기부자가 요청을 받아들일까? 이처럼 단체가 사용되는 비용과 경비처리에 대한 이해를 투명성 있게 구하지 못한다면 쉽게 마음을 열지 못할 것이다. 기부자가 기부한 금액을 웹사이트나 보고서를 통해 투명하게 공개하고 기부자들이 납득할 만한 수준의 비용을 처리하게 된다면 많은 기부자가 단체에 대한 신뢰성을 갖게 될 것이며 기부자 또한 보람을 느끼게 될 것이다. 이런 정보를 요청가가 그 자리에서 대답하지 못하면 난감한 경우가 많다. 이는 요청하기 전에 충분히 대답할 수 있어야 하고, 만약 다른 데보다 간접비용이 많이 들어가는 경우는 당당히 그 이유를 설명할 수 있어야 하며, 반드시 기부금이 수혜자에게 100퍼센트 돌아가는 것이 만사가 아님을 설득할 수 있어야 한다.

⑥ 기부 후의 결과는 어떤 식으로 나타나고 보여줄 수 있는가? 그저 단순히 수혜자의 생활이 많이 향상되었다는 추상적인 결과물이 아니라 어떤 식이든 성공측정지표가 숫자로 집계될 수 있는 결과로 평가받게 할 수 있는가? 등의 문제를 제시할 것이다.

⑦ 마지막으로 "그래서 도대체 그 프로그램이 나하고 무슨 관계가 있고, 나에게 유익한 것이 무엇인가?"라는 질문에 대답할 수 있어야 한다. 아무리 좋은 일이라고 해도 잠정기부자와 연결고리가 없으면 아무 소용이 없다고 할 수 있다. 단지 순수한 이타주의에 의존한다면 기부자에게는 우선순위가 그 프로그램이 아닐 수 있기에 요청자는 그와의 연결고리를 미리 준비해야 한다. 기부자가 '이 단체에 기부했을 때 나에게 남는 것은 무엇인가?' 이런 생각을 하는 기부자들에게는 어떻게 설명해야 할까? '내가 기부한 돈이 어떻게 사용되는 것이 보람 있는 일일까?' 기부자가 이런 생각을 할 수도 있다. 따라서 기부자에 관한 이야기를 많이 듣고, 기부자가 원하는 방향으로 쓰일 것이라고 설득할 수 있어야 한다.

'왜 내가 이 단체에 기부해야 하지?'라고 생각하는 기부자라면 그 사람에게 반드시 알려줘야 할 것은 '이 단체에 꼭 필요한 기부자다.'라는 마음을 갖게 하는 것이다.

자신이 속한 단체에 대해 신뢰성을 주고, 이 단체에 기부해야만 기부하는 사람의 마음을 잘 이해하고 원하는 대로 사용될 것이라는 믿음을 줘야 한다. 이런 믿음 없이 의구심을 갖게 한다면 많은 기부자는 다른 투명성 있는 기관이나 단체를 이용하거나 아니면 개인적으로 선행할지도 모른다. 기부는 목적에 따라 사용 부분이 많이 달라진다. 이런 부분을 잘 설명하고 공감대를 형성한다면 좋은 결과를 가져올 것이다.

09. 요청자와 기부자의 두려움과 기대

두려움

요청자에게는 3가지 두려운 것이 있는데, 첫째는 기부금을 요청하기 위해서 첫 전화에서 미팅 약속을 잡는 것이고, 둘째는 직접 만나 기부금을 요청하는 것이고, 셋째는 기부금을 받고 나서 전화해서 감사하다는 말을 전하는 것이다. 마찬가지로 기부자도 기부금에 대해 두려움이 있다. 첫째는 기부할 때 혹시 안 받으면 멋쩍고 민망할까 하여, 둘째는 기부금액이 너무 적지 않을까 하여, 셋째는 주고 나서 소식을 끊지나 않을까 해서이다. 첫째 이유 때문에 모금자가 먼저 연락해야 하고, 둘째로 모금가는 반드시 적은 금액에도 감사해야 하고, 마지막으로 받은 뒤에도 끊임없이 연락해야 한다. 따라서 요청교육은 요청자가 갖는 두려움을 최소화하고, 기부자의 두려움을 이해하고 대처하는 교육임과 동시에 기부자를 대상으로 현명한 기부를 할 수 있도록 홍보하는 데 초점을 맞추어야 한다.

기대

기부자는 첫 기부금을 관계의 시작이라고 생각하는 데 반해 요청자는 그것이 마지막이라고 종류를 선언하는 상황이거나, 기부자는 첫 기부금을 주면서 더 이상 연락하지 말라는 생각으로 주는데 요청자는 기부를 관계의 시작이라고 생각하는 차이가 있을 수 있다. 그러한 기대 차이를 정리하면 다음과 같다.

단체 \ 기부자	시작	종료
시작	A. 선진국형: 차이를 아는 것	B. 요청교육 필요: 보상
종료	C. 단체 교육	D. 후진국형: 사회적 운동 필요

여기서 A는 요청자나 기부자가 서로 기대하고 첫 기부부터 관계의 시작을 알리는 것이다. 서로 기대의 차이를 아는 것이 중요하다.

B는 요청자가 기부로 관계를 시작하려는 반면에 기부자는 마지막이라고 생각하는 경우인데, 이런 경우 단체는 성급히 다음 기부 요청을 할 것이 아니라 충분히 배양을 거쳐 관계를 유지해야 한다. 첫 기부 때 신속하고 정확하게 진정한 마음으로 감사를 나타내고, 기부금이 어떻게 쓰였으며 어떤 결과를 가져왔는가를 보여준 후에 다음 기부를 요청해야 한다.

C는 한국의 고질적인 요청자의 사고방식 문제인데, 기부자는 관계를 기대하고 첫 기부를 했으나 소식이 없는 경우이다. 대부분은 받기에만 급급할 뿐 관리에 소홀한 경우이지만, 다음번에 다시 연락하는 것이 두려운 이유는 상대에게 또다시 요청하는 것이 큰 부담감을 줄까 해서이다. 기대의 차이 때문에 나중에 법정 소송에 이를 수도 있다. 이는 요청교육을 통해 어떻게 해야 하는지를 가르침으로 개선할 수 있다.

D는 모든 기부가 일회성이고 이벤트적이어서 요청자의 역량을 키울 수 없으며, 기부자도 기부문화에 대해 좋지 않은 인상을 받게 된다. 사회적으로 요청자와 기부자를 동시에 홍보하고 교육하는 시스템적 투자가 절실히 필요하다.

이처럼 요청자 개인이나 단체의 리더는 기존 기부자층이 어떤 유형인가를 전략적으로 판단하여 어떤 방법으로든 단체의 요청능력을 키워야 할 것이다.

요청과 두려움의 관계

사람들이 요청을 두려워하는 이유 중의 하나는 요청이 거절당하면 요청 전과 같은 관계를 갖기 어려울 것이라는 염려 때문이다. 마치 요청이 관계의 갈림길에 있다고 보는 것이다. 요청을 들어줄 수 있는 입장인데도 거절하면 요청 자체보다 자신을 거절한다는 생각이 들 것이다. 곰곰이 생각해보면 우리는 그동안 살면서 수많은 사람이 상대방이 자신의 요청을 들어주지 않아서 그 뒤로 서로 소식을 끊고 사는 경우를 많이 보았다. 그래서 요청은 문제 해결의 열쇠임과 동시에 관계의 갈림길에 서기도 한다. 요청을 잘하는 사람이란 그런 상황으로 이어지지 않도록 조정하는 능력을 갖춘 사람을 말한다. 충분히 상대가 들어줄 만한 요청을 하거나, 비록 거절당해도 서로의 관계에 영향을 미치지 않도록 요청하는 것이다. 또한 AQ가 높은 사람들은 요청으로 서로의 관계를 더욱 견고히 하는 사람이고, 주로 해피엔딩으로 끝나 요청의 피로 증후군이 없게 한다.

하지만 관계를 시험하는 요청이 있다는 사실도 인정해야 한다. 남녀간의 사랑은 평생 요청을 통해 시험하고 재확인하는 과정이라고 한 어느 친구의 말이 생각난다. 비 오는 어느 날 전철역까지 우산을 갖고 와달라고 요청했는데 거절당한다면 논리를 떠나 서로의 관계에 대한 깊이를 의심하는 등 감정이 앞서는 것이 인간의 마음이다. 그러나 대부분 할 수만 있다면 기쁜 마음으로 전철역으로 우산을 들고 가기에 요청은 본의 아니게 테스트가 되며 이로써 관계를 재확인한다.

요청의 두려움은 어디에서 오는가?

요청의 두려움은 어디에서 오는 것일까? 크고 작음의 차이가 있을 뿐 요청하기 전에 두려움을 전혀 느끼지 않는 사람은 없다. 그러므로 요청하기에 앞서 요청에 대한 두려움을 적게 하는 것이 가장 중요하다고 할 수 있다. 그렇다면 두려움을 줄이는 방법에는 어떤 것들이 있을까? 두려움이 생기는 이유를 알고 있으면 그 대처방법을 찾아 두려움을 줄일 수 있다.

자신의 역량을 정확히 파악하지 못할 때

산을 오를 때나 장애물을 만났을 때 자신이 얼마나 오를 수 있는지, 한 번에 얼마나 뛸 수 있는지를 알지 못하면 당연히 두려움이 생기고 겁을 먹게 된다. 모금에서도 마찬가지이다. 평소 자신의 요청 역량을 파악해두지 못하면 상대방에게 어떻게, 얼마만큼 요청해야 하는지 알 수 없게 된다. 섣불리 요청을 시도하지 못하고 그전에 두려움부터 커진다. 이처럼 자신에 대해 잘 알고 상대방에 대한 정보를 파악하고 있는 모금가는 모금세계에서 살아남을 수 있다. 그중에서도 가장 중요한 것은 모금가 자신의 모습을 올바로 아는 것이다. 흔히 기부자에 대한 연구와 그들의 심리 파악에 중점을 두지만 그보다 먼저 모금가의 자기 분석이 이루어져야 한다. 다른 사람들이 알고 있는 모금가와 스스로 알고 있는 진정한 자신의 모습에 오해가 있다면 모금의 첫 단추를 잘못 끼우는 것과 같다. 스스로 보는 진정한 자신의 모습과 다른 사람들특히 기부자에게 보이는 자신의 모습 사이의 괴리를 없애야만 상대방에게 진심으로 다가갈 수 있게 된다.

이런 경우 자신의 요청 역량에 대한 지표를 설정해놓으면 두려움을 줄일 수 있다.

- 자신은 지금까지 한 번에 얼마를 기부해본 적이 있는가?
- 지금까지 모금하면서 얼마까지 요청해본 적이 있는가?
- 단체 모금 때 자신을 포함해서 가장 큰 요청금액은 얼마인가?

위의 사항을 잘 알고 있다면 요청의 쾌적지대comfort zone를 알 수 있다.

상대의 역량을 잘 모를 때

상대가 어느 정도 수준의 기부를 생각하고 있는지, 어떤 분야에 기부할 의향이 있는지, 어느 정도의 자산 가치가 있는지를 파악하지 못하면 요청하는 것에 당연히 두려움이 생길 수밖에 없다. 그러므로 상대방에 대한 모든 정보를 입수하고 파악하여 상대방이 가진 모든 가능성과 생각, 역량을 알기 위해 노력해야 한다.

- 기부자가 지금까지 기부한 가장 큰 금액은 어느 정도인가?
- 그 금액을 어느 단체에 기부하였는가?

이와 같은 사항들, 즉 기부 내용을 알고 대처한다면 요청에 대한 두려움을 줄일 수 있다.

예를 들어, 모금을 위해 요청해야 하는 상황인데 자신의 역량을 확실히 알지 못하거나 상대방의 거절 의사에 어떻게 대처해야 할지 알지 못한다면 요청하기 어렵고, 두려움이 생기고 만다. 자신의 모든 것을 잘 알고 자신의 쾌적지대 범위를 인식하고 있어야만 요청할 때 두려움을 없앨 수 있고 상황에 따른 적절한 대응도 가능해진다.

목표 지점을 알고 있으나 거기에 도달할 방법을 알지 못한다면, 길을 찾기 위해 가장 먼저 해야 할 것은 자신이 서 있는 위치를 정확하게 파악하는 일이다. 자신의 위치를 파악해야만 목표 지점까지 도달하는 거리와 가는 방법 등을 찾아낼 수 있기 때문이다. 그러므로 기부라는 목표 지점을 위해서 모금가는 현재 자신이 서 있는 위치를 정확히 파악해야 하며, 이는 자신의 능력과 가능성을 정확히 알고 대응해야 한다는 것을 의미한다. 외부 모금 환경에 대한 이해는 물론 자신을 먼저 알아야 한다.

모금에 실패하는 첫 번째 원인은 바로 자신의 능력을 과대평가하는 경우이다. 예를 들어, 모금 총 책임자가 자신의 능력으로 10억을 충분히 모금할 수 있다고 믿고 캠페인을 시작했는데, 정작 주위 사람들에게 요청하는 것을 두려워하거나 망설이는 것을 나중에서야 발견하게 된다면 모금은 성공적으로 이루어질 수 없게 된다. 자신의 요청 능력과 가능한 범위를 알고 계획을 세워야만 안전하게 모금을 해 나갈 수 있다.

그래서 모금가에게는 자가진단이 필요하다. 자가진단은 단순히 무엇이 부족한지를 알아내는 것이 아니라 부족함 자체를 알아보는 것이다. 자신이 알고 있는 것뿐만 아니라 알지 못했던 부분들까지도 이러한 진단을 통해 알게 되고 부족한 부분을 채워나가면 진정한 자신의 모습을 알 수 있게 된다. 자신의 모습을 확실히 이해하고 그것을 활용한다면 요청에서의 두려움도 없앨 수 있고, 당당함과 자신감을 가질 수 있게 된다.

요청에 대한 두려움은 요청자, 요청받는 자 모두에게 있다

현대사회는 대량 생산된 인간관계의 질을 잘못 판단하여 불성실한 요청을 남발해서 요청의 신뢰도와 이미지가 나빠져 있다. 그런 인간관계는 신기루와도 같아서 요청 시에 사라지기도 한다. 요청자가 갖는 두려움은 거절에 대한 두려움에서 오는 존재 단절이고, 요청받는 자의 두려움은 요청을 들어주면 요청자가 반복해서 의존할 것이라는 두려움과 들어준 뒤의 단절에 대한 두려움이 공존한다. 요청하기 전에는 온갖 성의와 관심을 두다가 요청 뒤에 오는 소외감과 결과에 대한 실패로 인한 관계의 단절을 우려하여 오히려 요청을 거절하는 것이 관계를 유지할 수 있을 것이라는 확신을 갖기도 한다. 특히 베풂에 대한 거절을 경험한 사람은 받지 않을 것을 염려하고 너무 적거나 감사인사가 없을까 하는 두려움이 있기에 요청자가 먼저 나서서 요청해야 한다.

두려움의 극복

어떤 문화를 막론하고 돈을 요청하는 자체는 그리 반가운 일만은 아니다. 특히 한국적인 정서로는 요청한다는 것은 스스로 약자라는 것을 인정하는 것이거나 스스로 역량이 없어 남에게 구걸한다는 부정적인 인식 그 자체이기에 모금 현장에서 자원봉사자들을 참여시키는 것이 쉬운 일만은 아니다. 이러한 문제로 모금요청을 하려 할 때 자원하는 사람이 많지 않다. 친할수록 돈 이야기를 하기가 거북하다는 이유가 요청의 두려움을 자극하는 1순위이다. 비록 모금을 위한 요청이 본인의 필요가 아닌 단체의 미션을 위한 투자이며 '행복의 전달자'라는 의미 있는 동기에서 하는 일이라 하더라도 요청하는 순간은 경험이 많은 모금 전문가들도 막연한 두려움과 긴장감을 느끼며 자신의 부족함을 느끼곤 한다.

이러한 인식 전환이 필요하기에 많은 단체와 모금 전문가들은 모금 훈련의 일환으로 조직심리를 이용하여 단체의 비전과 역할 기대의 관계성 강화를 통한 환경적 변화를 이끌고자 한다. 이는 개개인의 행동과 업무에 대한 태도를 더욱 역동적이고 자신감 있게 변화시킨다. 그중에서도 이론과 조직심리학의 대가인 레윈Lewin의 행동변화 이론은 오늘날의 모금학에서 중요한 위치를 차지하고 있다. 이 이론에 의하면 사람들의 행동을 변화시키기 위해서는 다음의 3가지 단계를 거치는 것이 필요하다.

첫째, 자신의 문제가 무엇인지 인지하는 기회를 제공하여 기존에 갖고 있었던 태도와 의견을 풀어내도록 하는 작업
둘째, 과거의 행동에서 벗어나는 작업
셋째, 새로운 행동 모드를 확고히 하는 데 중점을 두는 작업

이 이론을 직접 모금교육에 적용해보도록 하자. 우선 모금 팀 교

육생들에게 어떠한 동기로 사람들에게 모금하게 되는지, 그리고 모금을 하지 않는다거나 기부를 원하지 않는 사람들은 어떤 이유로 그러는 것인지를 예측하여 쓰도록 한다. 이 과정은 개인이 가지고 있는 모금에 대한 인식긍정적인 것과 부정적인 것을 표현할 수 있게 하며, 다른 사람들과 이를 공유함으로써 석연치 않았던 점 혹은 알고 싶었던 부분들을 해소할 수 있는 효과가 있다.

그런 다음 요청이 두려운 이유에 대해 적도록 한다. 자신의 두려움을 표현함으로써 그 부분에 대해 발견하고 공유하면서 스스로 문제점들을 파악하고 하나하나 고쳐나갈 수 있게 된다. 이러한 모든 작업은 모금과 마찬가지로 일방적인 구걸이 아닌 사회적 교환으로 서로 함께 공유하고 조언하며 모든 문제를 바로잡아 실패와 거절의 두려움을 이겨나갈 수 있게 한다.

마지막으로 이전의 부정적인 부분을 치료하고 바뀐 태도를 새롭게 적용할 수 있는 변화된 훈련생 역할을 하도록 한다. 이는 모든 변화와 새로 구축해야 할 행동 양식을 확고하게 해줄 것이다.

요청에서 개인적으로 진행하기보다는 경험이 풍부한 요청자가 있는 그룹에 참여하여 진행한다면 건설적인 동료의 압박으로 인해 더욱더 효과적인 결과를 만들어 낼 것이다.

미국의 경우 보통 두 사람이 한 조가 되어 함께 협력하여 요청에 참여한다. 그는 비영리단체의 CEO가 될 수도 있고 이사장, 이사 혹은 잠정기부자의 친구인 자원봉사자가 될 수도 있다. 어느 기업 회장의 기부에 대한 고백을 보면 이해가 될 것이다.

"나는 두 가지 경우에 대해서만 기부한다. 하나는 내 개인적인 인생과 그 단체의 미션이 어떤 특별한 연관관계가 있을 경우이고, 두 번째는 나에게 중요한 사람이 요청해올 경우이다."

어떤 모금 전문가는 연애하는 커플이 수많은 데이트를 통해 사랑과 청혼을 고백하는 프러포즈의 순간을 요청의 순간에 비유하기도 한다.

사람과 사람 간의 사회적 교환을 한다는 의미에서 요청이라는 것은 상호 간의 존중으로 이루어져야 하는 행위이다. 요청이라는 단어 자체에 압박을 느끼며 무조건 설득하려 하기보다 잠정기부자들이 생각하고 말하고자 하는 것을 진지하게 진심으로 들어줄 수 있는 친구가 되도록 하라. 이는 인간과 인간 사이에서 발생하는 진정한 의미의 요청을 잘 이해하고 실행하는 방법이며, 무엇보다 스스로 요청을 즐기는 것은 잠정기부자에게 편안한 분위기를 제공함으로써 자연스러운 모금 유치를 이끌 수 있는 최고의 방법이 될 것이다.

적당한 두려움은 오히려 도움이 된다

몸이 건강한 사람은 아프면 열이 나는데 이는 병균이 침투하면 몸이 열을 내어 방어한다는 의미로, 열은 오히려 아픔을 알리는 데 도움이 된다. 적당한 미열은 본인의 행동반경을 알아서 제한해줄 수 있고, 만약 열이 너무 많이 나서 꼼짝할 수 없다면 가만히 누워 있으면 된다. 문제는 몸에 아픈 곳이 있는데도 열이 나지 않는 것으로, 오히려 큰 병을 야기할 수 있다. 마찬가지로 사람의 두려움은 자연히 생기는 메커니즘으로, 두려움의 실체를 아는 것은 때때로 해로움보다 도움이 되기도 한다. 열이 나면 행동에 조심하게 되고 더 악화되는 것을 막을 수 있듯이, 요청에 대한 두려움은 정신이 건강한 사람이라면 당연한 현상이다. 필자가 지금까지 상대해본 사람 중에서 요청에 두려움이 없다고 한 사람은 극히 드물었다. 태어날 때부터 요청에 대한 두려움이 없었다고 장담하거나 많은 경험과 훈련을 통해서 두려움이 전혀 없다고 하는 사람을 경험해봤는데, 그런 사람들이 오히려 단체에 해가 되는 경우가 있었다. 마치 어린아이가 총을 들고 길거리로 나가 활보하는 식으로 막무가내로 요청하는 경우가 많았다. 요청에서 중요한 것은 상대에 대한 경외심과 요청에 대한 겸손한 자세가 필요하다. 당당함과는 또 다른 차원의 이야기이다. 그래서 적당한 두려움은 모금에 도움이 되기도 한다. 두려움이 있으면 그 이유를 알게 되고, 남의 말을 경청하여 필요한 준비를 하게 되어 적극 훈련하게 된다. 요청자 중에서 가장 무서운 사람은 "나는 이미 많은 경험을 했고 대상자를 잘 알기에 스크립트나 역할 연기가 필요 없다."고 지나치게 자만에 빠진 사람이고, 둘째로 무서운 사람은 "나는 요청에 대한 두려움이 하나도 없다."고 하는 사람인데, 사실 이런 사람은 진정으로 격을 갖추어 요청해본 사람이 아닐 가능성이 높다.

10. 각 나라의 요청문화

한국문화와 요청

한국의 기본 문화는 '주고받는' 것이다. 요즘 모든 관계가 그러하듯이 아무리 친한 관계라도 너무 한쪽으로만 치우치면 문제가 생긴다. 모금도 '받기 위해 준다'는 매우 간단한 원리에서 출발한다. 사실 누가 요청하면 들어주는 것은 받을 것을 기대하기 때문이다. 계, 두레, 향약 등 우리 고유의 전통적인 나눔문화는 서양의 자선과는 약간 다르다. 힘을 모아 한 사람을 도와주는 이면에는 내가 어려울 때 당신도 도와야 한다는 묵계 안에서 이루어지는 무언의 계약이 들어있는 것이다. 만약 그 계약을 깬 사람은 몹쓸 사람이 된다. 사람은 요청받으면 본능적으로 '그래서 나에게 돌아오는 것이 무엇인가?'를 계산하게 된다. 짧은 시간 안에 생각해보는데 전혀 떠오르지 않으면 거절할 이유를 찾거나 결정을 미룰 것이다. 그래서 모금세계에서 기금요청은 두 사람 중에서 한 사람이 요청한다. 거절하기 어려운 관계에 있는 사람 또는 즉시 받아들일 정도로 설득으로 무장된 사람이다. 받았는데 아무것도 보답할 것이 없다면 오로지 진정한 감사가 요청의 기본 원리이다.

한국의 어느 청년 사회사업가를 만났다. 그는 만나자마자 필자가 모금 전문가라고 하니까 "선생님께서 사람들을 모아서 모금 커뮤니티 20~30명을 만들어 저희 단체의 모금을 좀 맡아주시지요." 하며 마치 큰 권한이라도 주는 듯이 말했다. 필자는 할 말을 잃고 그의 순진한 요청 방법에 쓴웃음을 지으며 다른 사람에게 요청하는 방법을 알려주었다. 요청하기 전에 요청받는 사람의 입장과 그가 할 수 있는 역량, 그에게 어떤 도움이 될 수 있는지를 생각해봐야 한다. '나의 진정한 고마움만으로 그가 행복해질 수 있는가? 아니면 그 외에 무엇이 더 있는가?' 만약 그 입장을 못 읽는다면 요청은 실패할 수밖에 없고 서로 실망해서 관계에도 금이 갈 수 있다.

한국형 요청 모델

우뇌의 발달

한국 사람들은 서양인보다 우뇌가 발달해 감성과 감각이 발달해 있다고 한다. 따라서 이성에 의지하는 요청 방법으로는 잘 설득되지 않는다. 합리성만을 주장하는 미국식 모금 방법과 달리 감성을 자극하는 요청 방법인 촉각, 청각, 시각을 이용한 모금 캠페인이 진행된다. 굶주린 아프리카 어린아이의 사진 한 장이 사람들의 마음을 움직이는 데 상당히 효과적이다. 죽음을 애도하는 방법도 곡소리, 시각적인 장례절차 등 서구인들과는 마음을 움직이는 방법이 다르다.

미국은 모금의 명분이 다양해 문화 예술의 증진 등을 위한 모금도 잘 되지만, 한국은 우뇌를 자극하는 명분이 잘 먹힌다. 사례를 표현하는 방법도 다르며, 상황 설명에서도 현저한 차이가 난다. 미국은 주로 좌뇌를 사용하며, 정확한 의미전달에서는 명사의 사용이 매우 중요하고 빈번하다. 예를 들어, 한국에서는 지리를 설명할 때도 음성어를 많이 사용한다. 한국인은 "저쪽으로 쭈욱 가면 보인다."고 설명하는 데 반해 서양인은 "오른쪽 길로 50미터쯤 가면 보인다."는 식으로 표현 방법이 다르다. 또한 미국의 경우는 문서로 상대에게 요청하는 경우에도 말로 요청하는 경우가 많다. 미국은 모금 명문서 교육과 실제 그것을 기반으로 요청하는 경우가 대부분이다. 하지만 이 모델을 한국인에게는 아직 적용하기 어렵다. 한국인에게 더욱 친근감 있게 모금요청을 할 수 있는 방법은 무엇일까 생각해본다.

모금에서는 관계를 중시하기에 모든 모델과 이론이 서양의 이성적 관계를 중심으로 전개되어 왔다. 과거에 출간된 모금 관련 서적은 서구인의 사고방식을 근거로 한 모금 모델이 전부였다. 요청하는 방법론에서도 그렇고, 서양의 성공사례를 벤치마킹한 것이어서 처음엔 좀 되는가 싶지만 얼마 안 가서 흐지부지되는 경우가 허다하다. 마치 갓 쓰고 청바지를 입는 것처럼 겉으로만 그럴싸하게 보인다. 한국인에게는 감성이 풍부한 '정', 중국인에게는 '꽌시관계'가 있다. 미국의 관계relationship와 의미는 비슷하나 깊이 들어가면 차이가 있음을 발견하게 된다.

한국에서의 요청의 어두운 그림자

요청의 기회조차 마련하지 못하는 사회는 심각한 문제가 많다. 사회는 건강한 요청 시스템이 잘 돌아가야 한다. 필자가 기억하기에 전에는 그런대로 한국에서도 요청 기회가 많았다. 사실 요청하지 않아도 능력 있는 젊은이들을 알아서 뽑아 가고, 선택에 고민하던 시대가 있었던 것으로 기억한다. 그리고 능력이 없는 사람에게도 맞는 자리가 있었다. 하지만 요즘 젊은이들은 수많은 요청을 해야만 기본적인 삶을 유지하는 시대가 도래했다. 현재에 직면할 수단을 지닌 사람들이란 최소한의 경제적 안정을 얻은 사람들이다. 이런 사람들은 현재 자신이 가진 것을 토대로 미래를 합리적으로 예측할 수 있다. 부모의 재산이나 학력을 토대로 유학을 꿈꾸거나 사업을 시작할 수 있는 극소수 한국의 젊은이들이 그 사례가 될 수 있을 것 같다. 반면 30대까지 대출받은 등록금을 상환해야 하는 한국의 젊은이들은 현재에 직면할 수단을 갖지 못한 사람, 즉 '미래가 없는 사람들'이라고 할 수 있다.

하긴 미국도 얼마 전까지는 가만히 있어도 헤드헌터들이 서로 인재를 스카우트하던 시대였지만, 이제는 스스로 적극적으로 요청하지 않으면 그나마 기회가 없는 시대가 되었다. 소위 극소수의 3퍼센트 안에 드는 높은 요청 능력을 보유한 자만이 살아남는다. 그렇다면 자신이 지금 한국의 젊은이 중 온전한 삶, 즉 존중받는 삶을 영위하고 있다고 생각하는 사람이 몇이나 될까? 아마 대부분 요청의 기회조차 없는 부족하고도 핍박받는 삶을 살아가고 있다고 생각할 것이다. 폭력적인 가정에서 자란 아이가 나중에 어떤 어른으로 자라나는지 잘 알고 있을 것이다. 폭력을 당한 사람은 자신보다 약한 사람에게 폭력을 행사하고, 핍박받는 사람은 다른 사람을 핍박하게 되는 것은 어쩌면 당연한 귀결이라고 할 수 있다. 요청의 기회를 받지 못한 사회에서 오랜 기간 지낸 젊은이는 결국 '요청의 장애인'으로 전락하고, 혹시 리더가 된다 하더라도 다른 사람의 요청의 기회를 박탈하는 폭군이 될 우려가 있다.

사회가 요청의 기회를 주거나 더는 존중할 수 없을 때, 그런 사회에 사는 사람은 가장 불행한 법이다. 인생에 반전도 없고 스토리도 만들어 내지 못한다. 그러나 그보다 더 불행한 것은 미래에 요청의 희망마저 없는 삶일 것이다. 건전한 경쟁은 오히려 도움이 되지만, 과연 요청의 기회를 박탈당한 삶을 사는 한국의 젊은이는 자신의 미래, 나아가 우리 사회의 미래를 합리적으로 계획할 수 있을까? 현실에서 핍박받는 사람은 현실에만 파묻힐 수밖에 없기 때문이다. 흔히 말하는 것처럼 미래가 없는 사람들에게는 개인적으로 자신의 미래를 계획할 가능성도 없으며, 동시에 집단적으로도 새로운 미래의 출현을 위해 일할 가능성이 거의 없다. 미래에 대한 현실주의적인 전망은 실제로 현재에 직면할 수단을 지닌 사람들에게만 접근 가능하다. 기회를 잃은 한국의 젊은이들에게 현재에 직면할 수 있는 최소한의 요청 수단을 확보해주지 않는다면 그 결과는 명약관화하다. 지금 우리는 젊은이들을 요청할 기회가 없어서 유토피아적 자포자기 상태로 내모는 사회에 살고 있다. 이런 현실성 없는 미래에 사로잡힌 사람들에게 합리적으로 생각하라는 조언은 전혀 도움이 되지 않는다. 아마도 그들은 유토피아적 미래에 대한 꿈을 접으려고 하지 않을 테니 말이다. 언젠가 우리 한국의 젊은이들은 사회와 미래를 이끌 주역으로 다음 세대에게 요청할 기회를 주는 사회로 만들 것이다.

비교문화 모금cross culture fundraising: 서양과 동양의 요청 후 대답의 차이

보통 기부금을 요청한 뒤 기부자에게서 나오는 첫 대답에도 동서양 사이에는 커다란 정서 차이가 있다. 특히 일본에서는 어렸을 적부터 남에게 폐를 끼치는 실례를 범하지 말도록 가르치기에 잘 알지 못하는 사람에게 기부 요청하는 것에 강한 거부반응을 나타낸다. 기부자는 단체를 잘 모르면 기부할 확률이 매우 낮고, 단체도 기부자와 관계가 없으면 접근조차 하지 않으려고 한다. 그래서 잠정기부자는 요청을 받으면 어떤 대답을 해야 하나 쩔쩔맨다. 일본한국도 마찬가지이다에서는 서양적인 방법인 적극적인 일대일 대면 기금요청교육이 모금현장에서 실효를 얻지 못하고 있다. 때때로 요청받은 뒤 "아니오."라고 대답하는 것은 민족 정서에 따라 상대방에게 수치심이나 거부감을 불러일으키는 둔탁한 언어이자 즉각적인 저항을 불러일으키고 상대방을 반발하게 하는 호전적인 단어라고 생각한다. 그래서 같은 메시지를 전달할 때도 가끔은 우회적인 다른 단어를 사용하는 것이 더 좋다고 생각한다. 어떤 경우에는 실제로 '아니오'라는 단어를 쓰지 않고도 효과적으로 '아니오'라고 대답할 수 있다고 생각한다. 단지 상대가 알아주길 바랄 뿐이다. 그나마 같은 문화권의 경험 많은 모금가는 느낌아마도 메타 메시지으로 그 진정한 대답의 뜻을 알 수 있다고 한다. 동양인들은 상대방에게 수치심을 주지 않고 체면을 살려주기 위해 '아니오'라는 단어를 실제로 사용하지 않으면서 '아니오'라고 말하는 방법을 찾으려고 애쓴다. 그러나 그 단어를 사용하지 않는다고 해서 그 문화권 사람들이 '아니오'라는 말을 하지 않는다는 뜻은 아니다. 그들은 단지 에둘러 말하거나 미묘한 암시 같은 간접적인 수단을 찾고자 할 뿐이다. 이 때문에 다른 문화권의 기호학에 익숙하지 않은 사람들은 혼동할 수 있다.

미국의 어느 단체에서 있었던 모금 일화이다. 꽤 유명한 한국계 회사의 어떤 한국인 최고경영자가 단체를 방문했을 때 미국인 모금 담당자는 즉석에서 단체의 기부 필요성을 적극적으로 요청했다. 한국인 CEO는 그의 제안에 약간 당황하면서 "글쎄요, 완전히 불가능한 일은 아니죠."라고 대답했다. 미국인 모금가는 그의 대답을 '불가능하지 않다는 말은 곧 가능하다는 것'이라고 해석하여 즉각 모금 총책임자에게 보고했고, 최고 베테랑들로 이루어진 팀을 만들어 기금요청과 마무리에 착수했다. 하지만 몇 달 동안 기대한 모든 만남은 뚜렷한 설명 없이 연기되거나 결국 이루어지지 않았다. 그러자 그는 필자에게 약간 짜증스러운 목소리로 "왜 한국 사람들은 그런가?" 하고 묻기에 "완전히 불가능한 일은 아니다."라는 말은 단지 "지금 상황으론 안 돼."를 정중하게 표현한 것일 수도 있으니 그 자리에서 그의 의중을 좀 더 신중하게 확인했어야 했다고 조언했다.

이 일화에서 배울 점은 'No'라는 단어가 때로는 입 밖에 나오지 않을 경우에도 그 의도는 명확하게 현장에서 즉시 이해할 필요가 있다는 점이다. 모금 전문가들은 세상의 모든 대답이 100퍼센트 'No'도 없고 100퍼센트 'Yes'도 없기에 요청 후 대답은 그 사이의 어디엔가 있다고 믿는다. 보통 모금에서는 요청 후 상대가 'No'할 경우 "왜?"라는 질문으로 4가지 이유타이밍이 안 맞는지, 금액이 너무 많은지, 요청 방법이 마음에 안 드는지, 미션이 본인의 가치와 불일치인지를 적극적으로 묻게 되어 있다. 그로써 문화가 다른 데서 오는 차이와 오해를 극복할 수 있다고 본다. 그리고 상대가 말한 'No'의 의미를 알기 위해서는 다음 미팅 날짜를 반드시 미리 잡으라고 교육하고 있다. 만약 이러한 진행과정 속에서 진정 'No'라고 판단되면 다음을 기대하고 정중하게 당당히 물러나는 것이 서양식 모금방법이다. 하지만 이러한 요청 프로세스가 한국 정서에는 쉽게 수용되지 않기에 많은 모금 전문가가 적절한 한국적 요청 방법을 찾는 데 고심하는 것이 아닐까? 그리고 필자 또한 아직도 한국적 요청에 마술 같은 방법을 제시하지 못하기에 모금요청교육 후 "한국의 모금 현장 사정을 잘 모른다."고 질타를 받는 것이 아닐까?

비교문화 요청과 모금 방법

모금에서는 관계가 가장 중요하기에 요청하는 사람과의 관계에 중점을 두어 모금계획을 세워야 한다.

나라마다 각기 다른 문화에 따른 모금방법이 있는데 미국식 모금 방법, 즉 관계를 통한 방법이 다른 나라에서는 같은 의미로 통하지 않는다. '누구를 아는가?'가 모금의 모든 것을 말해주는 모금 이론에서는 '네트워크' 혹은 '영향력'이 중요하고, 나라마다 그 의미는 조금 다르지만 중동지방에는 '와스타wasta'가 있다. 이는 영향력, 사회적 지위, 네트워크의 혼합물 정도로 해석할 수 있는데, 화폐처럼 축적하고 소비하기도 한다. 본질적으로 조금은 부패하고 이기적이기는 하지만 중동에서 비즈니스를 하려면 그것이 무엇인지 잘 알아야 하고 쓸 줄도 알아야 하며, 누구인가 최소한 와스타를 아는 사람과 같이 일해야 한다. 중국에서는 '꽌시', 러시아에서는 '블랫blat', 한국에서는 '빽'이나 연줄'이 있어야 무슨 일이든 성사된다고 믿는다. 아마도 한국의 '빽'은 배경background에서 유래하는 것이라는 생각이 든다. 미군정 시절부터 시작된 말이라고 하며, 미국은 'pull', 즉 끌어당겨 주는 사람이고, 한국은 'push'의 의미로 뒤에서 밀어주는 사람을 말한다. 그래서 외국기업들은 다른 나라에서 사업을 할 때 그들의 문화를 이해하고 적응해야 한다. 부정적이고 부도덕적이라 해도 그들에게는 하나의 문화와 정서인 것을 인정해야 한다. 그리고 대의에 의존하기보다 인간관계에 100퍼센트 전적으로 의존하는 모금 캠페인이 되었을 때 발생할 수 있는 부작용을 생각해야 한다.

문화 차이에 따른 일본의 재해 대응

문화의 차이에 따라 재해에 대응하는 방법도 다르다. 대응방법을 놓고 옳다 그르다 말하는 것은 문화에 대한 깊은 이해가 부족한 탓이다. 사회학자인 탤콧 파슨스Talcott Parsons는 문화의 차이를 크게 사람들과의 관계, 시간을 보는 태도 그리고 자연을 대하는 태도로 나눈다고 했다. 그중 재해 대응은 특히 자연에 대한 대응 태도인데, 하나는 자연을 인간의 의지로 통제하고 다스려야 하는 대상으로 보는 내향성inner-directed이고, 또 하나는 조직이 자연의 법칙, 방향, 힘에 순응하는 자연의 한 산물로서 발전해야 하고 자연으로부터 영양분을 섭취해야 한다는 외향성outer-directed으로 나눌 수 있다. 일본은 전형적인 외향성 문화이다. 예를 들어, 소니의 회장인 아키오 모리타가 처음 워크맨을 만들었을 때의 의도는 다른 사람에게 음악 소리가 방해되지 않도록 자신만 들을 수 있게 디자인한 것이지만, 이것이 미국이나 유럽으로 건너가서는 남에게 방해받지 않고 자신만의 공간을 보호받기 위해서라는 전혀 다른 의도로 바뀌었다. 또 다른 예로 일본에서는 길거리에 다닐 때 마스크를 쓰는 이유는 자신의 바이러스가 남에게 전염되지 않기 위해, 즉 나 때문에 남에게 피해를 주는 것을 막기 위한 것이지만 같은 마스크가 영국에서는 도시의 오염물질이 자신에게 흡입되는 것을 방지하기 위한 것이다. 그래서 내향성은 문자 그대로 자연이 자신에게 들어오는 것에 관한 관심과 태도의 반응이고, 외향성은 자신의 몸에서 자연으로 나가는 것에 대한 관심과 태도의 반응이다.

외향적인 일본은 외부 자연의 힘 혹은 재해에 대해 자신을 제어

하기를 원하고, 미국이나 유럽국가의 내향적이라는 관점은 재해가 발생했을 때 외부 환경 통제를 성공의 잣대로 삼아왔다. 일본이 쓰나미 같은 거대한 재난에 대비하는 방식은 한국과는 또 다르다. 한국처럼 군인과 공무원들이 사고 즉시 대규모로 구조작업에 총동원되거나 태안 유조선 사고 때 그랬듯이 전국 곳곳에서 자원봉사자가 재해지역으로 물밀듯 몰려드는 분위기는 아니다. 그러나 주요 구조현장에는 늘 자위대원이 있고, 자원봉사자들도 조용하게 소규모로 활동한다. 일본의 민간단체나 자원봉사자들은 준비 없이 피해 현장에 들어갔다가 도리어 이재민들에 '폐메이와쿠'를 끼칠 수 있으니 현장으로 가는 것은 신중을 기한다는 자세다.

문화가 다른 사람들은 오히려 일본인들의 놀라울 정도로 차분한 모습을 보며 우려 섞인 말을 한다. 크나큰 재앙을 겪은 후에 그렇게 차분할 수 있다는 것은 오히려 '운명이니 어쩔 수 없다'는 체념과 포기로 느껴지기 때문이다. 재앙을 숙명으로 받아들이고 힘없이 무릎을 꿇는 운명론이 일본인의 마음을 지배하고 있는 것은 아닌지 우려된다고도 한다. 하지만 일본인의 자연에 대한 운명주의는 극단적인 수동성으로 나타나기에 마치 운명론의 포로처럼 보이나 그것은 단지 자연에 대한 문화 차이일 뿐 그 이상 이하도 아니다. 그저 다름을 존중하고 원하는 대로 도와줄 뿐이다.

문화의 4가지 유형

영향력		개인주의적	집단주의적
	낮음	균등한 배분	커뮤니티 공유 일본
	높음	시장 지배 미국	권위 우선 아이티, 파키스탄

요청을 위한 질문

유엔이나 많은 나라에서 대지진의 피해를 입은 일본에게 도움이 필요하면 말하라는 의미는, 무엇을 도와주어야 할지 아직 모르고 특히 피해가 아직도 진행 중일 경우는 오히려 엉뚱한 도움이 거추장스러울 수도 있기에 상대를 배려한 말일 것이다. 또한 받는 입장에서는 도움을 주는 나라에 피해가 갈 수도 있다고 생각한다. 예를 들어, 원전 피폭을 당한 미국 항공모함의 구조 승무원이 있었기에 미국으로서는 조심스러운 행보를 할 수밖에 없었을 것이다. 하지만 러시아에서 "만일 일본이 도움을 '요청'하면 돕겠다."라고 직설적으로 말한 것은 문제의 소지가 있다. 왜냐하면 뉘앙스가 다르게 느껴지기 때문이다. 일본은 특히 자존심이 강한 나라다. 자존심이 강한 사람들에게는 도움을 주는 방법도 지혜로워야 한다. 도움을 줄지 말지를 묻기보다 먼저 제안하는 것이 현명하다. 또한 재난을 당한 사람 입장에서는 정신이 없어 무슨 품목이 필요하고 어떻게 요청할

까를 생각해 내기 어렵다. 그래서 도움을 주고 싶으면 어떤 경우는 그냥 본인이 판단해서 상식선에서 도움을 주는 것이 옳다. 도움을 구하는 요청은 그만큼 복잡하기에 논리보다 감정이 더 중요할 때가 있다. "도와달라고 말만 하면 도와줄 수도 있는데."라는 의도는 좀 석연치 않다. 대부분의 경우에는 현금이나 물품보다 아픔에 대한 공감이 필요하다. 상대가 울고 있을 때는 같이 울어줄 사람이 필요하다. 상대가 필요할 것이라고 느낀다면 누가 도와준 줄도 모르게 살짝 도와주는 것이 도움에서는 최상이다. 모금세계에서는 과도한 생색은 금물이다.

요청으로 다른 문화 이해하기

문화권에 따라 요청하는 방법이 각기 다르다. 중국의 쓰촨 성 지진, 미국 뉴올리언스의 허리케인 피해, 아이티 지진, 인도네시아의 쓰나미 그리고 일본의 3월 11일 대지진과 쓰나미로 인한 도움 요청은 그들의 문화를 그대로 반영한다. 요청하는 스타일을 보면 그 나라 문화의 그림자를 알 수 있다.

방법의 좋고 나쁘고를 떠나 요청하는 상대방의 문화 차이와 사회의 기본 구조를 이해해야 한다.

『탈무드』에서는 가난한 사람들을 부드러운 말과 유머로서 받아들이고 위로하라고 권고하며, 수많은 이스라엘의 성현들이 다른 사람의 요청을 받아줄 때 어떻게 그 사실을 숨겼는지 또 상대방의 자존심을 상하지 않도록 어떻게 애썼는지에 대한 기록을 쉽게 찾아볼 수 있다. 유대인의 전통에 따르면 도움을 받는 사람이 평소 살아왔던 여건을 고려하여 그에 상응하는 수준에서 도와야 한다는 것이다. 지나치게 과장되기는 했지만 적절한 사례 하나를 들어보자. 부자였던 사람이 하루아침에 거지가 되어 도움을 요청하자 어떤 랍비가 그를 돕기 위해 그에게 말과 마부를 함께 보내 주었는데 나중에 마부가 도망가서 찾을 수 없자 스스로 마부를 자청한 사례가 나온다. 요청한 사람의 형편을 살펴 그에 합당하게 도와야 한다는 것이 『탈무드』에 나오는 요청문화이다. 이것을 그대로 현대에 적용하기는 어렵지만, 상대의 입장과 수준을 배려하면서 요청자가 수치감을 느끼지 않도록 도와주어야 한다는 것에는 주목할 만하다.

일본의 요청문화는 매우 복잡한 문화적·전통적인 요소를 기반으로 만들어진 것이다. 이번 천재天災에 대응하는 일본인의 태도에 대해 세계 각국에서 칭찬의 목소리가 나오고 있다고 방송에서 연일 보도되고 있다. "비참한 현실 앞에서도 소리 높여 울거나 아우성치지 않는다. 모든 것이 부족한데도 폭동이나 약탈이 일어나지 않는다. 항상 줄을 지어 질서를 유지하고 있다." 등등. 가족이나 친구를 잃었어도 차분하게 인터뷰에 응하거나 물자가 도착하지 않는 대피소의 현상을 조용히 호소하는 피재자被災者-이재민의 모습이 인상에 남는다. 교통이 마비된 도쿄東京 도심부에서 몇 시간이나 질서정연하게 줄을 서서 택시를 기다리는 행렬의 영상은 놀라움으로 받아들여지고 있다. 또 지구 심부탐사 배를 견학하던 중에 해일의 습격을 당해 난바다에 표류하던 50여 명의 초등학생들이 다음날 구조될 때 손을 맞잡고 일렬로 헬기를 타는 영상도 많은 감동을 주었다고 한다.

그래서 "왜 일본인들은 이러한 행동을 할 수 있는가?"라는 질문을 많이 받았다. 주위와의 조화를 중요시하는 '화和: 화합의 정신'이 있기 때문인가? 어릴 때부터 몸에 익혀온 '남에게 폐를 끼치지 않는다'는 생각 때문인가? 자신보다 더 어려운 사람도 있을 것이라는 '배려의 마음' 때문인가? 남의 눈치를 보고 선악을 판단하는 '수치의 문화' 때문인가? 참으면 반드시 도움이 온다는 '공공에 대한 신뢰'가 강하기 때문인가? 모양 있는 것은 언젠가는 사라진다고 하는 '불교적 무상관' 때문인가? 아마도 조금씩은 영향을 미쳤을 것이다. 결론적으로 일본이라는 나라는 남에게 보이는 이미지에 대해 무척 신경을 쓰고 웬만하면 대중 앞에서는 좀처럼 요청하지 않는 문화이다.

대형 재난에 대응하는 일본의 일원화된 요청 창구

재난이 발생하면 요청하는 창구도 하나이고 그 요청을 돕는 루트도 일원화한다는 '매뉴얼의 나라' 일본의 재난 대응에는 나름대로 계산이 있을 수 있지만, 현장에서 구호품을 기다리는 사람 입장에서는 사정이 좀 다르다. 만약 그 일원화된 창구에 문제가 생기면 전체가 영향을 받게 된다. 일본에서 많이 듣게 되는 말이 "매뉴얼에도 안 나왔고 전례가 없어서 어렵겠다."는 것이다. "규정에 나와 있지 않아서 검토해보겠다."는 말은 시급히 도와야 하는 문화를 가진 단체 입장에서는 마치 로봇이 말하는 것처럼 답답하게 들린다. 완벽주의를 추구하는 일본은 모든 것을 시스템화하기를 좋아한다. 그것이 일본의 장점이자 자존심이었다. 한때 일본에서는 로마의 군대가 상세한 부분까지 매뉴얼화해 짜놓고 초심자라도 이를 따르면 전쟁에 승리하게 하는 시스템을 만들어놓았다는 내용의 책이 베스트셀러가 된 적이 있다. 효율 우선주의를 중시하는 일본의 교육을 한국에서도 서로 벤치마킹하겠다고 일본으로 건너가 배우는 등 열풍이 분 적이 있다. 하지만 모금 리더는 이런 것이 대형 긴급구호에서는 장단점이 있음을 알아야 한다. 이런 과정에서 인간의 상상력이나 창의성, 지역별 독립성, 용기 등은 뒷전으로 밀려나고 전례나 규정을 따르는 틀에 갇히게 된다. 이런 문화의 단점은 톱니바퀴처럼 정확하게 일을 해내라는 요구만 받을 뿐 전체를 총괄하고 아우르는 훈련은 물론 새로운 것에 도전하고 파격을 서슴지 않는 데는 익숙하지 않다는 것이다. 이 같은 '매뉴얼 만능주의'는 평소에는 사회의 모든 시스템을 안정적으로 돌아가게 하겠지만, 한계치 이상의 예상범위를 초과한 문제 해결에는 한계를 드러낸다. 매뉴얼에 익숙해지다 보니 유연성과 창의성이 떨어지고, 멀티태스킹 능력의 융합성도 현저히 뒤처졌다. 이번 재난에서 피난소 바로 옆에 있는 관공서에는 비축 물량이 쌓여 있는데도 공무원들이 많이 실종돼 배급 인력이 없다는 이유로 배급이 늦어지자 이재민들이 "식량이 없다. 물 좀 달라."고 아우성치는 일이 벌어졌다. 그런 상황을 보다 못한 한국의 어느 선교사가 초코파이와 삼계탕을 갖다 주었다는 훈훈한 이야기도 신문에 실렸다. 아마도 '방사능'이라는 새로운 요소가 매뉴얼에는 없었을 것이다. 이것이 매뉴얼 사회의 일원화 창구에서 발생하는 단점이다.

실제로 일본의 재난 상황에서는 그야말로 수평적 사고가 필요했다. 매뉴얼을 벗어나 다각도의 창구를 열어놓는 것도 한 가지 방법이다. 미국의 카트리나 재난 때는 오히려 통제가 안 되어 문제가 되기도 했지만, 지방자치단체장들이 직접 나서서 여러 각도에서 도움을 요청했고 수많은 구호단체가 도움을 주었던 것으로 기억난다.

특히 다른 지역 한국의 커뮤니티에서 독립적으로 도움을 주었다. 그동안 모금 전문가들은 일본의 독특한 요청문화가 오히려 장점이라고 생각해왔는데 이번 기회로 단점이 더 많음을 상기할 시점에 와 있다.

종교에서 영향을 받은 요청문화

수천 년 동안 인간사회의 요청문화는 직·간접적으로 종교의 영향을 받아왔다. 종교가 기부문화에 미친 영향에 대한 자료는 부족하지만, 필자가 모금에 대한 역사를 강의할 때 쓰는 교육 내용을 요약해서 기술하고자 한다. 현대의 기부는 종교Judaism에서 비롯된, 가난하고 도움이 필요한 사람을 대상으로 하는 역량과 공공시설을 건설하는 그레코로만Greco Roman 시대의 모금의 합작품이다. 그리고 현대에 와서는 새로운 경제 패러다임인 이타주의 이론과 사회적 교환 이론이 결합하여 현대의 모금 원리와 기부문화가 탄생하였다. 종교에서 말하는 사후에 돌아오는 보상이 현대에 와서는 사회적 보상이라는 의미로 바뀌었고, 비영리단체 중에는 신앙에 근거를 둔 곳이 많다.

기독교 경전인 성경에서 최초의 공인 모금가CFRE는 사도 바울이라고 하나, 많은 등장인물이 모금가로서 모금을 하고 도움이 필요한 사람에게 나누어주는 장면이 나온다. 현대에 와서는 교회에 여러 가지 형태의 헌금을 내는데, 신도들이 수입의 10퍼센트를 바치는 십일조의 형태가 주된 재원이 되고 있다. 많은 비영리단체에서는 교회건축이나 특별기금처럼 교회의 신앙심에 근거한 기부를 부러워한다. 얼마 전까지만 해도 헌금을 비영리기관의 기금 기부로 취급할지 말지 논란을 벌였지만, 미디어에서 교회에 내는 개인적 헌금도 일반 비영리기관의 기부로 취급하는 정서가 서서히 싹트는 것이 주목된다.

많은 모금가를 배출해 냈고, 모금 관련 책의 저자 중에는 유태인 학자들이 많이 있다. 『Torah탈무드』에 기원을 두고 있으며 기부의 순위, 모금가의 정당성 등 많은 합리적인 논리를 제공한 것은 유대교Judaism이다. 특히 구제가 권장사항이 아니라 의무사항인 '체데카tzedakah'는 현재까지도 기부의 기본 규칙이 되고 있으며, 나눔문화의 근간이다. 10퍼센트 정도는 반드시 해야 하고, 30퍼센트 정도는 매우 너그러운 사람이고, 50퍼센트는 넘지 않도록 하는 것은 현대 비영리단체가 기부금을 받을 때 지침서의 근간이 되기도 한다. 특히 탈무드의 원리와 이론이 현재 모금의 원리와 흡사한 점이 많으며, 인간의 욕망을 합리적으로 인정하면서 기부문화를 설명하는 점에서 다른 종교와는 달리 논리적이고 현실감이 있다. 세상을 바로잡는 일에 동참하는 것은 '티쿤 올람'이고, 구제금을 주는 것보다 모으는 일에 참여하는 것이 더 큰 사명임을 권고하며, 구제금을 전달하는 '샬리아흐보내진 자'를 특별히 구별하여 평생 한 번 정도 해보라는 풍습이 지금까지 유지되고 있는 것을 보면, 자기 자신을 구제하는 것도 중요하지만 다른 사람의 구제를 전달하는 것도 그에 못지않게 중요하다고 믿는다. 유대인들이 구체적인 기부 방법과 모금 역할에서 의무감을 부여한 점은 사후 보상을 주장하는 다른 종교와 다른 점이다.

이슬람교에서는 모슬렘 교도들에게 '자카트Zakat'라고 해서 재산의

2.5퍼센트를 반드시 기부하도록 하고, 8부류의 나누어주어야 할 사람을 규정했다. 그중 '아밀Amil'이라는 직책을 만들어 자카트를 모으고 나누는 일을 하는, 현대로 말하면 모금가의 역할을 하는 사람에게 월급을 주도록 했다. 특히 먹을 것이 없어 몸이 야윈 사람에게는 무작정 도와주는 것이 아니라 "이 사람은 못 먹어서 몸이 야위고 있다."는 세 사람의 증언이 필요하다는 대목에서는 공감이 가기도 한다.

불교의 '권선가'에서 선의 덕을 전하는 사람뿐 아니라 시주나 보시를 모으는 역할이 오히려 보시하는 사람보다 공덕이 더 클 수 있다는 대목을 보면 현대 불교계에서 모금가의 역할에 용기를 준다. 또한 다나Dana의 법칙을 보면 보시의 종류와 받는 스님의 부류에 따라 공덕의 문제를 다룬 점이 매우 흥미롭다. 보시의 차이를 표로 나타내면 다음과 같다.

받는 사람 / 주는 사람	좋은 수혜자	나쁜 수혜자
좋은 보시	최고의 공덕	좋지만 공덕은 없음
나쁜 보시	좋지만 공덕은 없음	최악의 경우

특히 일본 불교에서는 받는 사람과 주는 사람이 따로 없다는 원리가 있다. 이는 길거리에서 커다란 삿갓을 쓰고 보시를 받는 의미로, 주는 사람과 받는 사람이 서로 모르게 하는 것으로 해석된다.

전 세계 인구의 13퍼센트인 힌두교에서는 환생을 믿으며, 현세에 좋은 일을 하면 다른 높은 단계로 오를 수 있다는 카르마Karma의 이론을 받아들인다. 카르마는 '업業'을 의미하며, 살아가면서 하는 모든 행위를 말한다. 업에는 다르마Dharma에 마땅한 업과 다르마를 거스르는 업이 있다. 선업善業으로 인한 '선한' 카르마는 다르마에 마땅한 업을 쌓는 것을 의미하며, 선업을 쌓으면 다음 윤회에서 보다 존귀한 존재가 된다. 다르마를 거스르는 악업惡業을 쌓으면 다음 윤회에서 보다 미천한 존재가 된다고 믿기에 구제에 적극적일 수 있다. 특히 서양처럼 비영리단체가 있어 직접적으로 사회 환원을 하고 있지는 않지만, 종교적으로 많은 사람이 나눔으로써 나름대로 기부하고 있는 것으로 이해된다.

chapter 03

착한 요청이란 무엇인가?

01. 착한 요청의 탄생

착한 사람이 하는 요청이라고 해서 모두 착한 요청은 아니지만 착한 요청을 하는 사람은 착한 사람이라고 할 수 있다. 성경을 보면 밤에 멀리서 손님이 찾아와 집에 먹을 것이 없어 옆집 문을 두드리며 먹을 것을 청하는 장면이 나오는데, 이는 착한 요청일 수 있다. 이는 자기 집 식구를 위해 먹을 것을 구걸하는 것과는 다르다. 착한 요청은 스스로 묻고ask, 열심히 찾고seek, 마지막으로 그 집의 문을 두드리는knock 3가지 행동을 포함한다. 필자는 다른 사람에게 요청하기 전에 내가 하려는 요청의 정체가 무엇인지를 먼저 생각한다. 만약 나 자신을 위한 경우에는 될 수 있으면 스스로 하려고 노력하지만, 반드시 도움이 필요하여 요청하면 그 값을 치르려고 노력한다. 그리고 상대가 그 요청을 기쁘게 받아들이면 진정으로 감사한다. 그래서 착한 요청이 공공성을 띠게 되면 좀 더 당당해진다. 어떤 사람이 나에게 요청하면 가장 먼저 착한 요청인지 아닌지 생각한다. 어머니의 병원비를 마련하기 위해 돈을 빌리는 것이나 재해가 나서 공익을 위해 기금을 요청하는 것 등을 말한다. 좀 더 의미가 확장되어 요청자 자신을 위하는 것이라고 하더라도 친절하게 요청하고 타이밍이 맞으면 받아줄 수 있고, 요청자의 진정한 감사에 내가 기쁘면 그것은 남을 배려한 착한 요청이다. 한마디로 도덕적·윤리적·자발적이며 상호 이득이 되고 유머러스하면 착한 요청의 기본 요건을 갖추었다고 할 수 있다. 착한 기업이 하는 모든 판촉이 착한 요청은 아니더라도 착한 요청을 하는 기업은 착한 기업이다. 기업의 요청이 사회적 책임이라는 미명하에 기업

이미지나 홍보 활동에 그친다면 진정으로 착한 기업은 아니듯이 개인도 남 핑계 대고 자기 욕심으로 하는 요청에는 사람들이 등을 돌린다. 대학의 입학사정관이 학생을 뽑을 때나 나라의 일꾼을 선출할 때는 착한 요청을 할 줄 아는 사람을 원한다. 요청하는 사람이나 받는 사람들이 이것을 이해한다면 요청은 사랑과 우애, 박애주의를 나누는 훌륭한 메커니즘이다. 부모가 어렸을 때부터 자식에게 착한 요청의 개념부터 가르치고 습관을 들인다면 아마도 자기계발에 이보다 나은 것이 없다고 본다.

02. 착한 요청의 3가지 요소

사람도 착한 사람이 있고 그렇지 못한 사람이 있듯이 요청에도 착한 요청과 이기적 요청이 있다. 착한 사람이 하는 요청이라고 해서 모두 착한 요청은 아닐 것이고, 반대로 착한 요청이라고 해서 모두 착한 사람들이 하는 것은 아닐 것이다. 어떤 사람이 하는 요청인가를 따지기 전에 요청 자체의 본질을 알아야 한다. 그러면 어떤 것이 진정한 착한 요청인가? 착한 요청이 되기 위해서는 그 기준을 선정하는 것이 중요하다. 다음 3가지를 동시에 만족해야 착한 요청이 된다.

① 상호 기쁨을 주거나 고통을 줄여야 한다

요청하는 사람이나 들어주는 사람이 원하는 것은 기쁨을 얻거나 고통을 피하려는 것이다. 그래서 착한 요청은 무엇보다 요청을 들어준 사람을 후회하게 하거나 기분 상하게 하지 않는 것이 중요하다. 사람을 즐겁게 하고 행복하게 한다면 그것은 착한 요청이다. 만약 상대의 희생을 요구해야 한다면 그의 가치를 존중해 희생도 기쁘게 받아들일 수 있도록 배려하는 요청이 되어야 한다. 반대로 요청을 들어주지 않아도 서로 관계에 영향을 미쳐서는 안 되고 조건부가 되어서도 안 된다. 착한 요청을 잘한다는 것은 센스와 맥락을 잘 아는 사람이다. 어떤 요청이 상대를 불편하게 하거나 억지로 하게 하는지를 확인하는 방법은 "만약 그런 요청이 또 있다면 같은 방법으로 기꺼이 들어주겠는가?"라는 질문에 "그렇다."고 하면 착한 요청의 첫 번째 기본 요건이 된다.

② 개인의 이익보다 공익이 앞서야 한다

착한 요청은 이기적인 요청과 달리 자신의 이익보다 타인의 이익, 즉 공익을 위한 요청이어야 한다. 요청이 100퍼센트 타인만을 위한다는 것은 이론상 불가능하지만, 최소한 공익이 자신의 이익보다 커야 당당하고 부끄러움이 없어진다. 공인인 자신이 하는 모든 요청이 남들 눈에는 착한 요청으로 보이기에 오해를 줘서는 안 되며 공과 사를 구분할 줄 알아야 한다. 공인의 윤리문제가 거론되는 것이 바로 이 때문이다. 그가 하는 요청이 모두 착한 요청은 아니지만, 특히 착한 요청을 잘해야 좋은 공인이 되고 진정한 리더십을 가졌다고 할 수 있다. 그런 공인은 시간과 장소, 사람을 잘 연결해서 요청할 줄 안다. 비록 좋은 공익적 이유라고 하더라도 시간이나 사람마다 반응이 다르기에 결과가 다름을 인정해야 한다. 그래서 비영리단체에서 일하는 모금가는 반드시 착한 요청을 해야 한다.

③ 가치가 더해져 진화해야 한다

현재 상황보다 더 나은 가치를 새롭게 창조할 수 있는 요청이 되어야 한다. 그저 서로 말초신경을 자극해 기쁨을 주는 것 이상으로 사회적·물질적·정신적으로 도움을 주는 요청을 말한다. 요청 안에 어떤 뜻이나 가치가 있어 요청이 반복된다면 진화된 방법으로 생산적인 가치를 더해주어 미래지향적이 된다.

누군가 자신에게 접근해 착한 요청이라는 미명하에 요청한다면 위의 3가지 조건을 만족하는지 아닌지를 깊이 생각해보면 답이 나온다. 비영리단체에서 하는 요청은 착한 요청이 되어야 하고, 정치후원금 모금도 착한 요청이어야 하는데 기부자나 후원자가 그렇게 느끼지 못한다면 어려움을 겪을 것이다. 사람들은 아무래도 착한 요청이라는 확신이 있고 설득될 때 들어줄 확률이 높다.

03. 착한 요청의 기본 개념

모금을 어떤 개념으로 할지 프로세스를 디자인하는 지침을 한 페이지로 정리해 달라는 요청이 끊임없이 들어온다. 모금교육을 하거나 실제 모금상품을 만들기 전에 4가지 기초 개념을 모르고 디자인하게 되면 돌아올 부작용은 심각하다. 동서양의 정서를 떠나 수많은 모금 이론서나 모금 방법 개발서의 내용을 정리하면 다음과 같다.

첫째로 '왜 모금을 하는가?', '왜 내가 그 기부에 참여해야 하는가?'에 대한 이유를 찾을 때 단체, 즉 조직 자체보다 커야 한다는 것이다. 그 이유가 단체 내의 필요에만 그쳐서는 안 된다는 것이다. 예를 들어, 단체의 컴퓨터를 들여온다든지 운영비로 쓰기 위한 이유만으로는 안 된다는 뜻이다. 사람들은 그 단체를 넘어서서 비전에 투자하고 싶어 한다. 모금상품은 그것을 말해주어야 한다.

둘째는 결국 단체에 기부하는 것이 아니라 기부 이유 또는 본질에 투자하는 것이기에 단체의 명성이나 이름을 내세워서는 안 된다. 사람은 그 단체에 속해 있을 뿐이고, 모금가는 단체와 대의 사이의 경계선상에 존재한다.

셋째는 재단이 기금을 주는 것도 사람이 하고, 기업에서 스폰서가 되는 것도 결국 사람이 한다. 개인적으로 기부하는 이유도 사람을 먼저 보고 사람이 사람을 통해 주는 것이다. 그리고 자신과 비슷한 위치나 환경에 있는 사람에게 주며, 거절하기 어려운 사람에게 주는 경향이 있기에 요청하는 사람을 선정하는 것이 매우 중요하다.

넷째로 아무리 계획이 좋아도 결국 요청하지 못하면 기금이 단체에 입금되지 않고, 캠페인은 실패하고, 처음 시작할 때의 명분은 지켜지지 못한다. 따라서 관계 다지기를 한 후에 때가 되면 요청하는 것이 모금의 핵심이다.

따라서 요청<사람<단체<요청의 이유 순으로 개념을 생각하고 계획을 세워야 한다. 예를 들어, 만약 단체 내에 있는 사람을 통하지 않고 이유가 분명치 않은 상태에서 요청하면 모금이 이루어지지 않거나 부정한 모금 프로세스 또는 상품이 되고 말 것이다. 그래서 단체의 모금을 운영하는 매뉴얼이나 지침, 절차 등이 순서대로 디자인되어야 한다.

착한 요청의 비밀

착한 요청의 골자는 프레젠테이션이 아니라 대화이다. 많은 사람이 요청을 오해하고 있다. 프레젠테이션이나 설득을 잘하면 되는 것으로 오해하고 있다. 사실 나이가 먹을수록 이미 가치가 굳어 있는 사람들을 프레젠테이션으로 변화시키기는 어렵다. 사람의 마음을 움직이는 것이 아니라 아는 것이 더 중요하다. 한국의 부자들에게 왜 재산을 사회에 환원해야 하는가를 프레젠테이션 하듯이 몰아붙이는 것은 미련한 짓이다. 대화를 통해 뭉쳐 있는 실타래를 풀어내듯이 서서히 풀어내야 한다.

초보 골퍼의 경우 그립을 잡는 데 너무 힘이 들어가 있거나 스윙도 지나치게 힘이 들어가는 것처럼, 초보 모금가들은 제안이나 프레젠테이션에 너무 힘이 들어가 있어 어색하다. 따라서 스토리가 있는 대화가 가장 이상적이다. 처음에는 어떤 의도를 갖기보다 우선 그의 관심에 가치의 초점을 맞추어 대화하면 된다. 서양 모금가는 이때 유머를 많이 사용하지만, 한국의 모금가는 유머를 사용할 때 유연해야 한다.

1,000번의 착한 요청으로 전문가가 된다

서양 사람들은 어떤 분야에서든지 전문가expert 혹은 달인이 되는 방법을 제시할 때 앤더스 에릭슨책임저자 외 3인의 저자가 1993년, 심리학 회보Psychological Review에 발표한 〈신중하게 계획된 연습이 전문적 성과 달성에 미치는 영향The role of deliberate practice in the acquisitions of expert performance〉이라는 논문을 인용한다. 그 논문에 의하면 전문가가 되려면 10년 정도 수련 기간이 필요하며, 훌륭한 학생, 좋은 학생, 교사 그리고 프로 전문가루 나누어 설명하고 있다. 베스트셀러인 맬컴 글래드웰의 『1만 시간』의 이론적 배경에도 그 논문이 인용되고 있다. 에릭슨의 말을 모금에 응용하면 4,000시간을 투자하면 모금강사 정도 되고, 8,000시간을 투자하면 훌륭한 모금가가 되고, 1만 시간을 투자하면 모금 전문가가 된다고 한다.

하지만 동양에서는 기준이 좀 더 까다롭다. 문인이자 화가인 명나라의 동기창은 훌륭한 화가가 되기 위해서는 "만 권의 책을 읽고 만 리 길을 여행해보고 만 명의 친구를 사귀어야 한다."고 말했다고 한다. 현대에는 인터넷으로 요약된 만 권의 책을 읽고, 자동차나 비행기로 만 리를 여행하고, 페이스북이나 트위터로 만 명의 친구를 사귀는 것이 가능할지도 모른다. 골자는 그만큼 모금 전문가도 많은 전문서적을 읽고 여행을 많이 해 견문을 넓히고 많은 사람과의 교제를 통해 인간관계의 원리를 배우라는 뜻이리라.

시간도 시간이지만 모금에는 우선 4가지 조건이 맞아야 전문가가 된다고 본다. 우선 강한 내적 동기가 있어야 한다. 동기가 없는 수련은 모래 위에 집을 짓는 격이다. 동기 뒤에 피드백을 꾸준히 해줄 수 있는 코치가 반드시 있어야 하고, 의도된 수련 훈련을 1만 시간 정도 받아야 하며, 보상, 격려, 칭찬이라는 주위 환경을 만들어 주어야 한다. 이런 4가지 조건이 갖추어지지 않으면 대부분 중간에서 포기하게 되거나 1만 시간을 채웠다고 하더라도 전문가가 되지 못한다.

이러한 시각에서 보면 모금가에게 중요한 수련은 요청과 거절 연습이다. 불가에서 오래전부터 수행을 위해 하루에 108배나 3천 배를 한 것처럼 10번의 요청을 통과한 사람은 모금의 맛을 본 사람이고, 100번의 요청을 해본 사람은 모금가로 입문한 사람이고, 1,000번을 요청해야 진정한 모금 전문가가 된다. 간절한 마음으로 하루에 만 번의 절을 하여 뇌성마비를 극복한 어느 화가의 사례처럼, 가능하면 각기 다른 1,000명에게 진정한 요청을 한다면 거기에서 온갖 쓴맛, 단맛을 다 볼 수 있게 된다.

모금가는 요청과 거절이라는 갈등의 역학 속에서 살아남은 자이다. 그만큼 요청이 있었다면 거절이 있을 것이고, 거절을 어떻게 보는가에 모금의 승패가 달렸다. 거절에 대하여 어떤 태도를 보이느냐에 따라 거절당한 후의 미래가 달라진다는 이야기이다. 거절을 당하면 쉽게 포기해버리는 사람은 결코 성취의 기쁨을 맛볼 수 없고, 거절을 감정적으로 처리하는 사람은 활활 타오르는 분노에 자신의 미래를 내던져버리는 사람과 같다. 모금가는 거절이 곧 실패를 의미하지는 않는다는 것부터 알고 출발해야 한다. 거절은 삶의 변화를 위한 기회이고 성장을 위한 선물이기에 성공을 향한 과정이라고 생각하면 마음이 편할 것이다. 수많은 성공한 사람들의 사례를 굳이 들지 않더라도 우리 주위의 성공한 사람은 대개 거절의 관문을 반드시 통과했다. 거절은 일상생활의 과정이기에 수련의 일부분이라고 생각한다면 거절을 두려워할 필요가 없다. 상대의 거절은 나를 거절한 것이 아니라 요청 자체에 대한 거절일 뿐이다. 무슨 일을 하든 평균적으로 당하는 거절 횟수가 있다고 생각한다면, 거절은 또 다른 방법으로 제안하라고 요구하는 신호이다. 하지만 말이 쉽지 결코 만만치 않기 때문에 아무나 할 수 있는 것이 아니다. 그래서 1,000번을 요청하라는 말이 나온 것이다. 거절에 굴복한 사람은 10번의 요청도 하지 못한다. 모금가가 되는 길은 거절에 순응하고 받아들이는 순간 열린다. 앞으로 공익을 위한 리더는 1,000번의 착한 요청을 한 사람 중에서 나올 것이라고 확신한다.

요청의 3가지 문제

누구나 요청할 때는 주로 3가지 문제에 봉착한다. 요청 행동이 계획된 프로젝트에 필요하다는 사실을 몰랐을 경우 또는 자신의 요청 능력을 과신하거나 결과에 대한 대책을 마련하지 못하고 요청하는 경우이다. 보통 자신의 요청 능력을 너무 과대평가하는 경향이 있다. 대부분 교수가 총장으로 선출되면 자신을 아는 사람들이 알아서 기부할 것이라는 착각에 빠져 요청을 쉽게 할 수 있다고 생각한다. 첫날 출근해 명함첩의 명단을 뒤적이는데 아는 사람은 많지만 막상 요청하려고 하니 오히려 도와주어야 할 사람이 많아 막막하더라는 어느 대학 총장의 고백을 들은 적이 있다. 처음엔 "아! 좀 해야지." 하며 열정이 샘솟지만, 좀 지나면 "어! 이게 아닌데……." 하며 실망이 찾아오고, 그러다가 "으! 이러다 큰일나겠네." 하며 패닉 상태가 되며, 누군가 잘못한 사람을 찾아내어 "오! 당신이구먼." 하며 엉뚱하게 시간을 보내고, 그 사람에게 "야, 빠져!" 하며 책임을 전가하여 죄 없는 사람을 벌하고, 그 팀에 참가하지 않고 방관만 하던 사람에게 "와! 역시 당신이야." 하며 보상하는 전형적인 요청 방법은 실패로 가는 6단계를 거치게 된다. 머리로 할 수 있다고 생각한 것과 직접 해보면 완전히 다른 것이 바로 요청이다. 요청할 수 없으리라 지레 겁을 먹고 있다가 해보니 쉽다고 하는 경우보다 요청할 수 있으리라고 생각했는데 하지 못한 경우가 훨씬 많다. 요청해본 경험이 없는 사람이 비영리단체의 리더 자리에 앉아 있는 것처럼 고역도 없다.

그렇다면 요청을 주고받을 때의 기본 요건이 무엇인지 알아보자.

우선 요청은 합법적이어야 한다. 법에 위배되는 요청은 서로에게 좋지 않은 결말을 맺게 된다. 둘째, 아무리 합법적이라 해도 윤리적이지 않으면 문제가 있다. 사회정서나 사회규범에 벗어나거나 도덕적인 문제가 있어서는 안 된다. 불법과 비윤리적인 '청탁'이 되어서는 안 되고, 선을 정확히 아는 것이 지혜롭고 요청지수가 높은 사람이다. 셋째로 자유의지로 요청을 주고받아야 한다. 만약 반강제적이거나 누군가의 보복을 두려워한다면 문제가 있다. 넷째로 상호 이익적인 요청이 되어야 한다. 너무 한쪽으로 치우치는 요청은 오래가지 못한다. 따라서 진정한 감사가 줄 수 있는 보상의 힘을 알아야 한다.

요청하기 전에 위의 4가지 체크 포인트를 통과했다고 보고, 다음 과정으로 과연 요청에 실제로 적용하는 방법인 5C가 무엇인지를 살펴보자. 집중Concentration해서 다른 것과 섞여 희석되지 않은 요청을 해야 하고, 상대의 문화Culture와 배경을 배려하는 요청으로서 서로 주고받는 소통Communication으로 상호 협조Cooperation하에 참여를 이끌어내고, 창조적인Creativity 방법으로 하여 도전적인 흥미를 느낄 수 있는 계획의 5C가 녹아 있다면 그 요청은 리더와 추종자follower 둘 다 만족하는 성공으로 마무리될 것이다.

04. 착한 요청을 통한 리더십 패러다임의 전환

우리 사회의 모든 행동의 목적과 동기는 3가지 분야로 나누어져 있다. 첫째는 자선사업philanthropy, 즉 삶의 질에 초점을 맞춘 공익을 위한 개인의 시도이고, 둘째는 비즈니스business, 즉 물질의 번영에 초점을 맞춘 개인을 위한 개인의 시도, 셋째는 정부government, 즉 법과 질서에 초점을 맞춘 공익을 위한 집단적인 시도이다. 다음 그림은 좀 더 자세하게 그들 사이의 역학관계를 설명해주고 있다.

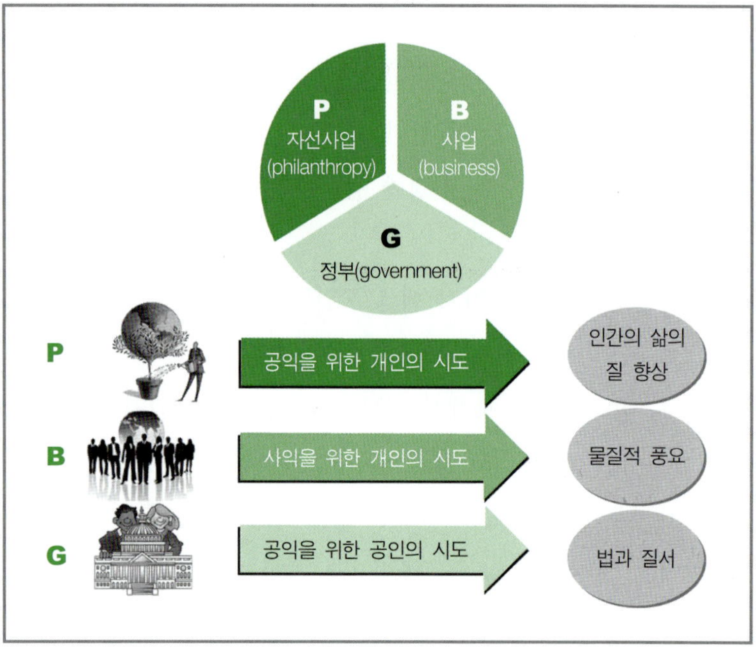

여기서 세 구역은 '착한 요청'을 통해 서로 필요를 교환하며 연계하여 제 역할을 할 수 있다. 하지만 왜곡된 P는 남을 돕는다는 미명하에 개인적인 이익을 취하기 위해 영리화한다든지 등록도 하지 않고 모금하는 비영리단체인 경우이고, 욕심 많은 B는 고객을 생각하지 않고 자신의 이익만 추구하는 악덕 기업이겠고, 독선적인 정부는 법과 질서라는 명분하에 부정부패와 독재가 있을 수 있다. 만약 위의 3가지가 균형을 이루지 않고 어느 한쪽으로 치우치면 사회적 부작용은 막대하다. 또한 P가 확실히 사회에 자리매김하여 일반적인 공감대를 형성하지 못하면 B와 G는 끊임없이 P에게 오용당하는 신세가 되고 만다. 따라서 요즘은 선진국이라고 하면 단순히 GDP가 기준이 되는 것이 아니라 3가지 균형도를 더 중요시하게 되었다.

G 주도 아래 P와 B의 결합

역사적으로 어떤 정부든 법과 질서를 통해 국민의 삶의 질 향상을 유지하지 못하면 오래 살아남지 못했다. 과거에는 세금이라는 메커니즘을 통해 가능했으나 현대에 와서는 대부분의 사회적 문제를 해결하지 못하는 실정이다. 사회적 문제는 비즈니스라는 틀 안에 P의 의미를 가미한 형태로 발전되어 왔다. 정부의 공적 투자, 인프라 구조, 법과 규칙 없이는 P가 제대로 효력을 발휘할 수 없는 분야에서 정부의 본래 기능을 넘어서 오판하는 경우 사회의 갈등을 유발한다. 강압적인 통제와 지시는 더 이상 소통의 수단이 되지 못하며, 착한 요청을 통해 설득하고 경청해야 한다. 현재 한국의 사회적 기업은 정부 주도형 P와 B의 콘셉트를 약간씩 혼합한 형식이어서 어떤 결과가 나올지 연구 대상이 된다.

B 주도 아래 P를 명분으로 한 G의 결합

지금까지 B는 아무래도 G의 영향을 받아 '갑'과 '을' 관계가 되어 직·간접적으로 요청이 청탁이 되고, 선물이 뇌물이 되는 악어와 악어새 관계에서 발생하는 부작용이 많았다. 정부의 관료 출신이 다시 기업에 유입되고, 기업의 임원이 정부 인사로 발탁되는 경우가 많았다. 후진국일수록 정부 주도하에 일을 진행하기에 P의 중요성을 그다지 느끼지 못하고 리더의 덕목으로 생각하지 못했다. 간간이 겉으로는 P의 깃발을 내세우지만 결국은 홍보와 마케팅의 일부로, 사리사욕을 채우는 수단으로 전락하고 만다. 또한 비즈니스 마인드로 P를 운영하는 경우, 효율과 효과적인 측정이 주된 결정요소인 경우에는 가장 취약한 계층이 도움을 받기 어렵기에 그래서는 안 된다는 주장도 만만치 않다.

누가 미래의 정치적 리더인가?

장래 한국사회의 리더는 어떤 패러다임으로 재구성될 것인가 생각해보자.

PBG의 비교분석

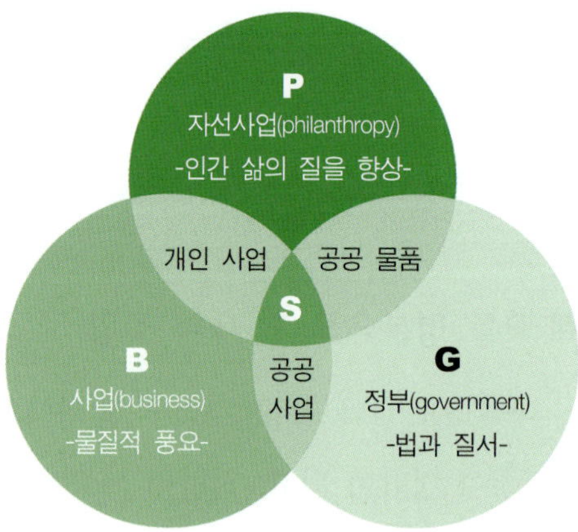

앞으로는 시대의 요구에 따라 반드시 위의 PBG가 만나는 S 지점 sweet spot, 즉 조화를 잘 갖춘 사람과 3가지 공통분모를 가진 사람이 적임일 것이다. 한때 한국에서는 G에 중점을 둔 카리스마적인 성격의 소유자가 법과 질서를 앞세워 리더 반열에 오른 시대가 있었고, 현재는 B에 경험이 많은 사람이 국가운영도 CEO의 시대로서 등용되기도 하기만, 앞으로는 P의 시대가 도래할 것으로 내다본다. 소통과 배려가 현대 리더십의 코드인 만큼 P를 갖춘 사람이 사람들의 마음을 움직이기가 쉽다. P는 주고, 요청하고, 체결하고, 연결해본 경험이 있는 추종자 follower 출신이 포함되어 있기에 약자에게 요청을 받아 강자에게 요청할 줄 아는 사람이다. 물론 경험과 성향이 너무 한쪽으로만 쏠려 있다면 문제가 되겠지만, 균형을 잘 갖춘 사람이 현대가 원하는 리더 상이 될 것이다.

한국의 정서상 요청도 SNS의 소통의 문제처럼 위에서 아래로는 흐르지만 아래에서 위로는 잘 흘러가질 않는다. 수평적으로 친구나 동료들과는 쉽게 소통하지만, 수직적으로 나이나 계층을 넘나드는 소통은 잘 이루어지지 않는다.

경청이라는 말은 원래 왕이 신하의 말에 귀를 기울이는 것을 의미했다. 신하가 왕의 말을 잘 듣지 않는다는 것은 곧 죽음을 뜻하는 것이므로 신하가 왕의 말을 경청한다는 것은 특별한 의미가 없었고, 왕이 신하의 말을 경청聽한다는 데 특별한 의미를 두었던 것이다. 어떤 공동체나 한 사회의 리더로서 구성원들의 요구에 귀 기울이지 않는다면 그 사회를 바르게 이끌어나가기 어려울 것이고, 구성원들의 요구를 잘 경청하더라도 그 요구를 이루기 위한 리더로서의 바른 요청이 뒤따르지 않는다면 아무 의미가 없을 것이다. 한국은 특히 위에서 아래로 요청하는 것을 힘들어 하는 사회이다. 그동안 위에서 아래로 하는 것은 당연히 따라야 할 지시사항으로만 인식해 왔기 때문이다.

사실 밑에서 위로 요청하는 데는 담대함이 요구되고, 위에서 아래로의 요청에는 겸손함이 필요하다. 그리고 밑에서 위를 향해 요청하는 데도 용기가 필요하지만, 위에서 아래로 하는 요청에는 더 큰 용기가 필요하다. 위로 하는 요청과 함께 가게 되는 선물gift은 뇌물bribe로 오인 받아 청탁이 되고, 위에서 아래로 하는 요청은 권위를 버리는 자존심 문제가 된다고 생각한다. 하지만 착한 요청은 다르다. 진정한 리더십은 위이건 아래이건, 어떤 경우라도 착한 의도의 요청을 당당히 할 수 있는 능력을 말한다. 뭔가 다른 속내를 품고 이뤄지는 겉과 속이 다른 요청이 아닌, 선한 의도를 가지고 이뤄지는 착한 요청이 상하로 자유로이 흐르는 한국사회를 꿈꿔 본다.

진정한 필란트로피스트는 착한 요청을 한다

남을 돕는 방법에 대해 제삼자가 이래라저래라 말한다는 것은 특히 그 길을 가보지 않은 사람이 평가하면 오만한 행동이나 빈정거리는 것으로 보일 수도 있다. 기부하는 개인이나 받는 단체를 평가한다는 것 자체가 매우 어려운 일이다. 모두 남을 위하는 분야이고 그 나름대로 뜻과 가치가 있기에 크고 작음에 등급이 있을 수 없다. 다만 가장 진정한 필란트로피스트philanthropist: 개인적으로 인간의 삶의 질을 중점으로 공익을 위해 공헌하는 사람를 찾으려는 노력은 인간 존엄성의 뿌리를 찾는 가장 중요한 프로세스가 되며, 인간사회 발전의 프레임을 만드는 가장 기초적인 일로서 기부문화의 촉매제가 된다. 그와 동시에 다른 사람의 기부행위를 배우고, 연구하고, 도전받고, 교육하고, 동기부여 하는 것이 주목적이라 할 수 있다. 지금까지 국제적으로 알려진 많은 필란트로피스트를 살펴보고, 어떻게 그 타이틀을 받게 되었는가를 분석하는 방법으로 살펴보자. 일반적으로 그냥 돈 많은 부자가 기부한 정도로 생각하면 큰 오산이다. 자신의 재물을 사회에 환원하는 데 상상력과 효과적인 방법을 동원해 열정을 기울여 행했을 때 진정한 필란트로피스트가 되었음을 발견할 수 있다.

많은 사람이 오해하는 듯한데, 단지 많은 돈을 사회를 위해 진정성을 갖고 기부했다고 모두 필란트로피스트가 될 수 있는 것은 아니라는 것이다. 현실적으로 필란트로피스트라는 타이틀을 첫 심사할 수 있는 직업군 중에서 객관적이고 전문성 있는 사람은 아무래도 모금가일 것이다. 기부 분야에서 전문가인 모금가가 매일 그들과 대면하기에 심사위원으로 가장 알맞을 것이다. 모금가가 인정한 타이틀에 일반인이 인정하고 동의하면 통용될 수 있다. 미국에서는 모금 전문가들이 모여 심사해서 1년에 한 번씩 필란트로피 상 위원회를 만들어 필란트로피스트 칭호와 상패도 준다. 마치 노벨상이 과학계를, 오스카상이 영화계를 발전시킨 것처럼 이런 필란트로피상이 미국의 기부문화 선도에 견인차 역할을 한다. 사람들은 빌 게이츠라는 그의 이름 뒤에 CEO/Philanthropist라는 이름을 붙여준다. 그 외에도 유명한 조지 무어George Moore, 조지 소로스George Soros, 오프라 윈프리Opra Wimfley 등이 있고, 그다지 유명하지는 않지만 전문가 사이에서는 꽤 알려진 클라우드 로젠버그Claude Rosenberg, 술탄 왕자Prince Sultan 등 명사들의 이름 뒤에 이런 타이틀을 붙여주는 것에 대해 별다른 이견이 없다. 이 세상에 태어나 그런 칭송을 받는다는 것은 매우 영광스러운 일이 아닐 수 없다. 아직 국제적으로 정해진 것은 없지만 국제공인모금전문가CFRE 사이에 쓰이는 지침을 소개하고자 한다.

첫째, 첫 기부 시점에서 수혜자까지 가는 프로세스에 효율성을 따진다. 시간이 너무 많이 걸리거나 절차상 비효율적이면 후보자 대상으로 문제가 있다.

둘째, 기부 방법과 목적에 상상력을 동반한 독창성이 있어야 한다. 다른 사람의 롤 모델이 될 수 있도록 새롭고 참신한 기부 방법에 과감히 스스로 먼저 투자한다. 지렛대기부를 통해 단순히 구호에 그치지 않고 좀 더 다양한 방법으로 영역을 넓힐 수 있다. 공통적으로 필란트로피스트들은 이 점이 다른 일반 기부자들과 구별된다.

셋째, 기부금이 전달되는 비율이 높아야 한다. 만약 기부금액이 100억 정도인데 실제로 수혜자에게 돌아가는 금액이 10억이라면 아무래도 비용상 효율이 떨어지는 방법을 택한 것이다.

넷째, 최대의 결과를 얻는 운영의 창의성이 있어야 한다. 빌 게이츠 재단에서는 매우 창의적인 방법으로 기부한다. 예를 들어, 중국의 기부문화를 향상시키기 위해 전략을 연구하는 데 투자한다. 더 나아가 재단이 직접 참여하여 기부문화, 모금교육 사절단을 중국으로 보내 지도층과의 합의를 이끌어내는 등 운영에 창의성을 발휘한다. 만약 10억의 중국인이 기부에 참여하고 다른 나라에 도움이 된다면 수천 배의 효과를 볼 수 있을 것이다.

다섯째, 중장기적으로 프로세스 효과를 모니터링하고 사후 점검을 해야 한다. 그냥 기부하고 관심을 끊는 것이 아니라 수혜자가 받은 뒤의 효과와 어떻게 영향을 미쳤는지 끝까지 관심을 두고 사후 점검을 한다. 오프라 윈프리는 직접 모금도 하고 기부도 하면서 꾸준히 프로젝트에 참여하거나 관여한다.

여섯째, 모금의 실제 영향력과 효과성을 파악한다. 최근에 워런 버핏(Warren buffet)과 빌 게이츠가 공동으로 펼친 기부 약속(giving pledge) 운동이 다른 사람들이 참여할 수 있도록 매우 큰 영향력을 발휘해 실제로 기부를 선도하는 효과성이 증명된 셈이다. 이는 사회 전반에 기부문화 상승 효과를 가져올 수 있다. 그들의 공통점은 다른 사람에게도 착한 요청을 하여 기부문화를 선도하는 적극성을 띤다는 것이다. 비록 적은 금액을 기부했다 하더라도 모금가로 참여한 사람이라면 누구나 그 카테고리에 속하는 이유는 기부와 모금요청을 같은 필란트로피 맥락에서 보는 것이다. 기부를 할 뿐만 아니라 더 나아가 다른 사람에게 요청하는 '착한 요청'을 한 사람이 진정한 필란트로피스트이다. 여기서 진정성이 필수 조건이기는 하지만, 항상 판단에 위험성이 따르기에 구태여 직접 언급하지는 않겠다. 그 이유는 진실이란 다른 사람의 평가로 결정되기 때문이다.

위의 6가지를 요약하면 효율성, 창의성, 꾸준함, 적극성 그리고 효과성이라고 할 수 있다. 결론적으로 진정한 필란트로피스트란 기부한 후에 등을 돌리는 것이 아니라 꾸준히 관심을 갖고 동참해서 좀 더 나은 방법을 연구하고 다른 이들을 독려하며 모금활동을 하거나 돕는 사람이다.

05. 착한 요청의 잘못된 만남

스토리텔링과 착한 요청, 유명세가 만났을 때 생기는 잘못된 만남을 소개한다.

스토리텔링 그 자체는 문제가 없지만 실제로 경험한 것을 책이나 말로 표현하고 그것을 통해 착한 요청을 할 때에는 과장이 섞이게 된다. 그리고 그것으로 인해 돈이 생기고 유명세를 타면 그 스토리는 상업적으로 변질되어 더 많은 이익을 추구하는 사람들이 가담하게 됨으로써 스토리텔러는 허구를 더욱 보태는 유혹에 빠지게 된다. 그래야 더 많은 사람이 감동하고 이야기의 완성도를 높이게 되기 때문이다.

실제로 일어난 이야기를 영화로 만들거나 책으로 펴내거나 스토리텔러가 말로 할 때는 과연 어느 정도나 사실과 일치하겠느냐는 것이 문제이다. 2003년도에 개봉된 팀 버튼의 영화 〈Big Fish〉에서 아버지가 병석에서 죽기 전에 아들에게 들려주는 '과장된 이야기'는 아버지를 이해하는 데 도움이 된다. 하지만 'big fish'는 보통 낚시꾼들이 자신이 잡은 월척을 설명할 때 "하도 고기가 커서 타고 있던 보트가 빨려들어갈 정도로 힘들게 잡았다."라고 할 때 쓰는 말이다. 그래서 그 이야기만 믿고 자신도 월척을 잡으려 한다면 누군가는 실망할 것이다. 그저 그만큼 큰 고기였다는 것 정도에 그쳐야 한다. 하지만 어느 프로모터가 상업적인 목적으로 과장해서 그 낚시터를 홍보한다면 그것은 분명히 선을 넘은 것이다. 가만히 생각해보면 이 세상에 소개되는 스토리는 거의 그런 식이다. 대부분 소설의 장르가 가미된다.

친구인 교수의 딸이 학교를 수석으로 졸업해서 방송국과 인터뷰를 하게 되었다. 그 다음 날 방송에서 기자가 "장래에 무엇이 되고 싶으냐?"고 물었더니 딸이 "퍼스트레이디요!"라고 대답하는 것이었다. 방송을 본 아버지가 깜짝 놀라 "네가 평소에 그런 생각을 하고 있었다니 정말 뜻밖인데?" 하니 그 딸이 "방송국 작가가 시키는 대로 한 거예요."라고 해서 허탈했다는 이야기를 전해 들었다.

요청하는 것은 마치 판도라의 상자를 여는 것과 같다

대중을 상대로 요청하는 사람들은 자신이 가진 정보를 실제 가치보다 더 높다고 생각하는 경향이 있다. 특히 요청자는 자신의 네트워크나 관계가 실제보다 더 가치 있을 것이라고 과대평가를 한다. 그래서 그것을 근거로 모금액수를 예측한다면 곧 실망에 빠지고 만다. 흔히 자신의 목록에 올라 있는 사람들이 관심을 갖고 동참할 것이라고 착각하게 된다. 그래서 들어올 수입은 늘 과대 예측하고, 경비나 걸리는 시간은 과소평가하게 된다.

요청하는 것은 마치 판도라의 상자Pandora's Box를 여는 것과 같다. 예기치 않은 모든 문제가 한꺼번에 쏟아져 나오기도 한다. 그동안 밑바닥에 쌓여 있던 먼지가 공중으로 퍼져 나가는 순간이기도 하다. 상자를 여는 순간 착한 요청은 구걸 이미지로 바뀌고, 후원금 요청은 뇌물이나 비자금을 요청하는 사람들과 뒤섞여 같이 퍼진다. 또한 대중을 상대로 하는 홍보는 스팸메일과 뒤섞여 구분하기 어렵고, 사익을 추구하는 나쁜 요청자가 슬그머니 끼어들어 같이 공중으로 퍼져 나간다. 대중은 선악 구분에 많은 시간을 소비하지 않으려 하고, 마찰이 적은 쪽을 선택해 거절 이유로 삼기 때문에 진정한 요청자가 희생되기도 한다. 많은 사람이 이런 예기치 않은 불청객 때문에 당황하여 요청을 중단하는데, 이것을 이겨낸 사람만이 요청의 리더로 우뚝 설 수 있다. 긍정적으로 보면 대중을 상대로 하는 요청 경험은 인간 본성의 총천연색을 탐구하고자 하는 미래의 리더에게는 좋은 실험 대상이자 교사이며, 결국에는 산교육의 희망 교과서가 모금 상자 안에 남아 있음을 보게 된다.

착한 요청자의 4가지 요소와 그의 운명

착한 요청자가 되기 위한 사람들과의 관계에서 중요한 4가지 요소는 보이지 않는 눈의 안경, 귀의 필터, 마음속의 빈 통, 머릿속의 시계이다. 이것이 천성적으로 잘 갖추어져 있다면 그 사람은 행운아다. 하지만 대부분은 훈련을 통해 향상할 수 있으며, 무엇보다 자각하는 것이 선행되어야 한다.

우선 우리가 쓰고 있는 색안경인데, 어떤 색으로 이 세상을 보는가이다. 사람들은 누구나 제각기 다른 색의 안경을 쓰고 세상을 본다. 그러면서 그것이 본 모습이라고 착각한다. 그리고 남이 본 색에 대해 이해하지 못하여 반박하게 마련이다. 펀드레이저는 자신의 색안경을 잠시 벗어놓고 세상을 보고 상대를 봐야 한다. 보이는 자연스러운 원색 그대로 볼 줄 알아야 한다. 더 나아가 상대방의 입장에서 그의 내면세계도 볼 수 있는 돋보기를 따로 준비하는 것도 금상첨화이다.

사람들은 자신이 듣기 원하는 소리를 자신의 필터를 통해 듣기 원하고, 원하는 주파수로만 청취하고자 한다. 듣기 싫은 것은 소음으로 처리하거나 걸러낸다. 자신도 모를 수 있으나 필터를 빼고 원음 그대로 들어야 한다. 필요하다면 들을 수 있는 영역대를 넓히는 보청기를 준비하는 것도 중요하다.

사람마다 마음속에 통이 있는데, 크기에 차이는 있지만 남의 말을 들을 때 이미 다른 것으로 꽉 차 있는 상태로 들으면 흘러넘친다. 어떤 사람은 조금만 들어도 금방 넘쳐 들리지 않고 자신의 이야기만 하고 듣는 둥 마는 둥 한다. 또 어떤 사람은 통이 크고 비어 있어 얼마든지 들을 수 있는 용량을 가지고 있다. 모금가는 사람을 만나 대화할 때 자신의 마음의 통을 비우고 경청해야 한다. 만약 본인이 가진 통이 작다고 느낀다면 용량을 늘리는 노력이 필요하다.

자신이 말할 때 어느 정도나 이야기하고 있는지 내면적 시계에 민감해야 한다. 그런데 많은 사람의 내면의 시계가 고장이 나 있거나 정확하지 않다. 1분 동안 이야기하려는 의도였는데 2분 정도 했다면 작은 차이겠지만, 내면적으로 1시간을 생각했다면 실제는 2시간이나 걸린 것으로 문제가 심각해진다. 따라서 욕심을 버리고 약간 부족하다고 느껴질 정도로 이야기 하는 것이 딱 맞는 시간이다.

실험과 훈련을 통해 돋보기와 보청기, 통 크기를 늘리고 정확한 시계를 가짐으로써 자신의 내면적 시계를 고치는 것이 착한 요청자가 되는 길이다.

위에 든 4가지를 제거하거나 조정하지 못하고 자신이 듣고 보는 것이 고정관념에 영향을 주면 요청자들이 어떤 생각을 하는가에서 시작하여 말이나 글로 나타나고, 말이 행동이 되고, 행동이 여러 번 반복되면 습관이 되어 결국에는 성격으로 굳어져 그 사람의 운명이 된다.

생각 → 글 → 행동 → 습관 → 성격 → 운명

여기서 중요한 것은 어떤 생각을 하는가이다. 좋고 바른 생각으로 출발하면 결국 좋은 운명이 되고, 나쁜 생각을 하면 나쁜 운명으로 막이 내린다는 뜻일 것이다. 또한 위의 정통적인 순서가 뒤죽박죽되어 생각 없이 행동한다든지, 자신의 성격과 맞지 않는 말을 하는 것은 위선으로 보인다. 따라서 단체가 요청을 좋게 생각하고 철학적으로 깊게 생각한다면 그들의 생각이 요청하는 모금 명문서 case statement에 녹아서 나타날 것이고, 말과 글을 그대로 행동으로 옮기다 보면 습관적으로 하는 시스템이 되어 효율적이 될 것이고, 단체의 이미지와 브랜드, 캐릭터가 되어 결국에는 단체의 운명을 결정지을 것이다. 요청에 관한 컨설팅을 의뢰받으면 가장 먼저 리더에게 '듣기'를 어떻게 생각하는지 묻는다. 그런데 그 생각이 정립되지 않거나 부정적이면 그 단체의 장래는 암울하기에 그들의 생각을 바로잡지 못하면 다음 단계는 불가능해진다. 그래서 시작은 항상 '생각'이다. 책을 읽거나 남의 말을 경청하는 이유는 바로 바른 생각을 하기 위함이다. 착한 요청자는 올바른 듣기를 통해 요청을 바라보는 올바른 시각과 요청을 권장하고, 감사, 공개적 인정, 보상의 생각을 갖고 있어야 한다.

06. 정크화된 요청에서 착한 요청으로

요즘은 SNS다 뭐다 해서 쉽게 소통하는 것은 좋지만 잃는 것이 너무 많아 부작용이 만만치 않다. 인터넷 접속이 쉬워져 정보를 얻으러 어렵게 도서관 등에 갈 필요가 없기에 이제는 도서관에서 첫 사랑을 만나 결혼했다는 스토리는 전설이 될 것이다. 정보를 쉽게 얻기에 가볍게 취급한다. 필자는 이미 통제수준을 넘어 일상생활에까지 지장을 주는 한국의 리더를 목격한 후에 초창기 때 사용을 권했던 것을 크게 후회했다. 특히 중독성이 강한 트위터, 페이스북의 사용을 절제하라는 경고 메시지를 전하기도 했지만 이미 늦어 안타깝게 생각하고 있다. 이미 중독된 사람들은 깊이 생각할 시간을 빼앗기고, 전하는 메시지도 가벼워지고, 남의 말을 경청하지 않으며, 진정한 대화에 문제가 있고, 창의력이 저하되어 생각의 깊이에 균형이 없어졌다. 이동전화로 접촉하기 쉬워져 쉽게 사람을 만나고, 너무 쉽게 생각 없이 소통해 실수도 잦아 쉽게 헤어진다. 사람들은 깊은 생각을 귀찮아하고 점점 얇아져 남의 것을 그대로 옮기려고 하며, 무언가 자료가 없으면 안절부절못한다. 새롭게 무엇인가 창의적으로 하려 들지 않는다. 학생들은 인터넷에서 샘플 리포트를 구해 그대로 몇 글자만 바꾸어 제출하는데, 윤리에 저촉되는 것이 아니라 오히려 주위 환경을 잘 이용했다며 스마트한 것으로 인정받는 세태이다.

인터넷은 한국인의 습성에 매우 잘 맞는 것 같다. 요즘은 인터넷을 이용한 요청이 점점 많아지고 있다. 쉽게 요청하게 되어 쉽게 정크화된다. 그래서인지 모금계에서도 요청 피로 증후군asking fatigue

이 만연하고 요청 자체가 가벼워지고 있다. 전에는 그나마 프린트 메일이 날아와 그냥 버리기에 미안한 감도 있었는데, 이제는 클릭 한 번이면 정크화한다. 요청도 쉽고 거절도 쉽다. 미국 대학에서 사용하는 직접 사람을 만나서 요청하는 방법은 한국사회에서는 쉽게 적용되기 어렵다. 모든 인간관계가 인스턴트화해서 즉석에서 첫 요청에 안 되면 쉽게 버린다. 고액 기부자에게 요청하기 전에 1~2년 동안 관계 다지기를 한 후에 시도한다는 것은 한국에서는 신화처럼 들릴 것이다. 오바마 대통령도 실제로 인터넷 요청 효과를 본 사람이지만, 사람과 사람의 만남을 통한 고액 모금이 선거의 승패를 좌우한다는 사실은 전문가들만 아는 사실이다. 또한 재선에서도 SNS 요청이 통할지는 미지수다. 그래서 심지어 한국에서 전문 모금가의 필요성에 대한 도전과 의문을 받는다. 하지만 세상은 학습 효과에 의해 돌고 도는 법. 정크 푸드를 너무 많이 먹으면 몸에 해롭고 어머니가 차려준 따뜻한 밥상이 그리운 것처럼 정성을 다해 준비해서 상대를 배려해 요청하는 것이 착한 요청의 첫걸음이다.

07. 착한 요청과 유머

인간은 동물과 달리 어색하고 어려운 상황을 풀어나가는 기술을 갖고 있다. 인간의 가장 큰 방어 무기는 유머이다. 필자는 그동안 유머 하나로 큰 요청에 성공한 경험이 있고, 잘못된 유머로 분위기를 험악하게 만든 기억도 있다. 미국사회에서의 유머는 〈쿵푸 팬더〉라는 영화를 보면 이해가 된다. 미국식 요청은 프레젠테이션이 아니라 대화이기에 대화 분위기는 화기애애하고 유머가 오간다. 그래서인지 모금가 중에는 요청을 즐기는 사람들이 많다.

요청의 유머

요청 전문가 사이에 통하는 유머가 있다. 요청자들에게도 단계별로 요청 등급이 있다는 것이다. 기부금이나 자원봉사를 요청할 때 소똥, 양털, 달걀, 베이컨이라는 은어를 쓰곤 한다. 기부자에는 4가지 부류가 있는데, 소똥을 주는 타입, 양털을 주는 타입, 달걀을 주는 타입 그리고 베이컨을 주는 타입이다. 소는 소똥을 주고, 양은 양털을 주고, 닭은 달걀을 주지만 돼지는 베이컨을 준다. 가장 기본적인 기부인 소똥은 거름이나 말려서 연료로 쓸 수 있는데 와서 치워주면 오히려 고맙게 생각한다. 양털은 깎는 불편함이 있으나 서로 도움이 되고, 조금 발전한 기부인 달걀은 품으면 병아리가 되지만 알을 계속 낳을 수 있어 죽일 필요가 없다. 결국 죽어야 줄 수 있는 베이컨이 기부 등급이 가장 높다. 하지만 다들 희생해서 식재료가 된다. 모금가는 최고 희생이 요구되는 베이컨을 주는 돼지들을 찾는 소명을 품고 지갑에서 통장으로 그리고 유산까지 요청하게 된다는 것이다. 자칫 무거운 주제가 될 수도 있는 유산을 가벼운 유머로 비유한 것이다.

필자의 멘토는 유머의 달인이다. 그녀는 분위기 메이커로 항상 처음에는 유머로 시작하여 요청 분위기를 부드럽게 하는 기술을 갖고 있는데 이는 매우 효과적이다. 보통은 매우 어색한 상황도 잘 포착해서 유머로 잘 넘어간다. 유머는 말로 하는 경우도 있고 몸짓이나 표정으로 할 수도 있다. 그렇다고 보통 한국 사람들이 흔히 하듯 "이건 우스갯소리인데요."라고 미리 경고하고 유머를 하면 효과가 떨어진다. 그리고 인터넷에 떠도는 이야기나 너무 시시한 유머거리는 쓴웃음만 나오게 한다. 거액을 요청하는 것은 무척 난처한 일이고, 난감한 상황이 쉽게 많이 돌출된다. 그래서 많은 사람이 그 상황을 넘기지 못해 요청을 두려워한다. 협상과 갈등 해결의 열쇠는 유머라고 했지만 요청도 마찬가지이다. 하지만 유머는 선천적으로 타고나야 하고, 문화와 언어가 완벽하게 소통되어야 효과적이다. 종교적인 수장들도 많은 사람 앞에서 기금요청을 할 때는 반드시 유머를 가미하는 공통점이 있다. 정치적인 대가들은 유머 감각이 뛰어난데, 위기대처 능력 중에서 유머가 제일이라고 한다. 그렇다고 아무나 흉내 낸다고 되는 것이 아니다. 특히 한국에서 젊은 모금가가 나이 많은 기부자에게 유머를 할 때는 보통 힘든 것이 아니며, 유머와 기분을 상하게 하는 것은 종이 한 장 차이이다. 그리고 유머를 받아들이는 문화와 그 사람의 특성을 미리 파악하지 않으면 오히려 가볍게 보거나 역효과일 수 있다. 대체로 유머 감각이 있는 사람에게는 유머가 잘 통한다. 미국에서의 요청은 관계 다지기의 마지막 결정 순간이기에 이미 그에 대한 정보를 모두 꿰고 대화하는 셈이다.

유머는 어렸을 적부터 자라온 집안환경과도 관계가 있어 어두운 환경에서 자란 사람은 유머 감각이 떨어진다. 주로 명랑한 성격의 소유자가 유머가 많다. 고액 모금가를 뽑을 때 유머 감각을 보는 것도 그런 이유에서다. 너무 가볍지 않고 상황에 맞게 유머를 사용하는 것도 재주이다. 필자가 가끔 하는 유머의 절반은 좋았고 절반은 어색하게 끝난 것으로 기억한다. 보통 훈련을 통해서 유머 감각을 향상할 수 있다. 특히 착한 요청의 경우는 자신의 안위를 위한 요청이 아니기에 좀 더 당당해질 수 있는 상황이다. 유머는 보통 스크립트 없이 현장에서 즉흥적으로 하는데, 유머 감각이 뛰어난 파트너와 요청하면 마음이 편해진다. 다만 농담과 우스운 이야기는 다르다는 것을 명심해야 한다. 상대의 신체에 빗대어 하는 말이나 자신을 너무 비하해서 말하는 것도 조심해야 하고, 유머의 내용 중 상대에게 자극을 주는 이야기는 삼가야 한다. 이런 것이 모두 자신이 없으면 최소한 심각한 표정은 하지 않는 것이 좋다.

결론적으로 모금가 교육 중에서 가장 추천하고 싶은 것은 유머교육이며, 유머교육 센터가 있다면 그곳에라도 투자해 교육을 받으라고 강력히 추천한다.

요청, 결정의 순간

충분한 준비성과 역량을 지닌 팀원들의 노력에도 전체적인 모금 결과가 좋지 않은 경우가 종종 발생한다. 이러한 특정한 실패 사례들에 관해 분석하고 조사한 결과 대부분은 요청의 실패이며, 그중 대다수는 요청조차 시도해보지 않아 이런 결과가 발생한 것임을 알 수 있었다. 결국 단체 모금의 성공 여부는 유치 과정에서의 적극적인 요청이다. 한국의 경우, 모금 유치 구모가 클 때는 한 단체를 직접 대표하는 모금자즉, 대학일 경우에는 총장, 비영리단체일 경우는 사무총장의 주관으로 요청 작업이 이루어진다. 실질적인 요청 작업은 요청자와 잠정기부자와의 직접 대면을 통한 만남이 형성되고 관계가 맺어짐으로써 성립되며, 이러한 요청 작업을 통하여 결실을 볼 수 있는지 아닌지에 관한 확인이 이루어진다. 이처럼 중요한 작업임에도 요청의 중요성 혹은 전문적인 교육의 필요성은 간과되고 있다. 그렇기에 한국의 기부자들은 요청자들이 준비과정 없이 무작정 들이대듯이 성급하게 요청해 자신을 당황스럽게 한다고 불평하곤 한다. 또한 요청자들은 그들 나름대로 잠정기부자의 반응을 예측할 수 없고, 요청해본 경험이나 요청에 대한 교육을 받은 경험도 적어 막상 요청 순간이 오면 말문이 떨어지지 않고 엉뚱한 방향으로 일을 진행해 요청 후 후회한다고 고백한다. 요청은 실질적인 지식을 바탕으로 하는 작업이기도 하지만 인간의 심리 파악을 전략으로 요구하는 다소 복잡한 과정이기도 하다. 모금에 가장 효과적인 요청 시간은 25분이다. 이 짧은 시간 동안 요청자는 신뢰성으로 무장하여 최적이고, 최대의 금액으로 효과적인 후원을 성취해내야 한다. 바른 요청 방법으로 단체의 미션과 기부자의 공통된 가치를 올바르게 공유할 때 요청자는 성공적인 모금 유치를 위한 열쇠를 쥐게 될 것이다.

잘 몰라야 요청한다

전문 모금가들은 현재의 모금이 주로 두 그룹에 의해 움직인다고 농담처럼 말하곤 한다. 하나는 고도의 전문성을 갖춘 전문가들에 의해 진행되는 것이고, 이와 반대로 관련 경험이 전혀 없는 초보자에 의해 진행되고 유지되는 다른 한 그룹이 존재한다. 이러한 우스갯소리는 모금에 대한 전문 지식이나 체계가 잡히지 않은 상태에서 주위의 성공담에 대한 환상이나 순수한 열정만으로 모금을 시작하게 되는 많은 경우를 빗대어 표현한 것이다. 이러한 시도는 경우에 따라 성공하기도 하고 실패하기도 한다. 하지만 모금을 통한 결과들은 어떤 형태로든 수혜자를 위한 혜택으로 지불된다. 모금은 이러한 사이클로 진행되어 왔으며, 지금도 진행되고 있고, 앞으로도 진행될 것이다. 즉, 모금이란 전문적인 체계에 따라 전문 모금가에 의해 주도되는 것도 있지만, 처음 해본 모금가에 의해 막연한 기대치를 가지고 진행되는 것이 모금 활동의 대부분이라는 것이다.

비슷한 예로 한여름 피서철에 성황을 이루는 바닷가의 민박을 들 수 있다. 대부분의 피서객들은 민박이 그 지역 주민들에 의해 운영되는 것이라고 여기지만 실상은 그 지역과는 아무런 연고가 없는 외지인들에 의해 운영되는 경우가 많다. 즉, 여름철 성수기의 틈새시장을 노림으로써 큰돈을 벌 것을 기대하는 외부인들이 사람들이 많이 몰리는 휴가 기간 동안 단기 임대 계약 등을 통해 수익을 올리는 것이다. 그러나 그 결과는 그들의 환상과 기대를 충족시키지 못한다. 그럼에도 해마다 이러한 현상들이 반복되는 까닭은 이러한 상황과 결과를 예측하지 못한 사람들이 끊임없이 도전을 감행하기 때문이다. 그래서 수익이 시원치 않음에도 매년 민박사업이 성행하게 된다.

요청도 이와 마찬가지이다. 모금 활동에서 단 한 번이라도 실패를 경험한 사람들은 요청에 다시 참여하는 것을 주저하고 망설인다. 그러나 모금을 잘 알지 못하거나 이제 막 모금교육을 마친 사람들은 샘물처럼 솟아오르는 열정의 힘과 에너지로 낙관적이고 희망에 찬 태도로 모금에 임하게 된다. 이러한 이유로 직접 모금에 참여해본 경험이 있는 비영리단체나 모금단체에 속한 사람들은 컨설팅이나 자문 같은 소극적인 모금 활동에는 적극적이지만 실제로 몸을 움직여 활동해야 하는 모금 실무에 참여하는 데는 큰 열정을 보이지 않으며 내켜 하지 않는 경향이 있다. 순수한 마음으로 모금에 가담한다 하더라도 그에 걸맞은 보상이 따르지 않는다면 처음의 순수했던 열정과 패기는 지속되기 어려우며, 이러한 탓에 모금운동은 대개 단발성으로 그치고 만다. 당장 도움이 필요한 수혜자를 위해 전문성과 체계성은 부족하지만 순수한 마음만으로 모금에 도전하는 사람들의 모금 활동에 박수를 칠 수밖에 없는 이유가 바로 여기에 있다. 이것이 바로 모금을 진행하게 하는 유일한 힘일지도 모르기 때문이다.

모금 선진국에서는 이미 이러한 현상과 과정을 파악하고 더욱 효과적이고 효율적인 모금 형태를 개발하기 위해 모금 리더들이 전략적으로 모금의 활성화를 위해 끊임없이 노력해왔다. 그들은 추상적인 이론에 치우치지 않고, 형식에 얽매이지 않으며, 모금에 건강한 기대치를 갖게 하는 지속적인 지원으로 여러 계층의 사람들이 모금 활동에 참여할 수 있는 해답을 얻기 위해 노력한다.

요청은 내성적인 사람도 할 수 있다

대부분 기금 모금단체가 성공하려면 외향적이어야 한다고 믿지만, 내성적인 사람들도 단체에 큰 자산이 될 수 있다. 사실 모금 전문가 중에는 내성적인 사람들이 많이 있다. MBTI 테스트의 정의에서 내성적인 성향을 가진 그들은 사교에서보다 내부적 반영에서 더 많은 에너지를 얻는다. 이는 요청하기 위해서 그러한 성향이 좋은 점이거나 나쁜 점이라고 말하는 차원이 아니라 에너지를 어디에다 두고 얻는가가 다를 뿐이다.

모금계에서는 이미 성공적인 요청은 성실, 열정, 정직, 지능이 좌우하며, 내성적 또는 외향적인 것과는 아무 상관이 없다는 것이 증명되었다. 오히려 내성적인 사람은 헌신을 위한 핵심 기술인 대인관계에서도 깊은 관계를 구축하고, 다른 사람에게 들려주기 위한 자연적인 기술을 갖고 있다. 내성적인 사람은 대화를 지배하는 것을 좋아하지 않으며, 편안하게 침묵을 견뎌내면서 간간이 물어본 후 조용하게 기부자의 대답을 기다리는 타입이어서 중요한 거액 모금 요청에 적합하다.

하지만 아직도 내성적인 사람은 초기 연락을 하는 데 주저하며 자신들의 안락지대를 떠나려고 하지 않는다. 그래서 외향적인 사람과 잘 조화를 이루어 협동하는 것이 필요하다. 단체의 리더는 그들에게 충분히 요청할 수 있는 시간을 허용하고, 그들이 요청할 수 있도록 대화를 통해 여유를 갖고, 때때로 요청 훈련방법도 맞춤형으로 개량할 필요가 있다. 상황에 따라서는 내성적인 사람의 사려깊은 통찰력을 통해 스스로 준비하게 하여 그들의 강점을 살릴 수도 있다.

자신의 운명을 안다는 것은 자신의 요청 용량을 아는 것과 같다.

– 비케이 안

chapter 04

멀티 지능지수의 결정체인 AQ의 탄생

01. AQ란 무엇인가?

딸아이가 8학년중 2이었을 때 생일파티가 있었다. 아빠가 딸의 생일에 직접 친구들을 초대해서 학교 근처 식당에서 '한턱 쏘는' 것이다. 다함께 맛있게 먹고 나와서 계산을 하려는데 딸아이 친구 중 에미라는 아이가 내 곁에 오더니 이 레스토랑에서는 생일을 맞이한 손님에게는 음식 값을 할인해준다는 이야기를 들었다며 당당하게 계산대의 직원에게 요청하는 것이었다. 보통 때 같으면 체면도 있고 해서 그냥 내고 나올 법도 했지만, 과연 그 아이가 어떻게 요청하는지 모름 전문가로서 호기심을 갖고 지켜보았다. 계산대의 직원은 당황하면서 그 이벤트를 아직도 하는지 모르겠다며 우물쭈물하니까 그 아이는 물러서지 않고 매니저를 불러 달라고 요청하였다. 바로 매니저가 뛰어와 요즘은 요청하는 사람이 없어서 없어졌다고 하자 그 아이는 "그럼 정식으로 공고를 내셨나요?" 하고 물었다. 그러자 매니저는 당황해하면서 "아니오."라고 대답했다. "그럼 아직 유효하네요." 하면서 그 아이는 매니저의 눈을 똑바로 보면서 다시 당당하게 요청했다. 결국 매니저는 아직 유효한 이벤트이니 할인해 주겠다고 했다. 그 아이는 감사인사를 아끼지 않으며 자기 생일 때도 이 식당에 올 것이라며 살짝 립 서비스도 곁들여 매니저를 기분 좋게 만들었다. 그 아이 덕분에 내가 음식값을 할인받았다. 그리고 식당을 나오면서 우리는 즐겁게 하이파이브를 했다. 그 아이의 요청하는 모습은 '간청'과 '강청'의 중간 정도였는데, 지금도 그 장면이 생생하다. 그 아이는 텍사스의 갑부 로스 페로Ross Perot의 손녀딸이었는데, 지금은 명문대학을 졸업하고 가족이 운영하는 재단의 기금요청 전문가로 일하고 있다. 그때부터 가정교육과 요청의 관계, 그리고 어떤 아이는 요청을 잘하고 어떤 아이는 어려워하는가에 대해 관심을 두게 되었다. 그리고 그 아이가 성장하는 과정을 관심 있게 지켜보게 되었다. 그 아이는 학생 때부터 당당히 요청하는 법을 배우며 자랐고, 결국 남을 위해 요청하는 직업을 선택한 것이다.

현대인은 마치 10미터 높이의 나무에 매달린 열매를 따 먹어야 사는 동물처럼 기어오르는 기술을 습득하지 못하면 도태되는 사회에서 살고 있다. 요청할 준비를 하지 못한 사람도 요청해야 살아갈 수 있는 문화 속에서 살고 있다. 그래서 요청하지 못하는 수재는 누군가 알아서 대신 요청해주지 못하면 굶주리게 된다. 수재라도 신청서에 기재해야 하고, 인터뷰 요청도 해야 하고, 자신의 아이디어를 상대에게 설득해야 살아갈 수 있는 시대이다. 자식이 사회에 나가 독립적으로 살 수 있도록 요청하는 기술을 가르쳐주는 것이 부모가 줄 수 있는 가장 큰 선물 중의 하나이다.

요청의 두려움은 자신이나 상대를 잘 모를 때 나온다. 특히 자신의 능력을 잘 모르면 두려움이 더욱 커진다. 무엇보다 요청하기 전에 자신을 아는 것이 선행되어야 한다. 그래서 요청하기 전에 자신이 어떤 요청을 할 능력이 되는지 객관적인 테스트를 해볼 필요가 있다. 능력이 부족하면 능력을 갖춘 다른 사람에게 부탁하거나 고용할 수 있다. 특히 팀 단위로 움직이는 경우에는 더욱 그러하다. 고용자 입장에서도 고용인의 요청에 관한 객관적인 능력을 테스트하는 것이 필요하다. 이것은 다른 계수인 EQ나 CQ 테스트와 마찬가지로 지식적인 앎, 교육이나 훈련을 통해 지수를 향상할 수 있다. 하지만 어떤 사람은 향상이 빠르고, 어떤 사람은 별다른 진전이 없을 것이다. 이 책에서 소개한 여러 가지 방법으로 자신의 두려움을 없애고 요청하기 전에 준비한다면 그 지수는 증가할 것이다. 요청에 필요한 지수는 유기체와 같아서 항상 변화를 보여줄 수 있어야 한다. 심리적인 작용이나 기억하고 싶지 않은 경험 때문에 요청이 싫어질 수도 있다. 만약 어떤 요청으로 인생이 바뀐 사람에게는 다음 요청이 쉬울 것이다. 특히 요청을 직업으로 선택한 사람이라면 끊임없는 노력으로 요청지수 유지와 향상에 힘써야 한다. 지수 테스트의 주된 목적은 우선 자신을 아는 것이고, 부족한 점을 파악하여 요청 능력을 향상하고, 다른 사람의 능력을 알아 적재적소에 요청 임무를 수행할 수 있도록 하기 위함이다.

이러한 요구에서 AQAsking Quotient가 탄생하였다. 성공의 근본은 결국 AQ에 달렸다. 우리 인간의 성공 잣대는 모두 다르지만, 자신이 원하는 목표에 도달하는 것을 말한다. 성공의 근본은 결국 AQ에 달렸다. 동물 세계에서도 AQ란 삶과 죽음의 능력인 '킬러 본능'으로 설명할 수 있다. 사자도 이러한 능력이 없으면 굶어 죽는다. 우린 주변을 보면 아무리 능력이 있어도 실행을 위해 결정적인 순간에 요청하지 못해 고생하는 사례를 얼마든지 볼 수 있다. 물론 지금까지는 IQ지능지수, EQ감성지수, MQ재테크 지능지수, PQ부모지수, CQ문화지수, NQ공존지수 등 수많은 계수가 성공에 도움이 되었지만, 결국은 AQ요청지수가 없으면 아무런 소용이 없다. 『이솝 우화』의 '고양이에게 방울 달기'에서처럼 누군가가 요청해야 하고 그 요청을 받아주어야 하는 것이 인간 역사의 알파이자 오메가이다. 이 세상에서 성공한 사람들은 대부분 AQ가 높았다. 특히 AQ가 높은 사람을 모금가로 원하고, 모금교육이라는 것도 결국은 AQ를 높이기 위한 것이다. 영업사원, 예술가, 심지어 과학자까지도 마지막 고지인 AQ가 없으면 아무리 훌륭한 물건이나 작품, 아이디어라도 사장되고 만다. 특히 정치가, CEO 등 리더십이 요구되는 직업은 AQ가 필수이다. 오바마 대통령도 AQ가 매우 높은 사람이고, 우리 주위를 보면 AQ가 높은 사람을 참모로 쓴다. 최근 전 세계의 명문 대학들도 입학 전형 때 AQ가 높은 사람을 합격시키는 추세이다. 이것이 리더십의 지표이고 세상을 끌어나간다고 보는 것이다.

한국의 잘못된 정서 때문에 지금까지 AQ를 '아쉬운 소리'나 하는 능력으로 폄훼했을 수도 있다. 사실 자신들도 요청에 의해 지금의 위치에 와 있다는 것을 망각하고 있다. 요청에는 더 깊은 철학적·인문학적·과학적인 요소가 있다. 마치 공기와 같은 것이기에 못 느낄 뿐이지 삶 그 자체라고 할 수 있다.

물론 요청의 종류와 요청하는 대상에 따라 다르지만, 일반적인 기준으로 AQ는 4가지 요소로 나누어져 있다. 기억하기 쉽게 BESTBoldness+Effectiveness+Stewardship+Track record로 정리할 수 있는데, 대담성boldness은 당당히 용기를 내어 요청하는 것이며 동기, 의도, 긴박성에 따라 다르다. 효과성effectiveness은 상대를 배려하거나 상황 판단을 하는 능력, 효과적으로 적절하게 요청하는 능력을 말하는데 듣기 능력, 커뮤니케이션과 친화력이 주요소이다. 청지기 의식stewardship은 요청한 뒤에 사후 점검을 하는 능력으로, 인내심을 측정한다. 앞의 3개는 잠재적인 능력인 데 반해 마지막인 성과기록track record은 실제로 지금까지 요청해서 실행으로 옮겨 성공한 기록을 측정하는 것이다.

앞의 예화에서 에미라는 아이는 친구의 아빠가 자신들이 먹은 음식 값을 치르는 상황에서 보통 아이라면 관심이 없거나 감히 나서지도 못하지만 그런 분위기에서도 대담성을 발휘했다. 매니저가 우물쭈물하는 이유를 알고는 사리 판단을 정확하게 해 정곡을 찔렀으며, 친구 아빠의 돈이 곧 나의 이해관계가 된다는 공감성으로 인내를 갖고 물러서지 않고 요청하였다. 그리고 무엇보다 감사하는 청지기의 성품과 요청이 매우 중요하다는 것을 이미 알고 있었고, 살면서 여러 번 요청하여 이미 자신의 요청 성과기록을 보유하고 있었기 때문에 그 아이는 AQ 지수가 매우 높을 것으로 추측된다.

AQ는 태생적인 것과 후천적인 면이 있는데, 우선 자신의 현재 AQ를 측정하고 어떤 항목이 부족한지, 어떤 전략으로 능력을 키울 것인지를 아는 것이 선행되어야 한다. 그리고 현대사회는 팀워크가 중요하여 부족함을 채우는 것만으로는 어렵기에 장점을 살리고 자신의 부족함을 채워줄 동료와 함께 일하는 것이 인생에서 성공하는 비결이다. 부록에 첨부된 질문을 통해서 자신의 AQ 지수가 어떤지를 가늠해볼 수 있다.

AQ 계산 방법

AQ 지수를 테스트하고 싶은 사람은 부록에 첨부된 질문에 답하고 항목별로 계산하여 합산한 값이 자신의 AQ 값이다. 하지만 질문에 진솔하게 대답하지 않으면 지수는 허수가 될 수 있으므로 검사자나 검사 대상자는 그 점을 주지해야 한다.

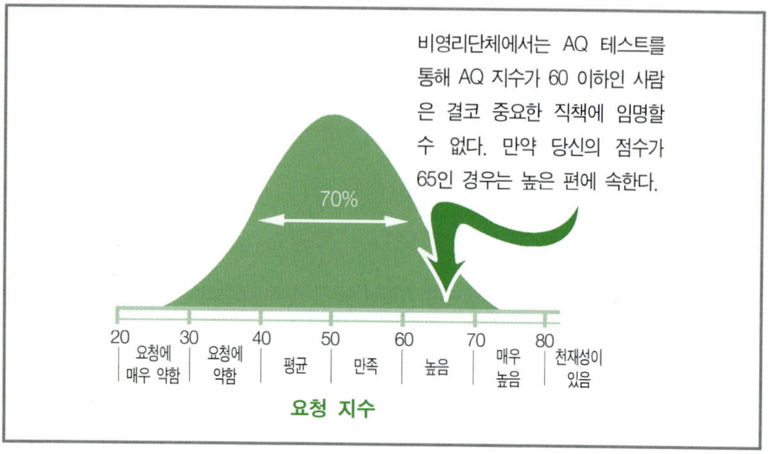

세계화와 다문화 환경 속에서 요청을 통해 서로 앞서기 위해 경주하고 있다. 이제는 개인을 넘어서 모임, 커뮤니티, 지자체, 나라별로 누가 먼저 제대로 요청하는가라는 경쟁 구도에 있다. 화상 회의와 전화 회의가 일상화되고 있으며, 결국 요청이 국경을 넘어 발생하고 있다.

오늘날 글로벌 경제에 성공하려면 요청 인식과 다른 문화에 적응하는 요청 능력이 필요하다는 것에 동의한다. 이제 연구는 요청 인식과 더불어 개인, 조직의 능력을 측정하고 평가해야 한다. 그것은 요청자의 요청 지능 지수 또는 AQ 지수Asking Intelligence Quotient로 정량화할 수 있다.

모든 사람은 자신만이 평가할 수 있는 AQ를 갖고 있다. AQ는 개인, 민족, 국가와 조직 설정 등 다양한 기능을 효과적으로 해낸다. AQ는 IQ나 EQ와 마찬가지로 개인적·직업적 성공에 중요하며, 기능적 집합체이다. 그것은 낯선 상황에서도 성공을 위해 필요한 기술이며, 고유한 측정 기준이자 21세기 리더들이 갖춰야 할 기본적인 요소이다.

AQ의 기본 구성요소는 크게 4가지로 나눌 수 있다. 첫 번째는 대담성으로, 그 안에 4가지 보조 요소로 동기, 열정, 킬러 본능, 힘이 있고, 두 번째는 효과성으로 감정 조절, 상황 파악, 듣기와 말하기, 디자인적 사고, 수평적 사고가 포함되며, 세 번째인 청지기 의식 안에는 인내심, 성격, 진정성이 있고, 네 번째는 성과기록으로, 실제 경험과 외모, 배경을 통해 성공률과 성공 기록을 평가한다.

위의 4가지 능력은 정서적 및 사회적 지능검사로 측정하는 유사한 요청적 도전과 특별한 관련이 있다.

- AQ 드라이브동기 부여: 사람의 요청에 관한 관심과 다양한 환경에서 효과적으로 요청하는 자신에 대한 평가이다. 연구에 의하면 요청에 도전정신이 없는 리더는 조직을 실패로 몰고 간다.
- AQ 지식인지: 요청 대상자와 방법이 달라야 한다는 인지 능력과 상황인지 능력을 파악해야 한다.
- AQ 전략적 사고메타 인지: 환경이 다름을 파악해서 효과적인 플랜을 만들어 내고 상대와 자신의 인식 차이를 감지하고 전략적 판단을 내리는 능력을 말한다.
- AQ 액션행동: 실제 생각과 플랜, 전략을 행동으로 옮기는 능력. 각기 다른 환경 속에서 자신의 행동에 유연하게 적응하는 능력.

AQ 지수의 4가지 능력을 갖춘 사람을 단순히 관찰하기만 해도 대략적으로 간단하게 AQ를 파악할 수 있다. 그 사람의 능력은 그와 대화해보고 행동 패턴을 보면서 장점과 약점을 파악할 수 있으며 다른 사람과 비교할 수 있을 것이다. 많은 기업이나 개인은 이와 같은 AQ 증진 훈련을 통해 이익을 얻을 수 있을 것이다.

AQ와 CFRE 테스트는 직접적인 관련이 있다

지금은 GRE나 TOFLE을 주관하는 ETS에서 CFRE국제공인모금전문가 시험을 주관하는데, 몇 년 전에 출제됐던 시험문제가 있다. 이 문제를 통해 어떤 사람의 AQ 지수 테스트와 CFRE 테스트는 직접적인 관련이 있음을 발견할 수 있다. 독자들도 다음 문제를 한번 풀어보라. 자신의 요청에 대한 AQ의 리트머스 종이와 같은 질문이다.

만약 당신이 어느 비영리단체의 모금 팀장으로서 모금 캠페인을 하는데, 그 동네에 있는 기업이나 상점을 대상으로 기부금을 요청할 때 어떤 것을 가장 중요한 전략으로 보고 요청할까?

① 왜 기금이 필요한지 먼저 글로 명문서를 만든다.
② 직접 찾아가 단체 기부의 필요성을 구두로 잘 설명한다.
③ 단체의 영향력이 기업이나 상점에 어떤 도움이 되는지 설득한다.
④ 기업의 아는 사람을 연결해 부탁해본다.

이 문제는 오랫동안 기금요청을 해보지 않으면 절대 풀기 쉽지 않은 문제이다. 한국에서 수년간 모금 경험이 있는 필자의 강의 수강생을 대상으로 해보니 10퍼센트 정도만 답을 맞혔다. 이것은 현장의 지혜를 묻는 문제로, 책에서는 해답을 찾을 수 없다. 필자도 처음에는 맞히지 못했다. 4개 모두 정답 같지만 질문의 요점은 4개 중에서 가장 중요한, 즉 항목을 아는 단순한 지식 혹은 IQ를 묻는 것이 아니라 EQ에 가까운 상대의 입장을 이해하는 능력이 있는가와 우선순위를 묻고 또한 실제 기업에 요청한 경험을 테스트하는 것이다.

우선 ①번은 서양에서는 모금 설득과 요청 시 구두보다 글로서 명문화시키는 문서문화가 기본이다. 아마도 많은 교육생이 설득력 있는 모금 명문서를 만든다는 것을 답으로 선택할 것이다. 물론 사실이지만 현장에서 가장 중요하지는 않다.

②번의 직접 찾아간다는 것은 매우 중요하지만, 기업은 단체가 무엇이 필요한지는 관심이 없다. 기부를 통해 자신들이 무엇을 얻을지를 먼저 생각하는 속성이 있다. 이미지 개선이라든지 기부를 하면서 얻을 수 있는 다른 홍보 효과 등 이익을 먼저 생각한다. 기부금보다 이익이 적으면 어떻게 해서라도 변명을 대고 기부를 거절한다.

④번은 한국의 모금가들이 가장 선호하는 답이다. 한국에서는 아는 사람을 통하는 것이 가장 빠르고 심지어는 유일한 방법이라고 생각하는 데 문제가 있다. 관계를 통해 요청하는 것이 기본인 것은 인정하지만 지속 가능성이 떨어진다. 관계에만 지나치게 의존하면 반드시 부작용이 생긴다. 일리는 있지만 역시 가장 중요한 것은 아니다.

기업을 대상으로 해본 사람은 바로 ③번을 답으로 찾아낸다. 기업은 영리를 목적으로 하기에 단체는 필요를 파는 것이 아니라 기부했을 때 어떻게 보이는지 이미지를 파는 것이다. 그래서 이름 있는 단체가 요청하면 긍정적인 반응을 보이고, 처음 들어보는 단체가 요청하면 시큰둥하다. 단체가 "우리는 이런 정도의 회원을 갖고 있고 기부하게 되면 이런 것이 기업 활동에 도움이 될 것"임을 강조해서 그 점을 주로 부각하는 것이 가장 좋은 전략이다. 그래서 답은 ③번이다.

여기서 더욱 중요한 진리가 숨겨져 있다. 본래 문제의 요지는 나보다 상대의 입장을 먼저 헤아리는 것을 테스트하는 것이고, 다른 사람의 시각으로 상황을 볼 수 있는 능력이 AQ 지수의 가장 중요한 항목이다. 또 하나는 위의 문제에서 제시한 답에 동의하지 않을 수 있다. 자신의 경험으로 어떤 특별한 답을 가질 수 있다. 하지만 다수의 다른 경험자가 따르는 답을 알고 있는가가 중요하다. 이것이 인생의 비밀이고 AQ의 골자이다. 자신의 의견이 소수일 수는 있으나 그런 패턴이 너무 심하면 요청하는 데 문제가 발생할 수 있다. 자신이 선호하고 알고 있는 요청 방법은 어느 한 부분일 것이라는 겸허한 자세가 필요하다.

잠자리 효과와 AQ의 원리

요청하는 사람들도 과학자처럼 혁신적인 개발을 위해 가끔 자연의 원리나 심지어는 곤충의 생김새에서도 영감을 얻어 요청의 원리에 적용하기도 한다. 그중의 하나가 잠자리 효과dragonfly effect이다. 얼마 전 맬컴 글래드웰Malcolm Gladwell은 『티핑 포인트Tipping point』에서 아주 작은 움직임에서 큰 변화를 일으킬 수 있다는 이론을 성공의 3가지 요소와 함께 설명해서 베스트셀러가 된 적이 있었고, 최근에 제니퍼 아커Jenifer Aaker와 앤디 스미스Andy Smith의 『잠자리 효과The Dragonfly Effect』라는 책이 나온 이래로 급속히 비영리 분야에까지 그 적용 범위가 넓어지고 있다.

왜 하필 잠자리일까? 잠자리는 날개 4개를 동시에 사용해서 어떤 방향이든 자유자재로 날 수 있는 유일한 곤충이라고 한다. 4개의 각 날개는 기능이 독립적이지만 마치 오케스트라처럼 하모니를 이루어 목표를 향해 비행한다. 잠자리 효과는 작은 역할로 시작하여 사회적인 큰 변화를 만들기 위해 4가지 요소 통합의 중요성을 상징하는 것으로, 심리학과뿐 아니라 경제학, 사회학 등 많은 분야에 적용하고 있다. 현재 비영리단체들은 '소셜 미디어가 요청에 긍정적인 영향을 미치기 위해 어떻게 신속하고 효과적으로 사용될 수 있는가?'에 관심을 두고 잠자리 효과와 접목해 실제로 성공사례를 생산해 내고 있다. 성공적인 비행을 위해서는 4개의 날개처럼 네 종류의 기본 요소가 필요하다. 첫째 날개는 초점으로 간단명료하고 구체적이며 측정할 수 있는 목표를 나타내며, 둘째 날개는 관심 사로잡기로 소셜 미디어에 발생하는 다른 노이즈와 구별되어 권위가 있고 기억될 수 있도록 관심을 끌어야 하며, 셋째 날개는 참여로 개인적인 연결고리를 만들어 행복의 깊은 감정, 연민, 공감대를 통해 접근하며 참여케 하고, 넷째 날개는 행동으로 옮기기로, 다른 사람이 행동으로 옮길 수 있도록 권한을 위임해야 한다.

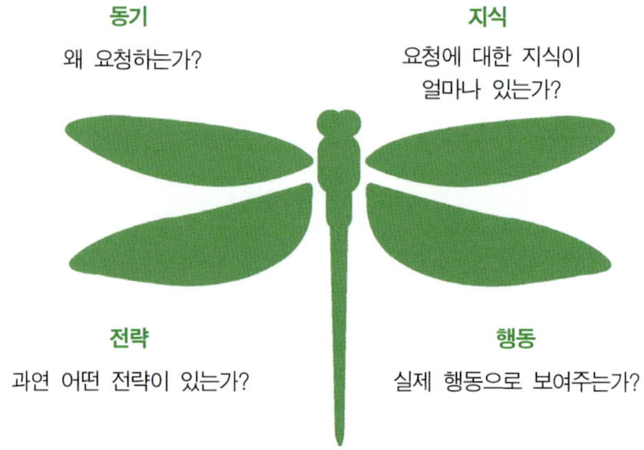

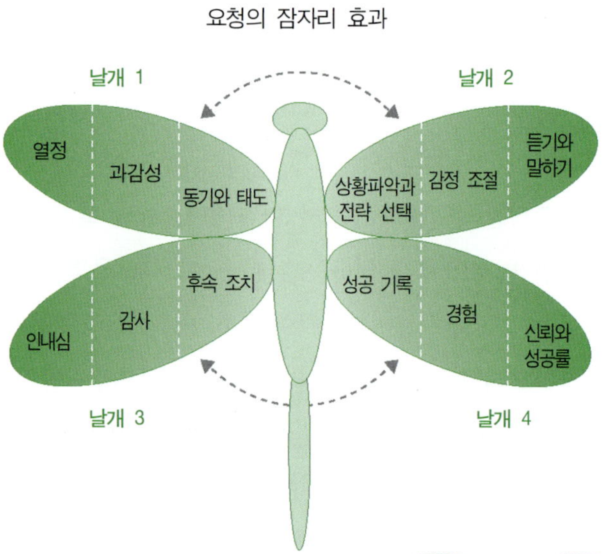

잠자리는 독립적인 4개의 날개로 조화를 이루어 어떤 방향으로든 비행이 가능하다. 요청의 잠자리 비행은 4개의 요청 요소를 잘 조합하여 성공에 이른다.

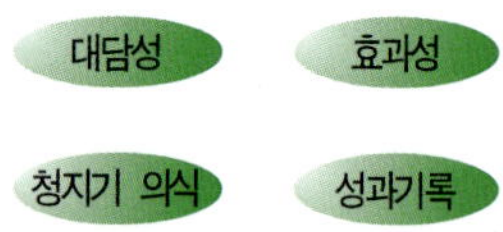

이런 참신한 잠자리 효과와 디자인적인 사고의 도구, 즉 실험을 통해 아이디어를 하나씩 축적해 향상시켜 나가는 실행방법을 같이 사용하면 현장에 적용될 때 더 큰 효과를 볼 수 있다. 이 방법은 공감대를 갖고 시작하여 가설을 만들고, 원형과 테스트 과정으로 사람들을 빠르게 진행하게 한다.

실제로 알렉스의 레모네이드 스탠드 재단Alex's Lemonade Stand Foundation: ALSF이라는 비영리단체의 설립 과정과 성공 배경을 보면, 어린 소녀의 감동적인 스토리가 많은 요청약 270억 원을 모금함을 가능케 하고 사회적 운동으로 퍼지게 한 것은 바로 잠자리 효과의 이론을 그대로 재현해 보여주는 결과라 하겠다. 첫째 날개는 소아암과 싸우기 위한 구체적인 목표를 세우고, 둘째 날개는 암으로 죽은 8세 소녀 알렉스 스콧Alex Scott을 기억하면서 미국의 전통적인 어린이 요청방식작은 가판대를 만들어 레모네이드를 50센트에 판매으로 시작해서 시선을 끌고, 셋째 날개는 아이의 스토리를 소셜 미디어를 통해 퍼뜨려 재생산하여 많은 사람을 요청운동에 같은 방법으로 참여케 했으며, 넷째 날개는 결국 많은 사람을 소아암과의 싸움에 동참시키며 앞의 3개 날개의 노력에 결실을 보기 위해 가장 중요한 단계인 기부를 하도록 하여 공유된 가치를 행동으로 옮기게 한 것이다.

궁극적으로 잠자리 효과는 거대한 사회적 변화를 일으키는 데는 많은 돈이나 권력이 필요하지 않음을 보여주고 있다. 에너지, 초점 그리고 편리한 인터넷과 무선 통신이 있었기에 가능했다.

02. AQ의 첫 번째 요소: 대담성

개요

요청은 생각처럼 쉽지 않고 대담성이 있어야 진행할 수 있다. 요청은 한 번으로 끝나는 이벤트가 아니라 긴 여정에서 프로세스의 한 부분이고, 대담성은 각 요청의 프로세스를 연결해주는 엔진이다. 처음에 요청하기 위해 접촉을 시도할 때와 실제로 요청할 때 그리고 요청 후 사후 점검할 때 대담성이 없으면 연결이 안 되고 끊기고 만다. 마치 고공에서 낙하하기로 하고 훈련을 받은 다음 비행기에서 마지막으로 점프하는 순간, 결정적으로 용기가 필요한 것과 같다. 머리와 마음에 있는 용기가 행동으로 옮겨지는 과정에서는 순간순간마다 대담성이 필요하다. "마음은 굴뚝같은데 입이 안 떨어진다."라는 말이 있듯이 자신의 대담성을 잘 모르거나 경험이 없이 요청하면 마치 전혀 준비되어 있지 않은 사람이 번지 점프를 하기 위해 난간에 서 있는 심정일 수 있다.

요청을 보는 관점

대담성은 요청을 어떻게 보는가에 따라 다른 양상을 띤다. 인생에서 요청이 중요하고 자신이 맡은 프로젝트가 요청으로 이루어진다는 굳은 신념이 있어 요청을 긍정적으로 본다면 그는 대담해질 수 있다. 요청을 부정적으로 보는 사람이 대담하게 요청하는 것을 본 적이 없다. 요청은 약한 사람들이 하는 것이라고 믿거나 상대를 곤란하게 할 것이라고 믿는 사람들이 의외로 많으며, 그런 사람들은 대담한 요청 자체가 큰 부담이다. 머리와 가슴으로 요청하고 싶어도 배짱이 없으면 실행으로 옮기기 어렵다. 필자도 막상 대담성 문제로 요청을 진행하지 못한 경우가 수없이 많다. 각 나라의 문화와도 관계가 있다. 가까운 일본은 요청을 신세라고 생각하기에 기금요청을 꺼리며 일반적인 부탁도 거의 하지 않는다. 그래서 미국식 모금방법이 일본에서는 맥을 못 춘다고 한다. 미국 중고등학교의 요청교육은 주로 모금교육부터 시작한다. 바자 모임이나 세차 등을 통해 스스로 계획하고 대담하게 요청하는 학생을 리더로 세운다. 아무리 머리가 좋고 기획력이 좋아도 앞장서서 요청할 줄 모르면 뒤처진다. 다른 사람에게 자신의 명분을 담대히 파는 것을 권장한다. 대담하게 요청하는 것을 리더가 갖추어야 할 하나의 덕목으로 보는가 아닌가에 달렸다. 대통령 선거에서 오바마를 성공으로 이끈 데이비드 플로페David Ploeffe가 쓴 『승리를 쟁취한 대담성Audacity to Win』이라는 책에서도 과감한 도전성으로 승리했음을 강조했다.

성격과 경험

사람의 성향은 MBTI 테스트를 통해서 알 수 있으며, 선천적으로 개인의 성격과도 관련이 있고, 어렸을 때부터의 훈련도 관련이 있다. 경험과도 관련이 있는데, 미치 번지 점프할 때와 마찬가지로 할 수 있을 것 같으면서도 막상 높은 데 서면 누구나 할 수 있는 것은 아니다. 한번 경험하면 다음에는 좀 나아진다. 많은 모금단체가 모금가의 대담성과 배짱을 키우기 위해 처음 보는 사람을 대상으로 길거리 모금을 하게 하거나 전화로 권유하게 하는 것을 볼 수 있다.

여러 번 작은 요청을 하다 보면 큰 요청도 쉽게 할 수 있을 것이다. 하지만 좋지 않은 경험이 오히려 두려움을 갖게 해서 대담한 요청을 원천 봉쇄하는 경우가 많다. 이전에 요청할 때 크게 무안을 당했다든가 관계가 나빠진 부정적인 경험을 가진 사람은 대담한 요청을 하기 어렵다.

요청의 경쟁심

경쟁을 즐기고, 경쟁에 뒤지기 싫어하는 사람은 도움이 된다.

필자의 딸은 걸스카우트 출신인데, 걸스카우트에서는 직접 쿠키를 판다. 처음에는 자신도 없고 남에게 쿠키 파는 것을 두려워해 엄마가 대신 팔아주었으나사실 아내도 남에게 사라고 권하기가 멋쩍어 자신의 돈으로 샀다, 필자가 강력히 주장해 지금은 곧잘 쿠키를 판다. 걸스카우트 리더십 훈련방법 중의 하나인데, 건강한 경쟁심으로 모금을 유발한다.

세상은 가만히 앉아서 기다리는 사람에게는 절대 기회가 오지 않고, 자신의 사정에 관심을 기울이는 사람은 아무도 없다. 직접 나가서 알리거나 요청해야 한다. 경쟁은 요청하게 만드는 요소 중의 하나인데, 여기서 잠깐 사람을 대담하게 하는 사례 하나를 소개한다.

5년 동안 매일같이 자신의 얼굴만 찍어온 한 예술가가 있었는데, 그는 작품들을 발표하지 않고 그냥 장롱 속에만 갖고 있었다. 그러던 어느 날 뉴스에 다른 예술가가 2년 동안 자신의 표정을 찍어놓은 작품을 어느 유명 갤러리에 전시한다는 소식을 듣고 경쟁심을 느껴 급히 관계자에게 요청하여 유튜브에 'every day'라는 제목으로 작품 발표를 하여 일약 대스타가 되었다.

아마 그 사람이 경쟁심을 못 느꼈다면 지금도 그 작품은 장롱 속에 있을 것이다. 그래서 경쟁은 어떨 때는 대담하리만치 건설적인 영향을 미친다. 모금 단체도 경쟁이 없으면 담대히 모금하지 못할 것이다. 경쟁 때문에 길거리 모금이라도 하게 된다.

요청의 훈련 방법

요청할 때 대담성이 없는 사람들을 위해 따로 훈련하는 방법이 있다. 우선 왜 두려운지 자신의 말로 사람들 앞에서 설명하게 하여 두려움의 에너지를 방출한 뒤에 요청할 수 있다는 확신이 들면 마음을 다잡아 미루지 말고 요청하는 것이다. 예를 들어, '단지 친구에게 사업제안을 하기가 두렵다.'라고 생각만 하기보다는 "친구에게 이 사업제안을 하면 돈만 아는 사람으로만 비쳐질까 두렵다."라는 등의 말로 좀 더 구체적으로 표현하고 글로서 명확히 하면 두려움이 어느 정도 해소된다. 필리핀 속담에 "작은 일을 미루면 나중에 일을 몹시 어렵게 만들고, 어려운 일을 미루면 나중에 일을 불가능하게 만든다."는 말이 있듯이 요청도 지금 하면 쉬울 것을 나중에 하면 더욱 어려워진다.

대담성의 동기

요청할 때의 동기는 크게 두 가지로 나눈다. 자신을 위한 것이거나 남을 위한 것이다. 자신의 생명을 구해달라는 중요한 요청부터 식사 테이블에서 옆 사람에게 소금을 건네 달라는 정도의 단순한 요청이 있다. 동기가 긴박하고 위급하면 자존심을 굽히고 과감히 요청하지만 그렇지 않으면 망설인다. 요청의 동기가 여러 사람에게 긍정적인 영향을 미치면 과감히 요청하는 데 도움을 주는 요소가 된다. 또한 자신과 직접 관련된 것은 다른 요청보다 과감히 시도한다. 미국에서 가장 성공적이고 규모가 큰 풀뿌리 모금단체로 유방암 방지 재단인 수잔코맨재단Susan G. Koman Foundation의 설립자 낸시 브링커Nancy G. Brinker는 유방암에 걸린 자매의 죽음에 영향을 받아 재단을 설립하고 직접 모금에 나서 지금은 세계적인 단체로 성장했다. 하지만 동기가 행동으로 옮겨지는 정도와 시간, 메커니즘은 사람마다 다르다.

또 하나의 동기는 보상에서 나온다. 모든 일이 아름다운 동기에서만 나오는 것은 아니다. 어쩔 수 없이 하는 경우도 있고, 전문적으로 요청하는 직업을 가진 사람들은 보상이 있기에 과감히 할 수 있다. 투자, 보험, 부동산, 자동차 판매 등 영업 분야의 직업인들은 보상을 받기 때문에 담대히 요청한다. 하지만 모든 사람이 그런 직업을 선택할 수 있는 것은 아니다. 모금 전문가도 자아실현을 위해 한다고 하지만 실제로는 직업상 어쩔 수 없이 한다. 미국에서만 약 10만 명이 모금가로 일하는데, 대부분 보상을 받고 요청하는 사람들이다. 얼마 전 책 제목이 성공의 기본은 '먹고 살기 위해서'라는 것이 있었다. 먹고 살기 위해 요청한다는 점도 잊어서는 안 되는 요소이다.

종교적인 이유나 가치를 갖고 요청하는 경우도 있다. 주로 요청을 통해 자아실현을 하는 사람이고, 신념이 있기에 담대히 요청할 수 있다. 이는 종교계 지도자들이 일반인보다 요청을 담대히 할 수 있는 이유이다.

열정에서 오는 대담성

요청도 열정이 있는지 없는지에 따라 다르다. 동기가 있으면 열정이 있을 수 있고, 열정이 있는 사람은 스스로 숨어 있는 동기를 발견해 내기도 한다. 담대한 요청은 아무래도 열정이 있는 사람이 가능하다. 성공을 향한 목표지향적인 사람이거나 선천적으로 어떤 일에나 쉽게 열정을 보이는 사람이 있고, 어떤 일에도 열정을 보이지 않는 사람이 있다. 열정이 보상에서 나올 수도 있고, 자신의 가치와 조화를 이뤄 나올 수도 있다. 하지만 열정을 행동으로 옮기는 것은 또 다른 문제이다. 필자의 직업상 주로 요청에 대한 강의를 많이 하게 된다. 본래 요청 전문가라는 직업은 주로 요청에 대한 정보 및 지식을 전하는 것이 주된 임무이다. 때때로 교육자의 질문에 따라 강사의 경험에서 나오는 현장지혜가 즉흥적으로 나오는 경우도 있다. 가끔은 같은 강의를 하는데도 듣는 이에 따라 강의 태도와 열정이 달라지는 것도 느낀 적이 있다. 필자도 매번 강의에 대한 만족도가 다르다. 필자의 멘토였던 베테랑 요청 전문가가 한 말이 생각이 난다. "나는 요청에 관한 강의를 하기 전에 그 그룹이 요청 또는 남을 돕는 일에 대해 이미 이해하고 깨달은 영감이 있는지를 점검한다." 부연설명하자면 요청교육의 모든 것이 이 주제 아래 설명되어야 하고, 그래야만 이해가 가능하다고 본다. 그것을 벗어나게 되면 요청을 이해할 수도 없고, 그들에게는 듣는 것 자체가 고역일 수 있다. 따라서 요청이나 남을 돕는 일에 대한 이해와 영감이 선행되어야 한다.

둘째로 강의를 듣는 목적, 즉 동기가 확실해야 한다. 예를 들면 청중이 교육 후에 시험을 치른다든지 요청 프로젝트를 앞두고 있으면 강의에 대해 갈급한 심정을 갖게 될 것이다. 효과적인 강의가 되기 위해서는 청중이 강의에 참여할 명확한 동기가 선행되어야 한다. 그럴 때 강의자나 청중은 지루하지 않고 의미 있고 재미있는 시간을 갖게 될 것이다. 따라서 영감과 동기는 마지막 세 번째 단계로 가기 위해 반드시 갖추어야 한다.

셋째 단계가 비로소 요청 전문가가 강의하는 단계이다. 이때 요청 전문가는 자신의 전문적인 정보와 지식을 펼치게 된다. 얼마 전 현재 요청하고 있는 그룹을 대상으로 교육을 했을 때, 그들의 열정이 스펀지와 같아서 지루함이나 시간가는 줄을 모른 적이 있었다. 어떤 그룹은 모임 자체가 다른 목적이었던 적도 있었다. 요청 강의가 혹시나 자신들의 생업에 도움이 될까 싶어 만들어진 모임에서 강의했을 때, 그날은 마치 벽을 향해 이야기하는 것 같았다.

결론적으로 요청교육의 가장 이상적인 과정은 순서별로 영감, 동기, 정보를 겸비한 교육 커리큘럼이 준비되어야 한다. 많은 사람이 요청교육을 기다리고 있다. 어쩌면 이미 영감과 동기가 준비된 사람이 있을 수도 있다.

관심도 없고 영감과 동기를 갖추지 못한 사람을 대상으로 하기보다는 준비된 사람들에게 하는 것이 효과적이고 효율적이다. 요청 전문가는 이런 사람들에게 강의할 때 새로운 열매를 맺게 된다.

요청의 담대함과 킬러 본능

킬러 본능은 아프리카의 사자에게서 볼 수 있다. 긍정적인 면에서 보면 아무리 사자라도 킬러 본능이 없으면 굶어 죽고 새끼들도 죽는다. 부정적으로 오해하면 무자비와 혼동할 수 있다. 하지만 가만히 인내심을 갖고 기다리다가 결정적인 기회가 왔을 때 망설이지 않고 먹이의 급소를 노리는 정확성의 본능은 담대함과 함께 갖추어야 할 중요한 요소이다. 또한 경쟁을 의식하고 피하기보다는 즐겨야 한다. 모금세계에서 만약 전문 모금가가 일한다면 단체는 마치 프로 운동 팀처럼 어떤 프로 근성을 보여줄 것을 기대한다. 프로 근성이 바로 킬러 본능이고, 그래야 게임이 재미있고 실력도 향상된다. 미국 기부문화의 발전은 어떤 면에서는 그런 근성의 도움을 받기도 했다. 하지만 반대급부와 부작용도 만만치 않음을 인정해야 한다. 반면에 한국은 아직 프로 근성이 부족하기에 모금운동가들이 저돌적이고 공격적이지 못하다는 평을 받는다. 모금세계에서는 끈질기게 부딪치는 근성, 중단하지 않는 근성, 끝을 보는 근성 등 긍정적이고 건설적인 근성이 필요하다. 한번 요청했을 때 상대가 거절하더라도 쉽게 물러서지 말라는 뜻이다. 필자 자신도 미국인 모금 전문가와 비교해볼 때 타고난 공격성이 부족하다는 것을 절실히 느낀다. 주위 사람들에게 그런 지적을 자주 받았다. 유태계 모금가들의 요청 근성은 종교적인 배경이 있어서 그런지 배울 점도 많다. 미국에서는 사실 이 부분에 대해서 지금까지 이론 교과서에서 터부시하므로 자세히 거론하진 않았지만, 으레 현장에선 모금가는 그럴 것이라고 기대하는 것이 통념이 되었다.

오래전 한국과학기술원KAIST의 로버트 러플린 전 총장이 한국 학생들에 대해 쓴소리를 했고, 히딩크 감독도 한국선수에게 이 점이 약하다고 지적하는 등 이제는 한국인 스스로 이런 비판을 자연스레 받아들일 수 있는 듯하다.

그 이유는 사실 어렸을 때부터 사교육 등을 받아 너무나 치열한 경쟁에서 일찌감치 힘을 소진해 다른 사람과의 경쟁을 좋아하지 않고, 다른 사람을 패배자로 만들지 않으려는 생각 때문인지 나약할 때가 많다. 그러나 모금세계에는 다른 명분을 가진 모금자나 자신과의 싸움이기에 사실 패배자는 없다. 실패하면 모금을 의뢰한 사람이나 나 자신만 실패할 뿐이다. 그러면 어떻게 킬러 본능을 가질 것인가? 여러 가지 방법을 동원해 키울 것인가? 그것도 안 되면 킬러 본능을 가진 자를 발굴하면 된다. 한국에는 모금 운동 전문양성 기관이 부족하기에 그런 프로그램도 없고 연구도 턱없이 부족하다. 요청에서도 마찬가지다. 모든 사람이 훈련할 때 그런 근성을 키울 필요가 있거나 적용되는 것은 아니다. 사실 킬러 본능은 천성적으로 타고나는 것도 있다. 교육에서는 킬러 본능을 키우는 프로그램이 많이 시도되었지만 성공률이 낮다. 자신의 잠재적인 힘을 찾아내어 그런 자질을 좋은 요청에 쓸 수 있도록 개발하는 것이 필요하다. 하지만 조직 내에서는 훈련을 통해 요청을 직업적으로 하는 사람들에게 그런 근성을 은근히 기대하고 요구한다. 요청에서 킬러 본능은 간단하다. 인내심을 갖고 준비하고 기다리다가 적시에 대상에게 맞는 방법으로 두려움을 갖지 말고 적극적으로 요청하라는 긍정적인 의미이다.

요청받는 사람이 약간의 긍정적인 틈이나 가능성을 보이면 미루지 말고 정곡을 찔러 요청하라는 것이다. 물론 부정적인 선입관으로 자동차나 보험 세일즈에 종사하는 사람들에게 그런 근성이 있다고 보지만, 모금계에서는 그런 사람들의 좋은 면을 배우자고 말한다. AQ 테스트에는 킬러 본능을 테스트하는 항목이 포함되어 있다. 필자가 보기에 성공하는 사람들에게는 공통적으로 말로 설명할 수 없는 킬러 본능이 있는 것 같다.

대담성에 필요한 힘의 원천

요청해야 하는 의무와 권한의 차이를 메우는 방법으로는 힘이 필요하다. 그것을 '요청의 힘 6R'이라고 하고 역할Role, 존경Respect, 설득력Rhetoric, 자원Resource, 관계Relationship, 이유Reason로 나눈다. 각 요소는 독립적인 것이 아니라 유기적으로 서로 융합해 힘으로 작용하며, 상황에 따라 역학 구조가 변하기도 하는 역동적인 요소들이다.

① 역할: 요청은 요청자와 요청 대상자의 타이틀과 위치에 따라 각기 다른 영향을 미친다. 한국처럼 상하 수직 관계가 엄격한 사회에서 역할의 의미는 막강하다. 아버지와 아들 관계에도 그렇고, 나이나 사회경제적 위치인 SESSocial Economic Status에 따라 요청하는 힘이 다르다. 길게는 직책의 타이틀과 관계가 있겠고, 짧게는 맡은 임무와도 관계가 있다. 이 힘은 조직 안에서만 존재하고 권한이 바뀌면 힘도 바뀐다. 주위에서 기업체나 관공서의 높은 직책에 있다가 은퇴 후 사업을 하면서 요청하면 같은 힘을 갖지 않는다는 걸 느낀다. 우리나라 속담에

"정승이 죽으면 문상 오지 않지만 정승의 개가 죽으면 문전성시를 이룬다."는 말이 모든 것을 말해준다.

② 존경: 존경의 대상이냐 아니냐가 요청의 힘을 좌우한다. 조직에서의 자리가 존경을 만들지의 여부는 어디까지나 개인적인 문제이다. 존경은 성격, 성실성, 능력, 지혜, 판단력 등 모든 덕목의 집합체이다. 존경받던 사람이 하루아침에 잃는 경우도 있다. 사람들은 하루하루 존경을 쌓으면서 살아가고 있다. 부정적인 존경은 두려움을 주면서 요청하는 경우이다. 하지만 그런 경우는 요청하는 사람이나 받는 사람이 진정으로 대할 수 없고 결과가 기만하는 행동으로 나오게 마련이다.

③ 설득력: 수사학적 설득력이다. 말로 잘 표현하거나 다른 여러 가지 도구를 이용해 요청을 받아들이게 하는 힘을 말한다. 의사소통 능력, 프레젠테이션 능력 등의 훈련이 요청하는 힘을 키우는 지름길이다. 이것은 설득과 협상을 통해 상대에게 어떤 이익이 있는가를 주지시키면 시너지 효과를 볼 수 있다.

④ 자원: 어떻게 자원을 확보하고 상대방이 원하는 것을 나누어 줄 수 있는가에 요청의 힘이 나온다. 반대로 자원을 줄이거나 중단함으로써 요청의 힘을 얻기도 하지만 결국 부정적인 결과를 가져온다. 엄마가 아이에게 초콜릿을 주면서 집안일을 돕도록 하는 요청과 늘 주던 초콜릿을 뺏으면서 일을 요청하는 것은 다른 차원이다. 대학에서는 기금요청 시 도서관 사용 및 건강 진단권이라는 자원을 이용하여 감사를 표시하고 있다.

⑤ 관계: 관계가 바로 힘이다. 아들이 아버지에게 요청할 때는 논리와 수사학이 관계의 힘을 벗어나지 못한다. 하지만 비즈

니스 세계에서는 "관계는 다음 요청을 위해 존재한다."고 할 정도로 많은 사람이 관계를 요청의 힘으로 본다. 주고받는 관계의 문화에서는 특히 위의 자원과 많은 역학 관계를 갖고 있다. 즉, 요청세계에서는 주고받는 거래가 만연해 있다. 요청을 위해 관계를 맺고, 관계를 위해 요청한다. 순수한 관계를 맺고 싶은 사람에게 요청이라는 기회를 통해 서로 친절과 감사가 오가다 보면 유익한 관계가 된다.

⑥ 이유: 요청하는 이유가 세상을 구하는 일에 동참을 요구하는 것과 자신의 편리함을 위해 이기적인 발상에서 요청하는 것은 다르다. 자신이 믿는 바가 크면 클수록 요청은 큰 힘을 발휘한다. 조직의 가치와 목표가 개인의 요청과 일치할 때는 힘을 갖지만 서로 다를 때는 힘을 잃게 된다.

03. AQ의 두 번째 요소: 효과성

개요

효과성은 AQ의 가장 중요한 요소로, 상황판단을 할 줄 알고 자신의 기대치와 상대의 기대 차이를 아는 능력을 말한다. 아무래도 EQ 지수가 높은 사람일수록, 상대의 입장을 먼저 헤아리는 사람일수록 효과성이 높다. 어떤 사람에게 요청해야 확률이 높은지, 상대의 요청을 받아들이는 스타일에 관심을 두고 배려하는 것이 중요하다. 요청하는 방법도 사람에 따라 다름을 알고, 요청 시 예기치 않은 상황에서도 임기응변으로 잘 처리하는 능력도 포함되어 있다. 한국에서 필자를 모금 멘토로 생각하는 두 사람이 있다. 두 사람이 만날 약속을 요청하는 것을 보면 누가 AQ가 높은지 확연히 차이가 난다. 한 사람은 얼마 전에 점심 약속을 했는데 서래마을에 있는 분위기 좋고 유명한 이탈리아 식당에서 만나자고 했다. 그날따라 비가 내리고 있었고 차가 없어서 지하철을 타고 마을버스로 갈아타고도 한참 걸어가야만 했다. 매사 그렇다. 상대의 입장보다 자신의 입장이 우선이기에 습관적으로 남의 사정이 눈에 들어오지 않는 모양이다. 다른 한 사람은 필자가 강의를 끝내고 나오는 시간과 집으로 가는 동선을 미리 알고 그 중간에 있는 식당에서 늘 약속을 잡는다. 그리고 식사 후에 돌아가는 것까지 사려 깊게 생각한다. 요청하기 전에 상대가 어떤 환경에 처해 있는지 그의 입장에서 볼 줄 알거나 근접하게 추측할 수 있는 사람이 AQ 지수가 높은 사람이다.

의사소통 능력과 친화력

경청 능력이 필수이다. 요청하기 전에 상대가 어떤 처지인지를 알아야 하기에 말하기 전에 듣는 것이 선행되어야 한다. 하지만 잘 듣는 것은 어렵기 때문에 훈련이 되어야 한다. 경청은 신체적, 지적, 심리적, 성격적, 환경적이라는 5가지 조건이 맞아야 가능하다. 신체적인 조건이란 청각능력이 정상적이어야 하고, 체력적으로는 장시간 들을 수 있어야 하며, 지적인 조건은 말하는 주제의 내용을 알 수 있는 용어나 지적 수준이 조화를 이루어야 하고, 심리적인 조건은 들으려는 동기와 감정 조절이 가능해야 하고, 본래 태생적으로 성격이 남을 잘 배려하고 남의 말을 들을 수 있어야 하며, 환경적으로 소음이나 경청을 방해하는 물리적인 조건 극복이 선행되어야 한다. 남의 말을 경청한다는 것은 이론적으로는 가능하나 실제로는 자신을 위한 것이기에 '진정'이라는 모호한 말보다 '현명한 경청'이라고 표현하는 것이 오히려 솔직하고 좋다. 들어야 할 때는 듣고 말을 해야 할 때는 하는 등 역할이나 상황을 전략적으로 잘 파악해서 적절한 듣기 행동을 취하는 것이 중요하다.

일반적으로 의사소통 능력이나 친화력이 뛰어난 사람이 아무래도 AQ가 높다. 하지만 예외인 경우도 있다. 사람을 많이 알고 친한 사람도 많지만 정작 요청을 잘하지 못하는 사람이 있다. 모금 자원봉사자 중에 담대하게 모금하는 것은 좋은데 요청할 때와 요청하지 말아야 할 사람을 구별하는 능력이 부족한 경우가 많아 단체를 당황하게 하기도 한다. 오래전 미국에서 한국 어느 단체의 모금을 도와줄 때인데, 대담성이 뛰어난 한 분이 자원봉사로 모금 요청을 자원했는데 대담성은 좋으나 상황 판단 없이 무턱대고 아무에게나 기부하라고 해서 물의를 빚은 적이 있다. 상대의 눈높이를 생각하지 않고 모금을 마치 '특권'이나 되는 듯 완장을 두른 마음으로 한다면 문제가 있을 것이다.

디자인적 사고-분석과 직관의 조화 그리고 감정 조절

요청할 때 상황 판단을 위한 분석적 사고analytical thinking와 직관적 사고intuitive thinking 중 어느 한쪽만으로는 충분치 않다. 분석이나 직관 중 어느 한쪽을 제거해야 하는 선택이 아니라 두 가지 사고방식을 조화시켜야 한다. 분석적 사고와 직관적 사고는 둘 다 최적의 요청을 위해 필요하며, 하나만으로는 충분하지 않다. 누구에게 언제 어디서 어떻게 요청할 것인가를 결정하기 위한 생각은 분석적이어야 하지만, 요청해야 할 자리와 하지 말아야 할 경우 주연과 조연의 역할을 제대로 이해하는 판단력은 직관에서 나온다. 그래서 가장 완벽한 방식은 분석적 사고에 기반을 둔 완벽한 숙련과 직관적 사고에 근거한 창조성이 역동적으로 상호작용하면서 균형을 이루는 것이다. 이를 '디자인적 사고design thinking'라고 부른다. 이런 디자인적 사고에 기반을 둔 사람들은 끊임없이 요청을 새롭게 디자인하는 과업에 착수한다는 점에서 다른 사람들과 구별된다. 이들이 요청을 새롭게 디자인하기 위해 끊임없이 노력하는 것은 가장 강력한 경쟁력 우위를 만들어내는 조합, 즉 혁신과 효율성이라는 두 가지 측면 모두에서 자기 발전을 이끌어내기 위해서다. 역사적으로 위대한 위인들은 바로 이러한 요청 능력을 갖추고 있었다. 누군가에게 요청했고, 누군가가 다음 단계로 나아가게 해준 것이다.

단체가 이런 디자인적 사고를 바탕으로 다른 단체나 개인에게 요청할 때 가장 효과적이고 효율적이며, 이를 숙달한 조직은 거의 영원히 소진되지 않을 장기적인 경영우위를 누릴 수 있다. 디자인적 사고에 근거하여 조직 내 요청 시스템을 창조하여 디자인적 요청에 집중하는 기업이 누리는 이와 같은 경쟁력 우위는 결국 더 넓은 사업영역으로 확대될 것이다.

요청할 때는 감정 조절이 매우 중요하다. 요청하는 순간은 누구나 긴장하기 때문에 감정을 조절하지 못하면 어색해지고 상대를 불편하게 한다. 이른바 요청자의 EQEmotional Quotient 지수와도 상관관계가 있을 것이다. 어떤 상황이라도 과도한 감정 표출을 하거나 감정을 억제하기 어려운 사람은 요청 성공률이 떨어진다. 비록 상대가 부정적인 결과를 표시해도 끝까지 참고 자신의 감정을 조절할 줄 알아야 한다. 필자를 멘토로 생각하는 어느 비영리단체의 중진급 모금팀장이 있는데, 요청도 대담하게 하고 디자인적 사고도 뛰어나 장래가 촉망되는 분이다. 그런데 평소에는 괜찮은데 극한 상황에서는 감정을 추스르지 못하는 단점이 있었다. 하루는 단체 내에 직급이 하나 아래인 동료 직원에게 간단한 요청을 했는데, 그날따라 그 동료가 기분이 나쁜지 시큰둥하게 있자 감정이 폭발해 큰 소리치게 된 것을 사무총장이 보고는 실망해 결국 다른 직장으로 옮기게 되는 계기가 되었다.

디자인적 사고의 요청 디자이너

현대의 판매 담당자들은 한마디로 요청 디자이너들이다. 마찬가지로 대선을 준비하는 사람이나 지하철에서 기부를 요청하는 사람 등도 요청의 디자이너들이다. 현장에서 즉흥적으로 요청하는 것이 아니라 요청받는 사람에게 어떻게 전달되고 보여지는지를 생각하여, 디자이너가 제품이나 서비스를 고객의 입장에서 디자인하듯이 요청해야 한다. 영리 회사라면 제품을 고객에게 어떻게 홍보할 것인지 전체적으로 생각할 것이고, 조그마한 가게라도 간판 디자인, 메뉴, 인테리어 디자인 등이 모두 요청 디자인에 포함된다. 비영리단체는 기부 요청이 기부자들에게 어떻게 보일 것인가 그리고 그들의 전체 미션과 어떤 연관관계가 있는가를 보여주면 요청이 확실해진다. 개인의 경우는 자신의 인생 설계에서 요청이 어떤 맥락적 의미가 있는가를 디자이너 입장에서 생각해볼 필요가 있다. 곧 요청을 코치하는 사람이 등장할 것이고, 요청을 상담하는 사람, 조직의 큰 요청을 전략적으로 디자인하는 요청의 전략가가 나올 것이다. 이 모든 것을 연결하는 것은 디자인적 사고로 가능하다.

그리고 다음 3가지 요소를 생각하면서 준비한 뒤에 요청해야 한다. 요청 디자인을 감정적 지성emotional intelligence, 통합적 지성integral intelligence, 경험적 지성experiential intelligence을 바탕으로 하는 것이다. 이것은 고대 그리스 시대 아리스토텔레스가 주장한 Ethos성격과 신뢰, Pathos감정 유발, Logos사실에 근거한 내용와 비슷하며, 현대에 와서 요청 시 설득에서 내용 자체는 7퍼센트, 목소리의 톤은 38퍼센트, 신체 언어는 57퍼센트가 있다고 주장하는 것과 유사한 맥락의 접근이다. 감성적 지성이란 요청 시 감정을 교환하고 서로 이해할 수 있는 지성을 말하고, 통합적 지성이란 상대의 필요와 의도 등 전체적으로 요청의 생태계에서 일어나는 요소를 통합해서 해석할 수 있는 능력을 말하고, 경험적 지성이란 그동안 요청자의 경험과 상대의 요청에 대응하는 패턴의 경험을 토대로 이해하는 지성을 말한다.

만약 요청을 디자이너 입장에서 생각한다면 우선 들어주기가 편리해야 한다. 어떤 사람은 요청할 때 아주 복잡하고 추상적이어서 들어주고 싶어도 어려울 때가 있다. 오바마 대통령의 선거 캠페인 웹사이트는 요청이 간단하고 123 터치만으로 후원 기부도 할 수 있으며, 주변 사람에게도 알릴 수 있도록 매우 편리하게 되어 있었다. 오바마는 요청 디자이너인 데이비드 플로페 팀을 고용했다. 그 팀은 컴퓨터를 잘 다루지 못하는 세대도 쉽게 접근할 수 있게 하여 요청에 편리하게 응답하도록 배려하는 재주가 있었다. 당시 경쟁자인 힐러리의 웹사이트는 같은 요청도 조금 불편하게 되어 있었던 것이 결과적으로 승패에 영향을 미쳤다. 일반 요청자는 자신의 눈으로만 세상을 보지만, 요청 디자이너는 상대의 편리함을 먼저 생각한다. 언젠가 한국의 한 사회활동가가 어떤 사회문제로 많은 사람에게 관계부서에 편지를 보내 달라고 요청했는데 사람들이 잘 호응을 안 해준다며 필자에게 뭔가 비법을 요청했다. 그래서 필자는 요청 디자이너 입장에서 "사람들은 아주 바쁘고 게을러서 아무리 세상을 구하는 훌륭한 일이라도 동참하기 복잡하면 다음으로 미루고 하루만 지나도 잊어버리니 그 자리에 서서 사인만 하면 자동으로 관계부서로 편지가 가도록 디자인하라."고 조언한 적이 있다.

요청의 내용에도 품격이 있다. 사람들은 그런 높은 품격을 좋아하고 따르고 동경한다. 요청의 내용에 따라 품격이 정해지지만 받는 사람도 그 위치가 정해진다. 요청을 놓고 질과 높낮이를 따진다는 것은 무리지만 그래도 요청자는 요청받는 사람의 위치나 이미지를 생각해 요청을 디자인해야 한다. 물건을 살 때도 디자인을 보고 사는 사람이 있듯이, 요청을 들어주면 자신이 어떤 이미지로 보일까 신경 쓰는 사람이 있다. 예를 들어, 지하철 계단에서 보따리를 들어달라고 요청하는 할머니는 양복을 잘 차려입은 신사보다는 캐주얼하게 입은 젊은 청년에게 부탁한다. 양복을 입은 신사가 허름한 보따리를 든다면 자신의 이미지와 조화가 안 된다고 생각하기 때문이다. 할머니는 본능적으로 요청을 디자인한 셈이다. 필자의 아들은 머리를 쓰거나 창의성이 요구되는 요청은 도전으로 느끼고 잘 따라준다. 하지만 쓰레기를 치우는 등의 육체적인 움직임이 필요한 요청은 무시하고 하지 않으려고 한다. 그럴 때 필자는 머리를 써서 요청을 디자인한다. "대니얼! 네 아이디어와 조언이 필요한데, 집안에 있는 쓸모없는 물건을 모아서 제거하는 동선을 디자인하려는데 무슨 좋은 아이디어가 없을까?" 하니까 아들은 몇 시간 낑낑대면서 그림을 그려가면서 동선도 그리고 역할도 나누어 건네주며 "아빠! 쓰레기가 먼저 해결되어야 하는데, 이건 계획서예요. 자기 쓰레기는 각자 버리는 것이 가장 효율적이고……."라고 말했다. 필자는 아직도 아들이 아홉 살 때 그린 계획서를 장롱 깊숙이 기념으로 보관하고 있다. 모금가들은 이것을 철저히 이용한다. 그룹 회장에게는 큰 금액을 기부했을 때 자신이 어떻게 보일지를 구체적으로 제시하면서 기부요청을 한다. 작은 음악회를 한다며 단체의 말단 직원이 대충 요청하면 기부금액은 적어지고, 자신의 이미지 때문에 그 적은 금액마저 거부당한다. 그래서 돈이 아닌 다른 것으로 요청을 잘 디자인하면 오히려 도전도 되고 돈 이상의 효과를 볼 수 있다.

요청을 디자인하는 프로세스

디자인 시각으로 요청의 내부 속살을 들여다보면 마치 양파의 껍질처럼 5개의 층으로 나누어 생각해볼 수 있다. 요청자는 요청을 디자인할 때 처음부터 층별로 개념을 갖고 요청하면 된다. 그 내용은 다음 그림과 같다.

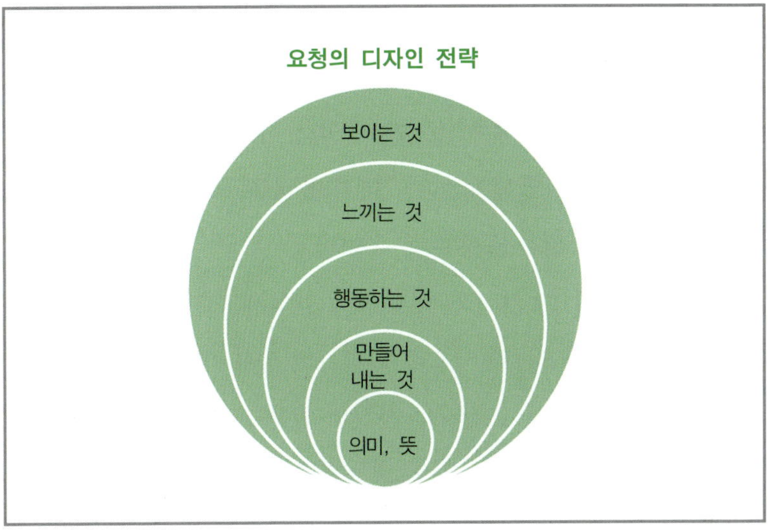

예를 들어, 어느 기업의 직원이 바로 위의 상사에게 이번 여름에 특별휴가 2주를 요청하려고 한다. 요청하기 전에 요청자가 디자이너의 입장에서 요청을 디자인하는 프로세스를 살펴보자.

① 보이는 것: 표면적으로는 요청이 요청자나 대상자에게 어떻게 보이는지 디자인에 신경 쓴다. 만약 그 주간에 일이 많이 밀려 있거나 바쁘면 너무 이기적일 수도 있고 조직생활에 위배되는 요청처럼 보이고, 상사의 입장에서는 안 들어주자니 몰인정한 것 같고 들어주자니 다른 사람과 형평성 문제도 생긴다. 제삼자는 내부 사정을 잘 모르니 겉으로 드러나는 것만 보이는 법이다. 따라서 이런 요청은 요청자나 들어주는 상대에게 서로 이익이 되도록 보이는 것이 중요하다.

② 느끼는 것: 요청이 어떤 느낌을 가져다주는가이다. 요청자의

입장에서는 결혼하고 나서 첫 휴가이고 마침 공짜 항공권이 생겨서 매우 좋은 기회라 생각되어 감정적으로 기대가 크다. 상사도 부하직원에게 즐거운 일이니 함께 즐거운 일이라고 생각하도록 디자인해야 한다. 하지만 다른 사람이 그 이유를 오해한다면 느낌은 부정적일 것이다.

③ 행동하는 것: 요청이 어떤 행동을 요구하는가이다. 상사는 2주간 휴가를 주는 대신 그 주간에 그의 일을 대신할 사람을 찾아야 한다. 따라서 요청자는 자신의 일을 대신 해줄 사람을 미리 준비해놓고 요청하는 것이 현명하다. 그리고 요청자는 돌아와서 그에 대한 보답으로 다른 일을 해줄 수 있고 밀렸던 일을 더 열심히 하겠다는 약속도 요청에 포함하면 좋을 것이다.

④ 만들어 내는 것: 요청이 무엇으로 만들어졌는가이다. 시간과 인력자원 사용에 대한 허락을 요청하는 것이기도 하다. 휴가 신청서에 상사의 사인과 함께 만약 총무과에서 이견이 있으면 백업해주는 요청이다. 만약 사규를 고쳐야 가능한 일이라면 문제는 다르다.

⑤ 의미, 뜻: 요청이 뜻하는 진정한 의미가 무엇인가를 생각한다. 이는 고용주의 고용인에 대한 배려이다. 요청자에게는 회사에 대한 충성도를 높이는 일이고, 시간을 많이 보낸다고 능률이 오르는 것이 아니라 오히려 놀면서 일해야 능률이 오르는 법이다. 특히 창의력을 요구하는 일이라면 더욱 그렇다. 직원의 직장 만족도는 돈으로 환산할 수 없다는 점을 강조한다.

요청도 수평적 사고가 필요하다

수평적 사고lateral thinking라는 말은 영국의 에드워드 데 보노Edward de Bono의 저서 『수평사고의 세계』에서 처음으로 등장했다. 보노는 사태를 냉정하게 관찰하면서 자세히 검토하여 체계적이고 논리적으로 생각을 전개해 나가는 수직사고와는 달리 얼핏 봐서는 기존 생각의 틀을 넘어 한 아이디어에서 다른 아이디어로 이리저리 전전하면서 기웃거리는 사고방식을 '수평사고'라고 명명하고 수직사고를 보완할 수 있는 것으로 보았다. 재미있는 수평적 사고 방법의 사례를 하나 소개한다.

어느 한 남성이 매우 춥고 눈보라 치는 겨울에 차를 몰고 가는데 정류장에 세 사람이 서 있었다. 한 사람은 금방이라도 아파서 쓰러질 것 같은 할머니였고, 또 한 사람은 전에 자신의 생명을 구해준 사람이고, 마지막 한 사람은 자신이 늘 찾아 헤매던 평생 파트너일 것 같은 사람이었다. "만약 그중 한 사람만 태워야 한다면 당신은 과연 누구를 차에 태울 것인가?"라는 질문이다.

이제는 요청에서도 문제를 해결할 때 지금까지 해오던 사고방식에서 생각을 자유롭게 변화시켜야 한다. 다시 말해 수평적 사고란 기본적으로 나 자신의 생각의 틀 변화와 함께 나와 다른 생각에 마음을 활짝 열어놓는 것이다. 자신의 경험과 지식, 고정관념의 틀을 깨고 새로운 패러다임에 눈높이를 맞추며 소통하여 문제 해결을 하려 한다. 수평적 위치에서 마음을 열어놓으니 단체의 리더 위치에 있더라도 지시와 명령 대신에 경청과 배려에 힘쓴다. 또한 수평적 사고를 하는 리더들은 변화지향적이다. 다르게 보거나 생각하는 습관이 몸에 배어 있어 새로운 관점에서 변화를 모색한다. 그러니 수평적 사고는 늘 바꾸지 않고서는 생존할 수 없는 '변화의 시대'에 사는 우리 모두 반드시 체득해야 할 덕목이 아닐 수 없다.

드넓은 유라시아 대륙을 지배하며 천하를 호령했던 몽골 유목민노마드들의 성공 요인으로 수평적 사고를 꼽는 사람들도 있다. 한국인은 수렵인의 기질이 남아 있어 수평적 생각을 하기 어렵다는 주장이 있지만, 사냥감을 찾아 광활한 초지를 끝없이 헤매야 했던 유목민들은 항상 옆을 봐야 살아남을 수 있었다. 사방이 트인 초원에서는 동지가 많아야 유리했기 때문에 항상 다른 사람을 포용하며 연대하는 수평적 사고의 DNA가 형성되었다는 재미있는 이론도 있다. 하지만 현대의 글로벌한 조직에서는 민족과 종교, 국적이 다르다는 것이 공동체를 이루는 데 아무런 문제가 되지 않으며, 리더는 권위와 군림이 아니라 주어진 역할과 기능을 수행하는 조직의 일원으로서 존재해야 한다. 윗사람은 아랫사람에게 시키기만 하면 되고 아랫사람은 윗사람이 시키는 대로만 하면 되는 수직사회와 달리 유목민 사회의 모델은 수평적 사회, 열린 사회였다는 점에서 우리에게 적용할 만하다 하겠다.

위에 제시한 질문에서는 아마도 세 사람 중 한 사람을 선택하는 데만 급급한 고정된 사고에 얽매일 것이다. 하지만 수평적 사고방식의 해답은 일단 차에서 내려 키를 자신의 생명을 구해준 사람에게 주어 할머니를 차로 모시게 하고, 자신은 나머지 한 사람과 정류장에 남는 것이다. 언뜻 보기에 유머러스한 해법이지만 깊이 생각하게 해주는 대목이다. 이제 우리도 요청할 때나 받을 때 문제 해결을 수평적 사고로 도전해보아야 한다.

높은 AQ와 바람직한 경청자

인간은 원한다면 일반 동물과 다른 것을 들을 수 있는 능력을 갖고 있다. 다른 사람의 말을 잘 듣는다는 것은 생각하기에 따라서는 힘도 되고 예술처럼 즐거운 것이다. 목소리 뒤에 숨어 있는 것을 자신의 내면세계에 귀를 기울여 들으면 괴로운 단순 소음이 즐거움이나 유익이 된다.

어떤 사람을 볼 때 있는 그대로 보는 것이 아니라 우리의 생김새에 비추어 보는 것처럼 그들의 말을 들을 때는 우리의 생긴 모습대로 듣는다. 그래서 경청하는 순서는 자신이 누구인가를 아는 것이 우선이고, 그다음이 자신의 인생에서 경청이 어느 정도 중요한가를 인식하고 많은 사람 앞에 나서서 말하는 용기보다 더 큰 용기로 들을 수 있는 자세가 필요하다.

남태평양의 어떤 섬나라에서는 소라 등conch shell을 들고 있는 사람에게 임시로 말할 수 있는 권한을 주고 나머지는 경청한다. 또한 토킹 스틱과 깃털로 말할 수 있는 사람과 들어야 하는 사람을 구별하는 법을 세 살 때부터 가르친 북아메리카 인디언 문화도 있다. 이처럼 현대의 보여주기 문화에서 점점 사라져가는 듣기 문화를 되찾는 노력이 있다.

모금 전문가인 필자는 말을 잘하여 설득해서 요청하는 것보다 잘 듣는 것이 더 중요한 교육이라고 믿는다. 마치 톱 세일즈맨이 말을 잘한다기보다 손님의 말을 잘 들을 줄 아는 사람인 것처럼 경청은 어느 분야에서나 매우 중요하다. 얄팍한 기술이 아니라 깊은 심성을 갖는 것이 선행되어야 한다. 모금 전문가가 보는 경청은 새로운 각도로 듣는 것이며, 진정한 소통은 말하지 않은 내용까지도 들을 수 있는 능력을 말한다.

문화의 차이를 알고 한국의 상황에 맞는 경청 훈련 방법을 제시함으로써 인간관계 개선뿐만 아니라 업무의 효율을 높이기 위함이다. 진정한 경청은 상대의 가치와 정서를 알고 이해하며, 자신과 경청하는 방법이 다르다고 함부로 판단하는 것이 아니라 대화할 때 상대방의 말을 끝까지 들어주고 적절한 방법으로 자신의 순서를 찾아 전체 흐름에 맞게 말하는 것이다. 그래야 요청 대상자가 요청을 기쁘게 받아들이도록 진정한 요청을 할 수 있다.

기대와 경청

사람들은 누군가를 만날 때 어떤 기대감을 갖는다. 금전적인 도움을 주는 관계를 원할 수도 있고, 인맥 정보나 소개를 받기 위해서라든지 또는 단순한 친분을 쌓기를 기대할 수도 있다. 이런 대부분의 기대가 인간 행동의 근본적인 동기가 되기도 한다. 그리고 그 기대는 지극히 이기적일 수 있다. 사람들은 만남으로 인해 시간과 에너지를 소비하게 된다. 일 때문이든 개인적 친분이 있는 만남이든 마찬가지다. 전문 모금가들의 시각에서 이러한 기대를 정확히 파악하는 것이 매우 중요하기에 필자는 모금교육을 할 때 가장 먼저 "기부는 나중에 도움을 받기 위해 주는 것"이고, "사람들의 기본 심리는 돕기 위해서가 아니라 도움을 받을 수 있지 않을까 하는 기대로 만난다."고 가르친다.

그렇기 때문에 요청자가 상대의 말을 경청하는 첫 번째 이유는 자신이 갖는 기대와 상대가 줄 수 있는 기대의 차이를 줄이기 위해서라고 볼 수 있다. 만약 그 차이가 크다면 절대 기부요청을 하지 말라고 가르치게 된다. 일반적으로 컨설턴트가 처음에 클라이언트의 말을 경청하는 이유는 클라이언트인 주 고객층이 갖는 기대치와 클라이언트가 주는 서비스의 차이가 무엇인지를 찾기 위해서이다. 그리고 교육의 핵심으로서 적은 기대와 대비되는 큰 희망을 가르친다. 서비스의 기대치가 너무 차이가 나면 실망도 크고, 그 기대치를 영원히 충족시키지 못하기 때문일 것이다.

요즘 사람들이 인맥 형성에 목을 매는 이유는 나중에 도움을 받기 위해서일 뿐 도움을 주기 위한 절박함이 아니다. 일반적으로 알고 있는 '정을 나누다'라는 뜻에는 우리의 상호 나눔과 보답에 대한 기대감이 내포되어 있다. 친절하거나 베푸는 이유도 나중에 도움을 얻고자 하는 무언의 기대 속에 이루어지는 일종의 투자 또는 계약이라고 볼 수 있다. 그렇게 형성되는 시간 속에서 어느 한쪽이 일방적이라고 생각하거나 상대방이 도움을 받은 것에 대한 보답을 잊어버리거나 기대에 턱없이 못 미칠 때, 보통 그런 사람들을 사기꾼이라고 부르게 된다.

그래서 어떻게 보면 현대사회는 인간의 만남에 순수한 이타주의적인 만남은 거의 없다고 볼 수 있는 다소 비관적인 부분이 있다. 하지만 이타주의적 만남이 없다는 현실이 서글프다고 단순하게 비판할 것이 아니라 좀 더 이 시대의 상황과 환경에 대해 이해하고자 하는 모습이 필요하다.

누군가 오래간만에 만나자고 전화가 왔다면 아마도 도움을 청할 확률이 높다. 갑자기 당신에게 도움을 주고자 연락한 경우는 극히 드물 것이다. 만나서 대화 중에 직접 도움을 청하는 경우도 있지만, 대부분 상대에게 무엇인가 기대하게 만든다. 이때의 대화는 무언의 계약 조건을 타진하는 성격을 띠게 된다. 대화 중에 자신의 부족함을 이야기하는 것은 혹시나 도움을 받을 수 있을까 하는 기대감이 표현되는 것이고, 은근히 자랑하는 것은 자신에게 잘 보이면 바라는 기대감을 현실적으로 나눌 수 있다는 뜻이다. 물론 대화 자체가 아무런 조건 없이 즐거울 수도 있겠지만, 그 즐거움도 자신을 위한 것이므로 만약 즐겁지 않고 기대감이 충족되지 않는 대화라면 오래 가기 어렵다.

사람마다 다르겠지만, 관계가 깊어지다가도 나중에 서로 바라는 기대치에 못 미치면 관계에 금이 가기 시작한다. 문제는 그 기대치가 대부분 자기 위주로 생각하거나, 다른 사람으로 하여금 지나치게 어떤 기대를 하게끔 만드는 데 있다. 사람은 본래 자신이 가진 능력이나 소유물, 조건부 보상능력을 좀 더 과장해서 말하는 버릇이 있다. 마치 중매쟁이가 상대를 소개하거나 첫 대면에서 기대치를 높여야 결혼이 성사된다고 보는 것과 마찬가지다. 하지만 관계가 진행될수록 기대에 못 미치는 모습을 감추려 하거나 대부분 그 차이를 극복하기 위해 위장된 행동과 쓸데없는 말을 많이 하게 된다. 특히 남녀가 헤어지는 이유는 서로의 신뢰가 깨지기 때문인데, 서로가 생각하는 상대방에 대한 기대에 차이가 있어서 생기는 현상이다.

필자도 언젠가 상대방과의 일대일 대화를 비디오로 찍어 모니터링해보니 자신을 자랑하기 위한 단어 선정이라든지 은근히 상대방이 기대하게 하는 쓸데없는 어투나 말이 숨어 있는 것을 발견하고 부끄러움을 느낀 적이 있다.

대화하다가 상대가 자신을 너무 모른다고 생각하거나 초면이기에 좀 더 제대로 알아주기를 바라는 마음 때문에 마음속으로 부풀리거나 군더더기 같은 단어를 현실적으로 더 심하게 쓰는 것이었다. 필자가 많은 사람을 실망하게 했다면 아마도 기대치를 충족시키지 못했기에 그랬을 것이다.

사람들은 평생 수많은 사람과 만남이나 헤어짐을 반복한다. 그리고 그 가운데서 계속 기대하고, 자신의 기대에 실망하여 또 다르게 기대하며 다른 만남을 가지는 것이 반복적으로 이루어진다. 경청의 목적이 비록 이타주의적인 것은 아닐지라도 인간관계에 결정적인 도움을 줄 수 있다. 이제는 너무 큰 기대를 주거나 잘못된 기대를 하지 못하도록 서로 배려하는 것이 경청의 또 하나의 모습으로 정의되어야 한다. 대화에서 경청하는 목적은 상대의 진실을 밝히기보다 이해하면서 서로의 기대치를 적정 수준으로 만들어 실행하기 위해서이다. 듣는 귀에는 눈과 입의 협조가 절실히 필요하다.

04. AQ의 세 번째 요소: 청지기 의식

개요

2010년에 캘리포니아 주립대의 제임스 안드레오니James Andreoni와 저스틴 라오Justin Rao는 실험을 통해 〈요청의 힘: 커뮤니케이션을 통한 이타주의, 공감과 이기심에 어떤 영향을 미치나?〉라는 논문을 발표했다. 그들은 실험을 통해 “받는 사람이 직접 말로 요청하면 이타주의로 인해 제삼자가 말하는 것보다 주는 양이 더 늘어난다는 것과, 준 뒤에도 계속 소통하면 계속 더 주려 한다."고 밝혔다. 결국은 요청해야 공감하는 감정이 생기고 인간의 본성인 이기심을 넘어서 이타주의적인 베풂을 행한다는 것이다. 더불어 "요청하지 않으면 어느 누구도 주지 않는다."는 요청세계를 지배하는 근본 사상을 지원하는 연구 발표였으며, 요청 후 청지기 의식의 중요성에 대해 실험으로 증명해보인 것이었다.

요청 뒤 청지기 의식이 반드시 필요하다

대부분 지금까지 살면서 요청한 것보다 요청받은 것이 많을 것이다. 더욱이 높은 자리에 올라갈수록 요청하기보다 요청받는 일이 많아진다고 한다. 따라서 리더는 요청받는 것과 요청하는 것의 균형을 잘 맞추어야 한다. 그런데 요청을 들어주면 '함흥차사'가 대부분이다. 고생해서 요청을 들어주고 나면 아무런 소식이 없어 일이 잘 되었는지 알 수 없다. 그 이유를 조사해보니 대부분 미안해서 혹은 또 연락하면 부담스러워할까 봐 연락하지 않는다고 한다.

사실 여러 번 요청하여 해결 받았지만 기대한 효과를 얻지 못했을 수도 있다. 예를 들어, 지진이 나서 돈을 달라는 요청이 와 모금해서 보내주었는데, 사실 돈이 필요했던 것이 아니라 물이 필요했던 것이다. 아니면 물은 구할 수 있지만 그 지점에 물을 공급할 헬기가 없었던 것이다. 개인적으로 한 번 요청한 사람에게 또 하기가 거북하기에 다른 사람을 물색한다. 하지만 한번 경험한 사람은 그 이전에 어떻게 요청했고, 어떻게 사후 점검을 했는가가 다음 요청에 중요한 변수가 된다. 기부를 받은 측에서 어떻게 썼고, 어떤 효과와 영향을 미쳤는지를 보고해주면 기부자는 매우 기뻐한다. 그래서 요청받는 사람 중 경험이 많은 사람은 요청을 들어주기 전에 그 사람의 청지기 의식의 패턴을 주시하고 만약 실망스러우면 다음 요청은 어떤 이유를 대서든 들어주지 않는다. 많은 모금단체가 모금에 어려움을 겪는 것은 바로 이 청지기 의식이 정착되지 않아서이다. 보통은 단체 리더의 그림자가 그대로 단체에 반영되기에 리더 한 사람을 보면 그 단체의 청지기 의식을 충분히 짐작할 수 있다. 필자의 친구 아들은 몇 년 전 유럽에 3개월 동안 배낭여행을 다녀왔는데, 과연 각 나라 문화마다 요청을 어떻게 받아들이는지 궁금하여 도움을 받았던 사람들에게 감사엽서를 보냈다고 한다. 그런데 놀랍게도 그들 중 많은 사람이 다음에 오면 꼭 다시 들러 달라는 요청을 해온 것이다. 사실 필자도 배낭여행 다니는 사람을 많이 도와주었지만 고맙다고 다시 연락해온 기억은 없는 듯하다. 자식에게 가르칠 수 있는 것 중에서 요청한 뒤에 사후 점검 하나만 제대로 습관을 들이게 해도 삶이 달라질 것이다. 요청에서 청지기 의식은 선택이 아니라 의무이다.

요청을 맥락적 프로세스로 인정하라

대담하고 효과적으로 요청해도 관리를 잘하지 못하면 아무 소용이 없다. 모금의 경우에는 "기부요청을 하는 것까지가 30퍼센트이고, 그 순간부터 나머지 사후 점검이 70퍼센트이다."라는 말이 있다. 한국에서 요청할 때 가장 큰 문제는 요청까지 모든 에너지의

99퍼센트를 쏟고, 그 뒤에는 나머지 1퍼센트도 쓸까 말까 한다는 것이다. 요청받는 사람은 대부분 "요청할 때는 간도 빼줄 것 같더니 해결해주고 나니 소식도 없다." 혹은 "대충 무성의하게 요청하고 나서 안 들어주니 말도 하지 않고 돌아서더라." 하며 불평한다. 요청은 끝이 아니라 시작일 뿐이다. 대부분 요청은 한순간이나 목적이라기보다 맥락적 프로세스의 한 부분일 경우가 많다. 인내가 필요하며 반드시 후속 작업이 따라야 한다.

*착한 요청에는 '방법'이나 '목적'보다 '이유'가 선행되어야 한다

인문학적 마케팅의 원리는 심리학적보다는 생물학적으로 설명되어야 한다. 인간의 행동을 주관하는 우리의 뇌 중심에는 반드시 이유why를 관장하는 부분이 있다. 역사적으로 성공한 인물이나 회사, 비영리단체는 공통적으로 이유가 목적what보다 선행되어야 하는 것을 알고 실행한다. 그 두 개를 연결하는 것이 방법how의 역할로 된, 요청이 수락되는 메커니즘이다. 그래서 상품을 팔 때나 모금을 할 때도 왜 하는가가 가장 먼저 설명되어야 한다. 세상에는 목적에 동의할 수 있는 것은 많아도 이유에 동의하기는 쉽지 않다. 아마도 많은 회사나 개개인은 목적을 찾기가 쉽고, 이유는 노력이 필요하기 때문일지도 모른다. 다른 많은 컴퓨터 회사를 제치고 애플이 성공한 이유는 그들의 마케팅 콘셉트와 순서가 달라서였다. 과거에 다른 대부분 회사는 "우리 회사는 매우 훌륭한 컴퓨터를 만들고what 디자인도 좋고 성능도 우수how하니 사지 않을래요why?"라는 what-how-why의 전략이었다. 하지만 애플은 정반대 전략을 쓴다. "우린 새로운 생각으로 세상을 변화시킬 수 있다고 믿으며why, 마침 그것을 증명할 수 있는 새로운 컴퓨터나 스마트폰을 만들었는데what 사실래요how?"가 성공해서 몇 시간 동안 새벽부터 줄 서서 남과 차별되는 첫 구매자가 되고 싶은 것이다. 그래서 역사는 스티브 잡스를 사람들의 이유의 공감대를 찾아 성공한 사람으로 기억할 것이다.

영리 회사가 상품을 파는 것이 '돈을 벌기 위해서'이고, 비영리단체가 모금을 하는 이유가 '돈을 모으기 위해서'라면 그것은 '이유'가 아니고 결과일 뿐이다. 가다가 방향이 잘못된 것은 바꾸면 되지만 '이유'가 근본적으로 잘못되거나 왜곡되면 가다가 멈추고 만다. 왜 우리 단체나 회사에서 일해야 하는지가 자신과 일치하면 은퇴까지 일하게 되고, 다르면 얼마 못 간다. 이러한 '이유'가 우리 뇌 안에 깊숙이 자리 잡고 있어서 몸과 마음, 행동의 동기 등 모든 것을 조정하게 된다. '이유'에 공감이 안 되거나 이해가 안 되면 일회성 행사로 끝나고 만다. 마지못해 따라가거나 문화로 자리 잡지 못하고 유행으로 끝난다. 기부문화가 자리 잡지 못하는 가장 큰 이유는 우리 사회가 공감할 수 있고 공유되는 '이유'에 대한 대답에 실패했기 때문이다.

충성스러운 구매자나 기부자는 바로 '이유'에 공감하고 동참하는 사람이다. 우리가 믿고 있는 것을 기부자가 믿어야 기부가 가능하다. 우리가 무엇을 하는가, 어떻게 하는가가 중요한 것이 아니라 왜 하는가가 중요하다. 사람들은 단체가 무엇을 하는가에 기부하는 것이 아니라 왜 하는가에 동의하기에 동참한다. 우리가 무엇을 하는가에 대해서만 설명하고 기부하게 하면 실패한다. 마음 한구석에 석연치 않은 것이 늘 남아 있게 마련이다. 왜 하는가가 설명되기 전에는 완전치 않다. 지금까지는 많은 모금단체가 "우린 이런 좋은 일what을 하니 기부해달라"고 했으나 이젠 왜why 이런 일을 하게 되었는지 기부자의 마음과 일치하지 못하면 실패하고 만다. 대부분 단체가 무엇을 하는 단체인지 설명하는 데는 많은 투자를 하지만 왜 하는지 설명하는 데 인색하다. 그래서 모금은 '왜 모금을 하는가?' 그리고 '어떻게 하는가?', '어떤 모금 상품이 있는가?'와 같이 안에서 시작되어야 한다.

예를 들어, 병원의 경우 "암 치유 성공률이 높고 좋은 장비를 갖춘 훌륭한 병원이니 오시오." 하는 것보다 왜 병원을 세웠고 무엇을 믿는지를 먼저 설명하여 공감대를 만들면 훨씬 설득력이 있다. 병원의 모금도, 모금해서 이런저런 환자를 돕고 싶다는 결과를 설명하기 전에 모금을 하게 된 근본적인 이유가 어디에 있는가를 찾는 데 노력해야 한다. 병원의 모금 주체는 왜 모금하는지 스스로 물어봐야 한다. 스스로 묻고, 대답에 확신이 있는 곳에 출발점을 세워야 한다. 모금 컨설팅 회사가 목적mission/vision과 방법action plan, 아이디어만 추구해서는 안 된다. 깊숙이 숨어 있는 이유를 찾아내고 끄집어내어 실행하는 동반자가 되느냐 아니냐에 승패가 달렸다.

요청 후 'Yes'에 대한 후속 조치

요청 전문가들은 원래 후속 조치를 3가지 의미로 쓴다. 감사, 인식 그리고 보상이다. 요청을 받아주는 이유는 여러 가지가 있을 수 있으나, 아마도 가장 큰 것은 요청자에게 도움이 되고 받는 사람도 기쁘기 때문일 것이다. 'Yes'라고 대답하고도 기분이 찜찜하다면 요청 자체에 문제가 있는 것이다. 가장 큰 요청 선물은 진정한 감사이다. 요청자가 진정한 감사 표현에 인색하거나 어색해한다면 절대 요청을 잘하는 사람이 아니다. 요청에 내포된 조건이 있을 수 있다. 모금하는 사람이 그 기금을 어디에 쓰겠다고 말했다면 그대로 시행해야 하고, 만약 하지 못했다면 왜 못했는지 기부자와 지속적으로 소통해야 할 의무가 있다. 돈을 빌려달라고 요청했다면 약속대로 이행해야 하는 것처럼 말이다. 그리고 때에 따라서는 주변에 좋은 소식을 알리는 것이 책무성의 일부이다.

요청받는 사람은 첫 기부금을 관계의 시작이라고 생각하는 데 반해 단체는 그것이 마지막이라고 종료를 선언하는 상황이거나 기부자가 첫 기부금을 주면서 더 이상 연락하지 말라는 생각으로 주고 단체는 그 기부를 관계의 시작이라고 생각하는 등의 차이가 있을 수 있다. 무조건 이번 요청이 끝이라고 생각하고 상대방도 그것을 원한다고 추측하는 것은 금물이다. 그 차이를 알고 적극적으로 후속 조치를 하는 사람이 AQ 지수가 높은 사람이다.

*요청 후 후속 조치가 없으면 기부는 없다

"눈에서 멀어지면 마음에서도 멀어진다."는 말이 있듯이 요청받을 때 그 자리에서 대충 긍정적인 대답을 받고 다시 시간과 장소를 확인하지 않으면 마무리하기가 어려워진다. 그 자리에서 어떤 이유든 간에 'Yes'라는 대답을 한 뒤 후속 조치가 없으면 마음이 변하거나 같은 대답을 기대하기 어려워지는 경우가 많다. 그래서 요청 후 24시간 이내에 감사편지나 e-mail을 보내야 한다. 일반적이고 상투적인 편지를 쓸 것이 아니라 바로 전 미팅 때 나누었던 주제나 등장인물, 스토리 중의 한마디를 재생산해서 쓰는 것도 좋은 방법이다. 예를 들어, "선생님이 어린 시절에 감명 받았다는 책을 저도 사서 읽어봤는데 정말 좋더라고요." 등. 이는 그 사람의 말을 경청했다는 표시이며, 그의 한마디 한마디에 관심을 나타내는 증표가 된다.

단체가 요청하면 가장 힘든 작업이 요청하는 시간과 결말을 짓는 시간 배분이다. 보통 75퍼센트는 요청하기 위한 준비를 하고 25퍼센트는 후속 작업을 하는데, 필자는 최소한 50 : 50으로 시간을 배분하여 투자하는 것이 현명하다고 생각한다.

요청 후 'No'에 대한 후속 조치

사실 요청할 때 가장 중요한 것은 요청 자체가 아니라 요청 후 'No'에 대한 태도와 반응이다. 너무 실망하지 말고 몇 가지 질문을 하고 확인한 뒤에 다른 기회를 보는 태도가 중요하다. 요청에 대해 거부당할 수도 있다는 것과 마음의 대비를 하고 대답이 확실치 않을 때는 반드시 사후 점검하는 태도를 보여야 한다. 요청은 완벽한 이론과 정답을 가진 분야가 아니라 인간의 이해와 관계가 모든 현상을 이끄는 분야이기에 완벽한 긍정을 나타내는 'Yes' 또는 완벽한 거절을 나타내는 'No'는 존재하지 않는다. 거절에 대한 의미를 실패로만 분석하기보다 종류와 이유를 이해하는 것이 올바른 접근 방법이다. 요청한 후에 대체로 요청받는 사람이 거절하는 이유는 다음과 같다.

① 오해

오해 때문에 요청과정에서 거절하는 이유가 된다. 요청자는 이러한 오해를 방지하기 위해 잠정기부자의 말을 경청하도록 하고, 반복하여 그들에게 전하고자 하는 뜻을 이해시키고 확인해야 한다.

② 무관심

잠정기부자는 요청과정에서 자신이 가지고 있는 관심과 부합하는 부분을 발견하지 못했기에 요청에 무관심해질 수 있다. 따라서 일방적인 요청이 아니라 상대의 관심과 미션에 관한 생각들을 읽음으로써 그들의 흥미와 관심을 유발하도록 한다.

③ 의심

요청받는 사람은 요청자와 단체에 관한 전반적인 신뢰가 형성되지 않아 후원금을 전달하는 데 회의적이고 의심스러운 태도를 가지고 있기에 거절할 수밖에 없을지도 모른다. 이러한 경우에는 법정 증인 혹은 감정인을 참석시켜 모든 과정을 기록하고 증거로 남겨두어 잠정기부자의 의심을 최소화하도록 한다.

잠정기부자들은 모금요청을 거절할 수도 있다. 하지만 그들은 당신의 요청을 거절한 것일 뿐 당신을 거절한 것이 아니므로 불필요한 언쟁을 벌이거나 감정이 상할 필요는 없다. 요청에 대해 거부하는 대답은 모금가가 경험해야 할 필수적인 과정이다. 더욱 긍정적인 접근과 생각으로 모금 기회를 만들어 간다면 'No'라는 대답은 언젠가 'Yes'가 되어 돌아올 것이다. 당신의 요청을 받아들이고 귀 기울여준 잠정기부자들에게 항상 감사하는 마음을 가진다면 기회는 당연히 올 것이다.

하지만 당신의 요청을 거절한 데 대한 명확한 이유를 묻고, 그 이유를 받아들이고 보완함으로써 다음번에 있을 요청을 성공으로 이끌 수 있도록 노력해야 한다. 다음 사항들은 거절하는 이유와 관련된 항목으로, 세심히 살펴 실수나 문제점 파악을 위해 재검토해 보고 보완점을 개발하도록 하자.

정보

잠정기부자들은 모금가가 제공하는 정보에 대해 부족함을 느낄 수도 있다. 그들이 기부함으로써 단체가 미션을 수행하는 데 얼마나 큰 도움이 되며 중요한 역할을 하는 것인지 다시 한 번 상기시켜라. 그런 다음 그들이 원하고 필요로 하는 정보가 어떤 것이든 기꺼이 제공할 것이라는 확신을 주도록 한다.

기관

잠정기부자는 당신의 단체와 산하 조직에 대한 정보를 공유하기 원할 것이다. 그러므로 모금 유치를 위해 정중하게 요청하기 전에 잠정기부자가 단체 혹은 기관에 관해 알고 싶어 하는 부분에 대해 명확하게 제시할 수 있어야 한다. 잠정기부자는 당신의 단체에 대해 좋지 않은 경험이 있는 사람을 알 수도 있고, 단체의 정책에 부분적으로 동의하지 않을 수도 있다. 먼저 잠정기부자의 이해를 돕고, 그들의 모금 참여가 미래를 어떻게 변화시킬 수 있을 것인지 언급하며 재치 있게 요청하도록 한다.

요청의 책무성

요청에는 소문과 명성이 매우 중요하다. 요청 전과 요청 후의 태도나 감사가 부족하면 소문이 나빠지고, 요청 시에 부정적인 영향을 미친다. 또한 요청 시 어떤 조건을 내걸었다면 그 조건에 대한 이행 결과와 보고가 요청자의 명성에 영향을 미친다. 모금에서도 요청에 성공한 단체는 기부자에게 보고해야 할 의무가 있다. 본래 기부금을 어떻게 쓰겠다고 했으면 약속한 용도대로 써야 하고, 그 결과를 투명하게 보고할 '책무성'이 있어야 한다. 마찬가지로 요청이나 부탁을 들어주면 요청자에게도 책무가 있다. 그리고 책무의 이력이 다시 순환하여 다른 요청도 성공하게 한다. 이런 책무성을 이행하지 못한 사람은 평생 잘 알지 못하는 사람에게 요청의 도박을 해야 하는 '요청의 떠돌이' 생활을 할 수밖에 없다. 요청을 순수하게 안 받아주는 이유는 대부분 지금까지 살아오면서 요청을 빙자해서 사기를 당했거나 사람에 대한 신뢰를 잃은 경험을 수없이 많이 했기 때문이다. 그러므로 이는 진정성 있는 요청이라도 한 번은 넘어야 할 산이다. 세상에는 상습적으로 상대를 기만해 투자하라고 유혹하거나 동정심에 호소하는 요청의 떠돌이들이 많이 있다. 얼마 전 교수인 친구가 전화로 하소연하는 이야기를 들었다.

어느 남자가 연구실로 전화를 걸어와 자신은 고등학교 동기 동창으로 30년 만에 미국에서 한국으로 출장을 나와 서울의 어느 유명 호텔에 머물고 있는데 오랜만에 친구를 만나보고 싶으니 호텔 커피숍으로 나올 수 있느냐고 했다. 사실 친구는 하도 졸업생이 많고 오래전 일이라 이름을 기억하지는 못했지만 일단 호텔로 가서 만났다. 만나 보니 50~60쯤 되어 보이는 점잖게 생긴 남자가 자신을 소개했다. 자신은 가난한 집안에서 태어나 고등학교를 졸업할 즈음 의인을 만나 미국에 가서 하버드대학을 나왔고 지금은 미국 국가기관에 근무하고 있다, 유학 중에 온갖 멸시와 인종 차별을 이겨냈다는 등 마치 영화의 한 장면처럼 역경을 딛고 일어선 자랑스러운 동문을 만난 느낌이었다고 한다. 그러면서 사실은 전날 택시에서 여권과 돈이 든 지갑을 놓고 내려서 미국에 연락해 돈을 부치라고 해서 오는 중인데, 50만 원 정도만 빌려주면 내일 연구실로 찾아가 돈도 갚고 밥도 대접하겠다고 했다. 친구는 현금이 10만 원밖에 없다고 하니까 바로 호텔에 있는 은행 자동화 기기로 안내했다고 한다. 그래서 친구는 카드로 30만 원을 더 찾아 그 사람에게 건네주었다. 물론 하도 정신이 없어서 미국의 전화번호, 주소만 대충 적어 왔다. 철석같이 믿고 다음날까지 기다렸지만 연락이 없어 미국으로 전화해보니 가짜로 판명되었고, 고교 앨범을 가진 동창회장에게 전화하니 "아니, 자네한테도 전화 왔어? 난 수상쩍어서 만날 시간이 없다고 그랬지. 그 친구는 영국에서 왔다고 하던데. 난 동기 동창 수백 명은 대충 기억하잖아. 그런데 그런 이름은 없더라고. 그 친구가 사람을 잘못 골랐지. 요즘 그런 사람 많으니 조심해."라고 하는 것이었다. 친구는 본인이 사기 당한 것은 창피해서 회장에게 말하지 않았다고 한다.

그 친구는 돈을 빼앗긴 억울함보다 자신이 스토리텔링을 강의하는 교수여서가 아니라 그 떠돌이가 말한 스토리는 완벽했다고 한다. 지명, 시대 배경 등 어디 하나 흠잡을 데 없는 스토리였고, 친구도 미국에서 10년간 공부한 터라 공감한 부분이 많았다. 어떻게 자기 같은 사람이 당할 수 있는지 어이가 없었으며, 그런 얘기는 레오나르도 디카프리오의 영화 〈Catch me If you can〉에서나 나오는 스토리인 줄만 알았다는 것이다. 그런 일이 자신에게 일어났다며 흥분하는 한편 앞으로는 다른 요청에 대해 좀 더 조심해야겠다는 다짐과 하소연하는 내용을 전했다. 필자는 그 내용을 사례연구로 사용하겠다고 위로의 말을 전하면서 지하철 광고판에서 본 예화를 말해주었다.

어느 아라비아 상인이 동네의 우수한 말 종자를 얻으려고 말 주인을 접촉해 구매를 요청했으나 번번이 거절당했다. 하루는 그 말이 너무나 갖고 싶은 나머지 어두운 길목에 부상당한 사람처럼 누워서 말 주인이 지나가기를 기다렸다. 말 주인은 인정이 많고 정의로운 사람이라 다친 사람을 보고 그냥 지나치지 않는다는 정보를 미리 알아둔 것이다. 마침 그 옆을 지나가다가 부상자를 돌보려고 말에서 내리는 순간 가짜 부상자는 말 주인을 밀치고 말에 올라타 도망쳤다. 그러자 말 주인이 도망치는 그의 뒷덜미에 대고 이렇게 소리쳤다. "그 말은 그냥 갖고 가도 좋은데 나를 속여서 갖고 간다고는 하지 마시오. 그런 소문이 나면 다른 사람들이 앞으로 절대 부상자를 돌보지 않을 테니 말이오." 누가 만들어냈는지 출처는 알 수 없지만, 비록 사기성 요청이 많이 있더라도 그것으로 진정성 있는 요청자들을 다 포기해서는 안 된다는 예화이다.

05. AQ의 네 번째 요소: 성과기록

개요

AQ는 지금까지 요청한 경과의 경험과 결과에 대한 기록을 점검하는 것이다. 이것은 IQ, EQ, CQ 등이 어떤 잠재능력을 말하는 것과는 달리 이미 한 행동을 보는 것이다. 요청하기 전에 요청자는 본인이 평생 어떤 식으로 요청했고, 그것에 대해 어떻게 감사했는지, 다른 책무를 다했는지 한번 생각해봐야 한다. 아무리 앞의 3가지 요건을 훌륭하게 갖추었다 하더라도 실제 요청에서 성공하지 못했다면 문제가 있는 것이다. 그리고 성공에 대한 확신이 있어야 다른 요청에도 성공할 수 있다. 과연 진정성 있는 요청은 몇 번 했는지, 요청해서 도와주면 그 뒤에 연락해서 그 돈이 어떻게 쓰였는지 보고했는지 등 이 모든 것이 자신만이 아는 성과기록으로 남아 있을 것이다. 우리 중 일부는 학창시절에 어머니에게 책을 산다고 용돈을 요청해서 영수증을 보여준 적도 없었고 심지어는 다른 용도로 쓴 경험이 있을 것이다. 그만큼 우리의 어머니들은 어수룩하고 자식을 믿어주었지만, 우리는 지금까지 요청을 단순하게만 생각하고 자신이 어떤 요청 의무를 다했는지는 생각해보지 않았을 것이다. 어쩌면 요청받는 사람은 요청자의 이력을 알고 있는지도 모른다. 그래서 어떤 단체든 재단에 기금 신청을 하면 이미 책무에 공증되어 있는 단체에 우선권이 주어진다. 마찬가지로 요청자에게 과거에 요청한 뒤 책무를 어떻게 했는지 관심을 두고 질문이나 서류를 요청하면 어떻게 대처할 것인지 생각해야 한다.

많은 사람이 그 사람의 이력서로 그를 평가한다. 반드시 좋은 방법은 아니지만 현 사회에서 현실적으로 과거를 평가하고 미래의 성과를 예측할 수 있는 뾰족한 방법이 없기 때문이다. 과연 이력서가 신뢰성이 있는지 조사하는 것은 또 다른 차원이다. 대부분 진정성을 조사할 자원이 없다. 그래서 서로 잘 아는 사람의 추천이나 자신이 아는 한도 내에서 요청받아 결정한다. 이 점을 청소년 시기부터 부모가 잘 교육해야 한다. 잘못된 요청 습관은 그를 평생 요청의 장애인으로 만들어 요청 없이 하루도 살 수 없는 세상에서 살기가 힘이 들게 할 것이다. 요청하지 말라고 가르치는 것이 아니라 제대로 요청하는 법과 책무를 다하는 것을 가르치는 것이 자식에게 무엇보다 중요한 유산인 '신뢰자본'을 만드는 방법을 가르쳐주는 것이다.

*성과기록처럼 중요한 것은 없다

육상선수를 선발할 때 실제로 테스트할 수도 있지만 그 선수가 과거에 이루어놓은 경기의 기록을 요구한다. 복싱선수는 몇 전 몇 승인지 말해주고, 음악가나 미술가, 소설가 등은 어떤 대회의 우승자인지 보면 그의 실적을 알 수 있다. 좋은 학교 출신이라는 것만으로 모든 것을 평가하던 시대는 지났다. 어느 학교를 졸업했는가는 단 한 줄이고, 만약 유명 대학을 나왔으면 그에 걸맞은 업적이 연이어 있어야 하고, 현장에서 어떤 일을 했느냐가 중요한 것이 아니라 그 결과물이 어떠한가와 꾸밈 없이 그 일에 종사해서 결과물이 나온 기록이 있는지 없는지를 따진다. 마찬가지로 모금가로서는 지금까지 이루어놓은 모금 실적처럼 중요한 것은 없다. 어떤 모임에서 강의했고, 평가를 받은 기록, 저널에 발표한 논문이나 기사, 모금에 참여해서 얻은 모금 실적 같은 여러 가지 행동에 대한 결과물을 모아서 보여주어야 한다. 물론 신뢰할 수 있는 기록인지 아닌지 체크할 필요가 있지만, 실적은 과거의 결과물로 미래를 예견하는 자료로서 가장 신뢰를 받는다. 아무리 동기가 좋고 열정이 있어도 부족하면 결과물이 나오지 않고 중간에 포기하기도 하여 프로젝트를 맡기기에는 완성도나 성취도가 떨어진다고 예상한다. 그래서 미국의 모든 회사나 학교에서는 사람을 뽑을 때 그 기록을 본다. 비록 몇 개월이나 몇 년간 노력해서 어떤 상을 받고도 결과물에는 단 한 줄로 표현되지만, 어떤 사람이 상을 받았다는 것과 그런 종류의 상이 꾸준히 지속되고 있다는 것은 많은 것을 이야기해준다.

필자가 아는 한국인 영화과 유학생 출신이 미국 유수 대학의 영화과 교수로 전격 발탁되었다. 나중에 그 과 교수와 이야기를 나누던 중에 어떤 이유로 한국 교수가 선정되었는지 물어보니 간단하게 "성과기록이 아주 좋다."고 대답했다. 나중에 그가 제출한 이력서를 보니 한국에서 중고등학교를 다닐 때부터 각종 영화 페스티벌에 꾸준히 출품해서 입상했다. 그리고 한국에서 방송국에 다녔을 때도 꾸준히 작품생활을 해 비록 큰 상은 아니지만 입상도 하고, 미국으로 유학 와서는 다른 학생들과 달리 유럽을 포함한 전 세계 영화제에 출품해서 입상하는 등 영화에 대한 열정과 성취도가 그대로 그의 성과기록에 스며들어 있는 것을 볼 수 있었다. 그는 덧붙여 "바로 우리 대학은 이런 사람을 교수로 모시고 싶었습니다."라고 말하는 것이었다. 그다음부터 필자는 모금가를 꿈꾸는 모든 사람에게 꾸준히 실적을 내고 그 실적을 기록하고 정리하여 보여줄 수 있어야 한다고 조언한다.

개인뿐만 아니라 단체도 마찬가지이다. 단체를 평가할 때 성과기록이 없는 단체에는 투자하고 싶어 하지 않는다. 기존 기부자의 만족도, 이루어놓은 프로젝트의 성과물, 수혜자들의 만족도, 윤리 평가기관의 평가치 등을 일목요연하게 보여주어야 할 의무가 반드시 있다.

요청 경험의 평가

스카이다이빙을 하는 사람이나 프로 권투선수들은 전적이 앞으로 그의 성과를 추측하게 한다. 그래서 기업은 이력서에서 경험을 중시하는 것이고, 입학사정관들도 학생의 봉사나 요청 전적을 살펴보는 것이다. 그래서 전문 요청가는 자신의 요청에 대한 전적을 파일로 만들어 경력 관리를 한다. 기금요청가들을 고용할 때 요청을 몇 번 시도했으며 결과가 어떠했는지에 대한 측정이 엄격하다. 요청 결과를 평가 혹은 측정할 수 없으면 관리는 불가능해진다. 예를 들어, 총 모금액 이외에 모금을 잘하는지 못하는지 평가하는 방법 중 하나는 밖에서 만난 사람들에게 몇 번 제안했고 그 제안 중에서 몇 퍼센트가 실행에 옮겨져 기부에 도달하였는지를 나타내는 성공률을 평가지표 중의 하나로 삼는 것이다.

모금에도 경영의 기본인 성과지표KPI: Key Performance Indicator가 필요한데, 직책 혹은 하는 일에 따라 다르겠지만 모금과 관련이 있다면 일단 그들을 평가하는 데 모금의 총 금액이라는 기준 외에도 기부자들의 다음 단계 행동이 무엇인가를 포함하면 좋을 것이다. 즉, 메일을 보낸다든지 만나서 대화한다든지 하는 소극적 행동모금가들은 이를 'background move'라고 함과 기금을 직접 요청하는 적극적 행동 foreground move이 있는데, 이런 행동을 잠정기부자당 몇 번이나 했는지 혹은 전체 담당하고 있는 기부자들에게 몇 번 했는가를 실적으로 따지기도 한다. 예를 들어, 100명의 잠정기부자가 있는데 각 기부자에 대한 행동 횟수가 평균 5회라고 하면, 100×5=500번이 그 사람의 요청 실적이 된다. 자신이 요청을 잘하고 있는지는 결과에 대한 평가 혹은 측정을 어떻게 하느냐에 달렸다고 본다.

어떤 사람의 요청 결과가 좋다는 것은 여러 가지 의미가 있다. 알 수 없는 수많은 요소가 있을 것이고 일일이 각 항목을 다 조사할 수는 없다. 그래서 그것을 종합하는 결과와 실적을 중요시한다. 좋은 요청 경험은 담대성을 낳고 상황 판단을 잘하게 되며 사후 점검이 무엇보다 중요하다는 것을 경험으로 알게 될 것이고, 그것이 더 좋은 결과를 가져다주고 더욱 적극적으로 요청하게 한다. 그래서 AQ 테스트는 자신이 지금까지 한 요청 경험에 대한 스스로의 평가와 남이 하는 평가의 의식 정도를 체크하는 것이다. 자신 있는 사람은 요청하는 느낌부터 다르다. 누구나 자신의 요청 결과물에 만족하는 사람과 같이 있고 싶어 한다.

외모나 배경이 요청 성공률에 미치는 영향

외모가 요청의 성공률에 영향을 미친다는 연구가 공식적으로나 비공식적으로 많이 나오고 있다. 얼마 전 어느 TV 프로그램에서 실험을 했는데, 미모의 여성이 고속도로에 차를 세워놓고 도움을 요청하자 평범한 외모를 가진 여성이 요청한 것보다 더 많은 차가 정지해 도움을 주더라는 것이다. 사실 일반적으로 요청을 기반으로 하는 서비스나 세일즈 영업을 하는 직업군을 살펴보면 외모를 중시하는 것은 이미 관례가 되었다. 미국 모금계에서도 여성이 70퍼센트가 넘고 '용모 단정'이라는 모호한 기준으로 고용하지만, 외모라는 것은 사람마다 정의가 다르고 외모 조건은 객관적으로 측정하기 어렵기에 AQ 테스트에는 전체적인 개인 요청 성공률에 포함했다. 문제는 요청자가 자신의 외모를 지나치게 맹신하여 자신감을 갖고 요청에 적극적이거나 아니면 열등감을 갖고 요청에 소극적일 때이다. 아마도 대부분 그 중간 어디쯤일 것이다.

아무리 용모가 뛰어나도 AQ 지수가 낮거나 요청하지 못하면 성공률은 떨어진다. 같은 조건이라면 용모가 도움이 될지언정 핵심 성공 요인CSF: Critical Success Factors은 되지 못한다. 그리고 용모가 요청의 반응에 단지 순간적으로 도움은 될지언정 장기간에는 그리 도움이 되지 않는다. 외모 때문에 적극적이든 소극적이든 결과에 영향을 준다면 외모와 배경 외에 여러 가지 조건이 합쳐져 결과적으로 요청 성공률이 성과기록 상에 나타날 것으로 보인다.

요청을 안 하는 것도 요청의 일부분이다. 아마도 그것이 최선일 경우가 있다.

– 비케이 안

chapter 05

요청에 AQ를 어떻게 적용할 것인가?

01. AQ가 필요한 이유는 무엇인가?

눈을 감고 자신을 돌아보자. 과연 나는 요청에 관해서 어떤 사람인가? 나의 부모는 요청에 관해서 어떤 분들이었나? 지금의 나와 '먹고 사는' 것, 요청이 어떤 관계가 있는지를 곰곰이 생각해보면 대부분 자신의 요청 능력에 만족하지 못한다. 인생에서 후회되는 항목 중 우선순위로는 '그 당시에 이렇게 적극적으로 요청하고 제대로 했어야 했는데……'가 반드시 있다. 요청은 숨을 쉬는 것과 마찬가지이다. 어떤 사람은 지병이 있어 숨쉬기가 불편한데도 습관이 잘못 들어 힘들다는 말 한마디도 못한다. 요청 방법을 조금만 바꾸면 인생이 달라진다.

요청의 현재 능력과 잠재력을 평가할 수 있는 지수가 바로 AQAsking Intelligence Quotient이다. 이 지수는 노력과 훈련을 통해 향상시키거나 발전시킬 수 있다.

필자가 그동안 한국에서의 경험을 토대로 보면 요청해야 하는 한국 모금기관의 가장 큰 문제는 AQ 지수가 높은 사람들이 거의 없다는 것이다. AQ 지수가 높은 사람들은 다른 곳에서 일하고 있고 모금기관으로 옮기려 하지 않는다. 모금 선진국에서는 AQ가 높은 영리단체의 리더들이 비영리단체로 유입되고, 비영리단체의 높은 AQ 보유자가 영리단체나 정치계로 스카우트되는 등 순환이 원활하나 한국은 그렇지 못하다. 그래서 한국의 기부문화 발전이 더딘 것이다. 정치 리더 중 AQ가 높은 사람이 많이 있어야 일이 빨리 진행된다. 국가에 재난이 발생했을 때의 도움 요청부터 경제 발전의 해외투자 유치 등 국가의 장래가 리더의 요청 능력에 달려 있다. 그 단체의 요청문화와 능력은 대부분 단체 리더의 개인적 요청 성향과 능력을 벗어나지 못한다. 부모의 요청 능력이 집안의 가세를 좌우한다. 주변에 생활고를 겪는 사람들을 보면 대체로 AQ 지수가 낮다. 그대로 자녀에게 생활고와 AQ 지수가 대물림되어 그 자녀도 힘들게 된다. 그래서 AQ가 높은 부모들은 자신의 성공 비밀을 알기에 자녀가 높은 AQ 지수를 요구하는 명문대학에 입학할 수 있도록 교육하는 것이다.

미국 대학의 입학사정관 제도라는 것은 한마디로 AQ 지수가 높은 학생이나 약간의 교육을 통해 지수를 높일 수 있는 잠재 능력이 있는 학생을 뽑는 것이다. 그중에서도 봉사활동을 하고 모임에 가입도 하고 기부도 할 줄 아는 학생 중에서 요청을 통해 이 3가지를 조율하고 이끄는 능력 있는 사람을 선호한다. 그것이 현대의 리더십이고, 결국 학교를 빛내고 사회를 이끈다는 커다란 전략 아래 움직인다.

사람은 연구자thinker와 실천가doer라는 부류가 있다. 최소한 자신이 연구자라면 실천가 중에 AQ가 높은 친구를 옆에 두거나 팀원으로 두어야 그 프로젝트는 성공한다. 자신의 주변에 누가 AQ가 높은 사람인가를 아는 것이 우선이고, 그와 친구가 되는 것이 성공의 비결이다.

현대는 구리를 넣으면 황금이 만들어지는 기계를 발명했다고 해도 떼돈을 버는 세상이 아니다. 하지만 이미 자신이 은을 넣으면 황금이 만들어지는 기계를 판매하고 있다면 그나마 성공 확률이 높다. 이미 요청의 인력적 능력과 경험, 판로 시스템을 갖추고 있기에 새로운 기계를 만들어도 쉽게 팔 수 있다. 새로운 기계를 팔려면 '마케팅'이나 '세일즈'라는 높은 AQ 지수를 가진 사람들의 도움이 필요하다. 하지만 기발한 아이디어 상품 개발자가 AQ가 낮아 빛을 보지 못하는 것을 우리 주위에서 수없이 많이 본다.

얼마 전 신문을 보니 G20 지도부에서 한국정부에 리더십을 가지라고 강력하게 권고했다는 기사가 나왔다. 보통 "리더십을 가지라"고 하는 것이 개인의 입장에서 과연 무슨 의미인가 한번 생각할 필요가 있다. 리더십에는 여러 가지가 있겠지만 가장 중요한 것 중의 하나가 기금을 마련할 때 다른 멤버에게 요청하는 역할이다. 기금 마련을 위해 리더가 할 일은 자신이 솔선하여 가장 많은 기부를 하고 다른 멤버들에게 기금을 요청하여 모으는 능력을 말한다. 대학이면 총장이 그 역할을 해야 하고 국가로 말하면 대통령이 할 일이다. G20에서 말하는 리더십이란 한마디로 한국에서 기금을 책임지고 대든가 다른 나라들을 독려해 기금을 모으라는 뜻이다. 이젠 대학 총장도, 한 나라의 수장도 AQ가 높은 사람이 진정한 리더가 되어야 하는 시대가 온 것이다.

02. AQ와 기대의 차이

AQ가 높은 사람이 하는 요청은 대부분 요청받는 사람이 기쁘게 받아들일 수 있는 경우가 많고, AQ가 낮은 사람의 요청은 어색하거나 어렵게 요청했지만 받아주기가 황당무계한 것도 많다. 요청받은 사람의 입장에서 보면 요청자가 어떻게 내가 그 일을 할 수 있으리라고 생각했을까 혹은 내가 그런 능력이 있으리라고 생각할 수 있었는지에 대해 도저히 감이 오지 않는 경우도 많다. 이는 남에 대한 사전조사나 요청받는 사람이 어떻게 생각할까 하는 공감적인 생각 없이 요청하는 경우이다. 내가 어떤 요청을 했을 때 상대방이 어떻게 생각하리라는 것과 그가 실제로 어떻게 생각하는가의 차이가 어느 정도인지가 관건인데, AQ가 높은 사람의 요청은 그 차이가 작고 AQ가 낮은 사람의 요청은 그 차이가 크다.

그 차이를 아는 것은 마치 자신이 생각하기에 상대방이 나를 어떻게 생각하는지 추측하는 수준과 실제로 상대방이 자신에 대해 생각하는 정도의 차이를 아는 것과 비슷한 경우이다. 한국에서나 미국에서나 요청 비결은 요청의 방법Know-how을 아는 것이 중요한 것이 아니라 사람know-who이라고 한다. 언젠가 어떤 분에게 요청한 적이 있다. 그분은 친절하게도 그 요청은 자신은 할 수 없고 다른 사람을 소개하겠다면서 자신이 부탁하면 들어줄 것이라고 호언장담했다. 그래서 소개받은 분에게 전화하니 그분의 대답이 뜻밖이었다. 소개해준 사람의 이름도 간신히 기억했고 그리 친한 관계도 아니었다. 더구나 그리 좋은 관계로 생각하는 사이가 아니었다. 하나의 해프닝으로 끝났지만, '내가 누군가를 아는 것'이 중요한 것이 아니라 '다른 사람이 나를 아는 것'이 중요하다는 사실을 잠시 잊은 것이다. AQ가 높은 사람은 내가 그 사람을 아는 정도보다 그 사람이 나를 어느 정도 아는지를 늘 관심 있게 모니터링하는 사람이다. 그래서 그 차이를 좁히려고 자기 나름대로 노하우도 가진 사람이다. AQ가 낮은 사람은 감을 잡을 수 없기에 요청에 실패하고 거기에 실망해서 요청의 성공 확률이 낮다.

03. 요청의 4가지 깊이 평가

한국에는 비영리단체가 수만 개나 있지만 각 기부자가 보는 품격과 요청에 대응하는 깊이가 다르다. 요청의 품격은 다음 4가지로 측정해볼 수 있다. 물론 주관적인 측정일 수 있지만, 최대한 객관적인 관점에서 살펴보고자 한다. 필자는 비영리단체의 역량 강화를 위해 컨설팅할 때 우선 큰 틀에서 4가지 분야에 중점을 두어 깊이를 측정해본다. 그리고 이것을 요청의 깊이와 관련지어 생각해본다. 이 네 분야는 모든 사람이 다 하는 것이기에 기존 조직 내에서 먼저 인력적 역량과 존재 여부를 체크하기도 한다. 이 4가지를 모두 갖춘 단체는 많지 않다. 단체의 깊이에 따라 나오는 요청의 질이 다르고, 한마디로 요청을 보면 그 단체의 품격을 알 수 있듯이 개인도 마찬가지이다. 어떤 단체는 한두 가지가 깊이가 있고, 어떤 단체는 모든 부문이 매우 취약하다. 만약 부족하면 재능 있는 자원봉사자를 영입하거나 외부 전문인을 고용해야 그나마 비영리단체는 살아남는다.

철학적·인문학적·종교적 깊이

우신 이 분야의 조직 내에 '연구자'들이 있는지 파악하다. 이것은 설립자에게 단지 열정만이 아니라 깊이 있는 철학적 배경으로 만들어진 미션이 있는지, 그리고 시간이 지나감에 따라 환경에 맞게 업데이트할 수 있는 능력이 있는지를 보는 것이다. 깊이는 논리의 오류를 막고, 행동의 외부 도전에 방어할 수 있는 굳건한 기초를 만들어 낸다. 그것을 그때그때 글로 표현할 수 있고 공감대를 형성할 수 있는가가 문제이다. 이는 단체의 품격을 결정하고 오래 지속할 수 있는 가장 중요한 점이다. 많은 한국 단체의 리더들이 이 점을 문의하며 고충을 털어놓는다. 요즘 기부자는 점점 똑똑해지고 현명하게 움직인다. 조직 내에 그런 인력이 없으면 외부 전문가의 말에 귀를 기울일 수 있는 덕목이 필요하다. 우선 리더의 경청이 필요하고, 자신들의 신념의 깊이를 더해줄 수 있는 사람을 영입해서 필요하다면 리더십을 공유할 수 있는 아량이 필요하며, 배움에 대한 겸허한 태도가 단체의 미래를 결정짓기도 한다.

경제적·경영적 깊이

전체 기관의 경영 합리성, 설립자의 금전관, 경영 철학, 설립 전에 가졌던 경영적 사고방식이 그대로 유지되고 있는지, 모금에 선투자가나 외부 전문인을 고용하는 문화, 직원에게 권위를 일임한다는 기본 콘셉트를 이해하고 있는지, 단기적인 이익만을 위해서 단체를 운영하는지, 경제경영 전문인이 단체 내에 스태프로 있거나 이사들이 적극 참여해서 돕고 있는지, 이들에게 내부와 외부 경제의 흐름을 파악할 수 있는 전략적 상황을 파악할 능력과 경제적으로 시나리오 플래닝scenario planning을 실행할 능력이 있는지 등을 본다.

디자인적 사고의 깊이

현대 비영리단체의 미적 감각에서 볼 때 외향적이거나 내부적으로 기부자들이 보는 관점에서의 조직 구조 디자인, 웹 디자인, 소통

메커니즘 디자인이 매우 중요한 시대에 와 있다. 요즘은 너무 투박하거나 디자인적으로 효율이 떨어지면 기부자가 등을 돌린다. 품격 있는 단체에 투자하고 싶고, 그것이 자신의 품위를 결정짓는다고 생각하기 때문이다. 단체의 브랜드 네임이 바로 디자인으로 결정나기도 한다. 한국 비영리단체의 가장 취약한 분야로, 이 때문에 고액 기부나 VIP 기부자의 관심을 끌지 못하고 있다.

기술적 세밀함의 깊이

아무리 위의 3가지가 우수해도 '실천가'들이 실행해야 할 기술적 인력이 미흡하면 소용없다. 한국은 바로 이 점이 외국에 비해 취약하며, 영리 회사에서의 경험이 많은 기술 스태프들이 동등한 대우를 받고 비영리단체에 들어와야 하는데 영 시원치 않다. 큰 틀에서는 어느 정도 잡혀 있는데 안을 들여다보면 빈집이 너무 많다. 또한 리더는 실행의 완성도를 높이기 위해 세밀함이 필요하다는 것을 알아야 한다. 단체의 컴퓨터 프로그램, 지침, 절차 등 시스템적인 세밀한 기술이 비영리단체에 도입되었는지 그 깊이를 측정한다.

위의 네 분야로 나누어 각기 매트릭스를 정한 다음 장단점을 파악하고 측정하여 정확히 진단한 뒤에 해결점을 찾아내는 것이 품격 있는 요청의 첫걸음이다.

04. 현대의 새로운 리더십의 패러다임

옛날에는 주로 군대에서 리더십이 많이 나왔다. 생사를 오간 경험이 리더십을 발휘한 시대가 있었다. 또한 얼마 전까지만 해도 시민운동가에게서 리더십이 나오기도 했다. 불편함을 감수하는 용기는 리더로서 중요한 덕목이 되었다. 하지만 지금은 새로운 패러다임의 리더십이 도래했다. 약자의 요청을 경청할 줄 알고 강자에게 다시 요청할 수 없으면 진정한 리더십을 발휘할 수 없게 된다. 리더십은 사실 타고나기도 하지만 훈련을 통해 길러지거나 키워진다. 착한 요청을 하는 모금가가 가진 자와 갖지 못한 자 사이의 매치메이커match maker 역할을 충분히 했다면 모금 능력은 현대가 필요로 하는 리더십의 한 측정 지수가 될 수 있다. 요즘의 리더 자리란 위치가 아니라 기능이 되었다. 리더는 특권을 가진 자리가 아니라 구성원의 이익을 대변하고 서로의 요청을 전달하는 전달자 역할을 하는 기능적 자리이다.

약자의 요청을 듣는 방법은 훈련되어 있지 않으면 사실 힘들다. 남의 입장을 생각할 줄 아는 능력, 자신의 욕망을 제어할 줄 아는 능력, 머릿속에 정리해서 입력하는 능력 등, 즉 경청 지수LQ, Listening Quotient가 높아야 그들의 말을 깊이 있게 들을 수 있다. 또 하나 중요한 요소는, 옛날에는 리더가 되면 힘이나 권위로 약자의 필요를 그저 강자에게 명령하면 됐지만 지금은 명령이 오히려 반발을 불러일으키므로 간곡히 요청해야 하는 시대가 되었다. 즉, 착한 요청 지수AQ, Asking Quotient가 높아야 한다. 가진 자와 소통할 수 있고 필요하다면 머리 숙여 요청하는 겸손함과 낮은 자세로 그들의 필요함과 동기를 정확히 아는 능력이 필수이다. 단순히 리더가 갖고 있는 재물이나 능력을 도구 삼아 일회성으로 문제를 해결했다고 끝나는 것이 아니다. 내부에 요청 시스템을 만들고 외부에서 필요한 것을 요청하는 프로세스를 구축하는 리더가 진정한 리더이다. 그래서 다음과 같이 함축해서 설명할 수 있다.

새로운 리더십 = 경청지수(LQ) + 요청지수(AQ)

리더와 추종자의 차이는 요청을 어떤 시각으로 보는가에 달렸다. 끈질기게 요청하는 사람을 부정적으로만 보는 사람과 긍정적으로 보는 사람의 시각 차이이다. 왜냐하면 자신도 언젠가는 리더 자리에서 강자에게 끈질기게 요청해야 할지도 모르기 때문이다. 단지 '끈질기게'를 '열정과 성실'로 보는지, '집요함과 무례함'으로 보는지가 구분 조건이 된다.

리더는 자신의 요청 능력을 정확히 알고 있어야 한다. 요청은 본능적으로 누구나 싫어한다. 자신이 싫어하는 사람에게도 요청할 수 있어야 하는데, 과연 할 수 있는지 경험이 충분히 있어야 한다. 리더의 위치는 때에 따라 자신의 가치 기준을 넘어서야 한다. 난제나 조직이 같은 가치를 대변한다면 그 가치를 존중하여, 요청을 위해 자신을 희생하는 것이 진정한 리더십이다.

비록 요청이 받아들여졌다 하더라도 숨어 있는 의도는 아주 생명력이 길며 어려울 때 다시 튀어나온다.

– 비케이 안

chapter 06

모금 전문가가 들려주는 요청의 법칙

01. 프로젝트의 실패 법칙

한번은 비영리단체에서 어떤 모금 프로젝트를 진행했는데 결국 실패로 끝났다. 대부분 실패 원인이 계획 자체의 오류에 있을 수 있기에 필자에게 자문의뢰가 와서 처음 계획을 점검해볼 기회가 있었다. 그런데 매우 중요한 요소를 빼먹은 것을 발견했다. 그 프로젝트는 예를 들어 다음과 같았다.

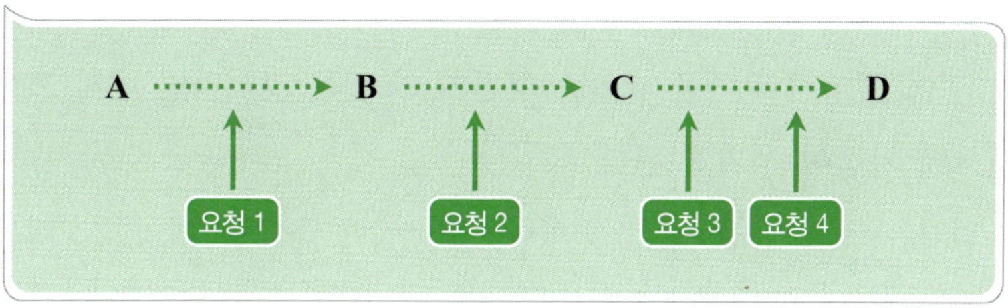

이 프로젝트는 A, B, C, D 순으로 진행되어야 하고, B는 A가 해결된 뒤에 해야 하고, C는 B가 해결된 뒤에 해야 한다. 하지만 그렇게 되기 위해 최소한 누군가가 요청해야 하고 요청을 받아들이는 것도 쉬운 과정이 아니었다. 하지만 처음 기안자는 그러한 요청 프로세스를 생각하지 못했다. 그냥 어떻게 되겠지 하고 안일하게 생각한 것이다. 첫째 요청은 정부의 허락을 받아야 하고 요청하기 위한 자격을 먼저 갖추어야 한다는 것을 조사 과정에서 빼먹은 것이다. 각 요청이 성공할 확률은 80퍼센트라 하더라도 4회의 요청으로 보면 0.8×0.8×0.8×0.8 = 0.41, 즉 40퍼센트의 요청이 받아들여질 확률이다. 본래 그 프로젝트는 처음 기안자의 예견과는 달리

80퍼센트의 성공률이 아니라 40퍼센트의 확률에서 시작한 것이다. 이같이 요청 과정을 간과해서 실패한 경우가 많이 있다.

어떤 요청은 시간과 전문성이 요구된다. 미리 준비하지 못하면 그 상황에서 서로 미루게 되고 우왕좌왕하게 되기도 한다. 혹은 누군가 하겠지 하면서 서로 눈치만 본다. 필자가 모금가로서 가장 많이 실패한 경험으로는 누군가가 요청해주겠지 하는 낙관론 때문이고, 프로세스를 진행하면서 생각하지 못한 요청을 해야 하는 경우이다. 가령 요청의 종류가 A에서 B로 가기 위해 다른 부서에 부탁하면 될 것이라고 막연하게 생각하지만 사실 그 부서는 다른 더 급한 일이 있어서 요청을 받아줄 형편이 안 되는 것이라면 전체 프로젝트에 차질이 생기게 된다.

필자는 성격이 좀 급한 편이다. 누구에게 초대를 받아 갈 때는 택시를 타고 갔지만 돌아올 때를 생각하지 못했다. 같이 타고 올 사람을 미리 생각해두지 않아 아주 난처한 때가 있었다. 이야기하다 보니 다들 떠나고 맨 나중에 필자 혼자만 남은 것이다. 가자마자 차를 같이 타고 올 사람에게 요청하지 못한 것이다. 결국 집주인에게 본의 아니게 큰 요청을 하는 실례를 범하고 말았다. 이처럼 작은 요청을 간과하면 큰 요청을 해야 한다. 그리고 요청 과정과 받아들여질 확률도 미리 생각해야 한다. 하지만 실제 상황은 늘 계획처럼 되지 않는다. 상황판단을 빨리해서 상황에 맞는 요청 계획과 요청을 수정하는 임기응변이 필요하다. 만약 요청이라는 프로세스가 전체 프로젝트의 일부라면 우선 요청의 법칙을 이해해야만 전략적 구상이 떠오른다.

02. 요청의 눈높이 법칙

모든 요청 조건이 맞아도 요청자와 요청을 들어주는 자의 눈높이가 서로 비슷해야 원하는 요청만큼 할 수 있다. 요청 금액은 요청자의 눈높이에 따라 올라가기도 하고 내려가기도 한다. 단체의 인턴사원이 요청하는 것과 대표가 직접 요청하는 것은 다르다. 필자의 현장 경험을 다음과 같이 그림과 수식으로 표현해 보았다.

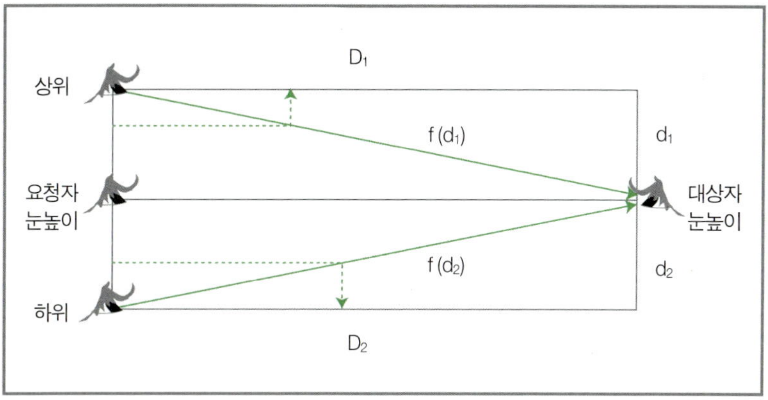

실제 요청 가능한 요청 금액(PAA, possible asking amount) = $(0.5 \times f(d_1)) / f(d_2) \times$ 본래 원하는 요청 금액(WAA, wanted asking amount)

※ $f(d_1)$: 상위 요청자의 눈높이 차이의 함수
$f(d_2)$: 하위 요청자의 눈높이 차이의 함수

D = WAA − PAA, D_1: 상위 요청자의 요청 금액과 원하는 금액과의 차이, D_2: 하위 요청자의 요청 금액과 원하는 금액과의 차이

PAA는 요청자의 지위가 올라가는 것에 비례하고, 내려가는 것에 2배 정도 반비례한다.

우선 자신이 요청자이면 자신의 눈높이를 정확히 알아야 하고, 그런 다음 요청 대상자의 눈높이를 정확히 알아야 한다. 눈높이는 사회경제적 지위인 SESsocial economic status, 나이, 욕구의 5단계 등 각 문화별로 차이가 있을 수 있다. 더욱 중요한 것은 요청 대상자가 요청자의 눈높이를 어떻게 보는가이다. 물론 요청자 자신이 스스로 평가하는 자신의 눈높이와 상대가 생각하는 눈높이에 차이가 없다면 다행이지만, 한국의 요청자들은 자신의 눈높이를 과대 추측한다는 데 문제가 있다. 대부분 요청 금액보다 적은 이유는 자신의 눈높이를 잘못 계산하는 경우이다. 물론 자신의 눈높이를 객관적으로 말해줄 수 있는 사람이 필요하고단체라면 주로 관계매니저가 그 역할을 함, 요청자와 대상자가 차이가 없어야 이상적이다. 현실적으로 모금가는 대부분 대상자보다 낮기에 다른 요청자를 찾게 된다.

03. 요청의 기본법칙 3가지

지금까지 요청을 삶의 지혜로 서술한 여러 책이나 요청의 대가들이 말하는 요청은 3가지 법칙 안에서 통용되고 있다. 첫째는 끌어당김의 법칙law of attraction, 즉 좋은 생각이나 적극적인 태도로 긍정적인 파장을 만들어 내보내면 돌아오는 결과도 보낸 파장과 맞물려 좋게 온다는 것이다. 둘째는 확률의 법칙law of probability, 즉 요청하는 횟수가 많으면 많을수록 확률적으로 들어줄 확률이 높아진다는 통계적 기본법칙이다. 시도를 늘리면 그만큼 결과도 많아진다는 것이다. 그리고 셋째는 상황의 법칙law of situation, 즉 직접 만나서 필요의 초기에 그가 특별한 사람이기에 요청한다는 느낌이 들게 해야 요청이 효과적이라는 기본법칙이다. 이들 법칙은 인문학적·물리학적·수학적인 이론을 바탕으로 이루어졌으며, 모든 요청 상황은 이 3가지 혼합형으로 설명할 수 있다고 본다.

실생활이나 업무와 관련된 요청을 잘하는 사람들을 자세히 살펴보면 위의 3가지 법칙을 잘 준수하면서 적절히 사용하는 사람들이다. 종교인들은 특히 끌어당김의 법칙을 적용하는 태도가 강하다. 2006년에 베스트셀러였던 론다 번Rhonda Byrne의 『시크릿Secret』을 시작으로 여러 작가가 비슷한 장르로 말하고 있으나, 지나치게 상업적이거나 현실과 거리가 멀다는 비판도 만만치 않다. 잘못해서 회개하는 마음으로 용서를 요청하는 것도 종교적인 교리로 요청하면 신이 들어준다는 믿음이 있기에 가능하다. 현대에 와서는 긍정적인 마음이 병을 고친다거나 명상의 힘 등이 이와 비슷하다. 마케팅이나 세일즈에 종사하는 사람들이 가장 신봉하는 기본법칙은 확률의 법칙으로서, 거절에 굴복하지 말고 그룹들이 모여 끊임없이 서로 독려하며 가만히 앉아 손님을 기다릴 것이 아니라 최대한 많이 요청하면 그만큼 확률적으로 성공할 수 있다는 원리로 훈련하고 실행에 옮기고 있다. 모금계에서는 상황의 법칙이 가장 기본인데, 모금 캠페인을 할 때 VIP들을 상대로 거액을 모금하려면 반드시 그들을 계획에 참여시키고, 다른 제삼자를 대신해서 요청하는 것이 아니라 직접 얼굴을 맞대어 요청해야 한다는 것이다. 요청을 잘하는 사람은 누구에게 훈련을 받았다기보다 자신도 모르게 법칙을 터득한 경우가 많다.

하지만 위의 3가지 법칙으로 모든 요청이 해결되는 것은 아니다. 법칙마다 허점이 많고 실제 상황과 맞지 않는 경우도 많다. 실제로 요청은 훨씬 복잡하다. 사례마다 다르기 때문에 상황의 맥락을 보고 어떤 법칙이 적용되는가를 알아야 한다.

상황의 법칙

요청의 가장 기본적인 법칙이다. 예를 들어, 자신이 주관하는 모임에 사람들을 많이 참여시키고 싶다고 가정해보자. 그럼 우선 다음 사항에 유의해야 한다.

① 직접 접촉해야 한다. 정보나 결정 상황을 남에게서 전해 듣는 것보다 직접 전해 들어 요청받는 것이 훨씬 효과가 크다. 사람은 누구나 자신이 상대에게 의미 있기를 원한다. 가장 좋은 방법은 직접 만나서 요청받는 것이다. 만약 제삼자를 통해서 청첩장을 받았다면 기분이 찜찜할 것이다. 미국 대선에서 오바마가 당선된 이유 중의 하나는 오바마의 손을 잡고 직접 한 표를 부탁받은 사람들은 거의 그에게 표를 던졌다는 이야기가 있다. 그래서 가능한 한 많은 사람과 이야기하고 직접 지원을 요청하는 것이 성공의 요인이라고 한다.

② 개인적인 요청이어야 한다. 요즘에는 많은 요청이 e-mail로 이루어지는데, 대부분 개인적인 내용이 아니라 컴퓨터 단체메일이다. 이름만 바꾸어 보내는 성의 없는 스팸성 메일로 하는

요청은 아무리 흥미를 끄는 것이라도 기분이 좋지 않다. 그리고 여럿이 있을 때 하는 공개적인 요청은 개인적인 요청보다 충성도가 훨씬 떨어진다. 사람은 누구나 특별한 존재가 되고 싶어 하는 마음을 이해해야 한다.

③ 요청 결정의 초기 단계에 포함해야 한다. 만약 다른 사람보다 훨씬 늦게 요청받는다면 아무리 중요한 모임이라도 기분이 언짢아진다. 중요한 사안을 결정하는 데도 나중에 포함되거나 사안이 결정된 뒤에 통고받는 입장이라면 그 모임에 대한 참여도나 충성도, 동기부여가 떨어진다. 요청에는 시간이 생명이다. 많은 사람을 상대할 때는 동시에 하거나 다른 사람에게 먼저 요청한 것을 알려서는 안 된다. 특히 VIP들은 자신이 남들과 다른 대우를 받고 있음을 자랑스럽게 생각한다. 만약 VIP가 일반인과 같은 시간에 요청받는 것을 안다면 참여도가 현저하게 저하된다.

④ 요청이 서로에게 이익을 주어야 한다. 한쪽이 일방적으로 이익을 추구하는 요청은 오래 유지하기 어렵다. 모든 상황에서 "나에게 뭔가 이익이 있나요?"에 대한 대답이 포함되는 요청은 효과가 크다. 예를 들어, 그 모임에 맛있는 음식이 제공된다거나 보고 싶은 사람이 많이 참석할 것이라는 등의 기대를 주면 도움이 되고, 나중에 상대방이 주선하는 모임에 자신도 참석하겠다는 상호이익적인 묵계가 있다면 참석할 것이다.

⑤ 요청이 연결된 과정 중 하나의 프로세스여야 한다. 사람들은 일회성으로 끝나는 행사장에 얼굴 내밀기식 협조 요청에는 신

물이 나 있다. 그러나 캠페인의 목적으로 하나하나 작은 의미의 요청이 연결되어 큰 의미를 만들어내는 프로세스적 요청에는 참여하기를 좋아한다.

결국 상대를 배려하고 그를 특별한 사람으로 인정하고 요청하는 것이 중요하다. 땀과 정성이 배어 있을 때 상대는 요청받기를 원한다. 사람들의 관계는 요청을 주고받는 것을 통해 다음 단계로 갈지 그대로 주저앉을지가 정해진다.

끌어당김의 법칙

요청이론 중에서 가장 근본이 되는 법칙을 꼽으라면 바로 끌어당김의 법칙일 것이다. 이는 우리에게는 이미 친숙한 법칙이자 이론이다. 특히 몇 년 전 베스트셀러가 된 『시크릿』에 소개된 이후 더욱 유명해졌다.

끌어당김의 법칙이란 무엇일까? 한마디로 "긍정적이든 부정적이든 나의 삶은 내가 에너지를 쏟고 주의를 기울이는 대상을 자연스럽게 끌어당긴다."는 법칙이다. 즉, 무언가를 진심으로 원하고 그 일의 가능성을 믿으면 그것을 얻게 되고, 원치 않는 무엇인가에 지나친 관심과 에너지를 쏟으면 그것 역시 자신의 것이 될 수 있다는 것이 이 법칙의 핵심이다.

『끌어당김의 법칙Law of Attraction』의 저자 마이클 로지에Michael J. Losier는 이 책에서 세상의 모든 생명체와 물체는 정도의 차이는 있지만 일종의 진동 에너지를 발산한다고 한다. 여기서 진동이란 사람 또는 물체에서 감지되는 기운과 느낌을 말하는데, 주파수, 반향反響 등으로 이해할 수도 있다. 요즘 흔히 사용하는 '기가 느껴진다' 혹은 '내공이 강하다' 등으로 표현되는 말들이 이와 맥락을 같이할 것이다.

이 진동이 사람의 몸 밖으로 나가면 같은 형태로 되돌아온다는 것이다. 강렬한 성취의지나 자신감이라는 메시지를 우리의 말과 태도에 담아 내보내면 긍정적인 결과가 생기고, 슬픔이나 미움, 스트레스나 창피함을 느끼면 이런 부정적인 생각이 부정적인 에너지가 되어 자신에게 되돌아오게 된다.

끌어당김의 법칙은 플라세보 효과일명 '위약 효과' 같은 조장된 영향력이 아니라 오늘날 '긍정'을 주장하는 그룹들의 정신 기조가 되고 있고, 성공한 사람들의 공통점은 끌어당김의 법칙을 개인적으로 체계화했다는 것이다.

요청 분야에서도 끌어당김의 법칙을 폭넓게 적용하고 있다. 만약 모금가가 세상에는 기부할 사람이 없다고 생각하면 진정 기부할 사람을 찾기 어려울 것이고, 아직도 기부할 사람이 많다고 믿으면 실제로 모금이 쉬워질 수 있다. 모금가는 뜻있는 기부자의 진정한 마음을 효과적으로 전달하고 그의 요구를 최대한 만족하게 함으로써 기부를 이끌어내는 역할을 하는 사람이다. 그런데 모금가가 제아무리 각종 모금의 이론과 기법, 설득력으로 무장했더라도 모금세계를 긍정적으로 바라보지 않고 요청한다면 모금 결과는 불 보듯 뻔하다.

실제로 모금가의 세계에서는 이와 같은 정신적인 힘이 보이지 않는 외부세계의 물리적인 영역에까지 영향을 미치는 구체적인 사례를 흔히 볼 수 있다.

확률의 법칙

세상에는 인생의 성공에 필요한 많은 기본법칙이 존재한다. 예를 들면 끌어당김의 법칙, 상호 보상의 법칙law of reciprocity, 초점의 법칙law of focus 등이 있다. 현재 자기계발 원리라는 것도 사실 알고 보면 이런 기본법칙 아래 약간 변형된 형태로 작가의 경험을 더해 많은 성공 전략 및 자기계발서 형태로 나오고 있다. 그중 요청에 가장 적합한 법칙은 아무래도 확률의 법칙이다. 이 법칙은 중요한 법칙이지만 불행히도 지금까지 가장 주목받지 못했다. 과거의 과학자들은 우리가 사는 이 세상이 똑 떨어지는 규칙 안에 있다고 믿어왔지만, 지난 100년의 과학적 노력이 새로운 물리학을 탄생케 하고 그런 규칙은 우리의 상상 속에만 있는 것으로 증명되었다. 특히 현대 물리학에서 양자역학Quantum Mechanics의 골자는 이 세상이 정확히 공식에 의한다기보다 무작위적인 운동 아래 확률에 의해서 움직이고 있다고 한다. 이러한 우주의 원리는 예외 없이 확률의 법칙과 우리의 행동이 합쳐서 나온 결과에 따라 움직인다는 것이다. 확률의 법칙이란 우리가 행동으로 옮기면 옮길수록 성공할 확률을 높일 수 있다는 뜻이다. 실제적인 예를 들자면, 어떤 상황에서 어떤 결과를 얻게 될지 모른다. 어떤 날은 잘되고 어떤 날은 잘 안 된다. 사실 우리 모두 결과를 예측하기 어렵다. 하지만 성공 전략을 포기하기 전에 확률의 법칙을 이해하고 성공하기 위해 적절한 행동을 계속 진행한다면 결국 우주의 법칙 안에서 성공을 이룰 것이라는 것이다.

마찬가지로 어떤 요청은 받아들여지고 어떤 요청은 같은 조건이라도 안 되기도 한다. 만약 요청이 성공의 중요한 요소라는 데 동의한다면 어떤 특정한 사람의 경험만을 믿고 결정하기보다 지속해서 요청 횟수를 늘리면 성공할 수 있는 확률이 높아진다는 것이다.

04. 요청의 6 Right 법칙

- Right person: 누가 요청할 것인가?
- Right person to ask: 누구에게 요청할 것인가?
- Right time: 언제 할 것인가?
- Right amount: 무엇을 얼마나 요청할 것인가?
- Right way: 어떤 방법으로 할 것인가?
- Right reason: 무슨 근거나 이유로 요청할 것인가?

요청이란 위의 6가지 사항이 서로 공존할 때 최고의 효과를 발휘할 수 있다. 하지만 이 모든 사항이 완벽하게 맞아떨어지는 것은 거의 이상적인 사례에 가까운 일이기에 준비된 자세로 무장하여 최고의 기회를 알아볼 수 있는 안목을 갖추고, 기회를 포착하여 실행에 옮기는 능력을 갖추도록 훈련해야 한다.

본격적인 요청을 시작한다면 잠정기부자를 만났을 때 정확하고 확실한 후원 금액의 제시, 요청한 후원 금액에 대한 정확한 요청 이유와 사용 내역, 즉각적인 후원 요청과 동의 얻어내기가 반드시 이루어져야 한다.

위에 제시한 3가지 사항들은 모금 활동에서 요청의 정의이자 요청이 수행해야 할 역할이다. 만약 "금액은 적당히 알아서 주십시오.", "좋은 일에 쓰기 위해 모금을 요청하는 것입니다." 혹은 "지금이 아니더라도 나중에 생각해보시고 가능할 때 모금을 해주시기 바랍니다."라는 식의 모호하고 긴급성이 없는 요청이 진행 중이라면 그것은 단지 요청 전단계일 뿐이다.

요청은 성공적인 모금 전문가가 반드시 갖춰야 할 덕목으로, 요청할 프로젝트에 관한 사전 지식과 사전 작업이 없다면 모금 목표를 성취하는 것은 거의 불가능하다. 요청이란 사람과 사람 사이에서 발생하는 인간 중심의 행위이기에 단순한 이론적 기술과 지식 이상으로 사람의 심리를 이해하고 파악할 수 있는 감각을 요구하기도 한다.

필자가 가장 많이 받는 질문 중 하나가 잠정기부자들에게 요청할 수 있는 정확한 시점을 어떻게 알 수 있느냐이다. 물론 상황에 따라 또한 잠정기부자가 어떤 사람이냐에 따라 답은 수시로 달라질 수 있지만 잠정기부자들이 여러분의 단체를 '당신의 단체'에서 '우리 단체'로 부르기 시작했을 때, 리더십과 책임감으로 모금 캠페인에 참여한다고 수락했을 때, 대화 중 여러 번 암시적으로 기부할 의사를 내비쳤을 때 요청받을 준비가 되어 있다는 뜻으로 해석할 수 있다.

하지만 반드시 알아야 할 것이 있다. 요청 작업이란 단체가 잠정기부자에게 갑작스레 후원을 요구하는 일방적인 작업이 아닌 서로에게 마음의 준비가 있어야 실행할 수 있다는 것이다. 만약 전혀 예상치 못한 상태에서 긴급성으로만 치장된 요청을 받았다면 잠정기부자는 당혹스러움을 느낄 것이며 여러분의 단체에 대한 긍정적인 이미지 역시 가질 수 없게 될 것이다.

요청할 대상자가 가장 적합한 사람Right person인가?

요청하기 전에 가장 먼저 고려해봐야 할 것은 내가 요청할 내용에 적합한 사람인지를 알아보는 것이다. 나와의 관계, 요청을 들어줄 수 있는 상대방의 능력, 마지막 결정권자인지, 요청을 보는 상대방의 입장 등을 볼 때 가장 적합한 사람인지를 먼저 고려해야 한다. 적합한 사람의 의미는 요청이 무엇인가에 따라 다를 수 있다. 모금의 경우는 가장 많이 기부할 사람에게 개인적으로 돈을 빌리려고 한다면 가장 쉬운 사람에게 먼저 시도하는 것이 현명하다. 많은 사람이 요청에 실패하는 이유 중의 하나가 바로 사람을 잘못 선택하는 것이다. 가장 큰 오해가 '관계'이다. 내가 그 사람을 안다고 하는 것과 그 사람이 날 아는 정도는 다르다. 전문가들은 이것을 '기대 차이'라고 하고, 매우 중요한 제안서를 보낼 경우에는 전문 컨설팅 회사를 고용해 그 간극을 조사한다. 한두 번 만나 식사를 같이 하고 명함을 주고받았다고 잘 안다고 생각하여 요청을 계획했다면 무리이다. 좀 더 개괄적인 관계의 수치가 필요하다. 만약 잠정적으로 여러 사람이 가능하다면 각자에게 요청 시간과 일정을 알려서는 안 된다. 누구나 다른 곳에서 거절당한 요청은 자신이 받기를 꺼린다.

자신이 요청할 가장 적임자Right person to ask인가?

과연 자신이 적임자인지 건강한 의심이 필요하다. 나보다 나은 사람이 있을 수 있다. 문제는 과연 그 사람이 누구이고 대신해서 요청해줄 수 있는가이다. 요청에 따라서는 선택의 여지가 없는 것이 대부분이지만, 의외로 다른 사람이 적임자일 수도 있다. 모금일 경우는 반드시 모금가가 기부자를 잘 아는 것은 아니고, 기부자의 친구이거나 그가 거절하기 어려운 사람과 동행해서 요청한다. 그래서 유능한 모금가는 요청의 적임자를 찾는 데 온 신경을 쏟는다. 자신이 직접 모금하는 것이 중요한 것이 아니라 적절한 다른 사람을 찾는 것도 진정한 모금가의 태도이다. 만약 적임자가 자신이라면 과연 기부자가 나를 어떻게 생각하는가가 중요하다. 필자도 적임자를 잘못 선정하는 바람에 겨우 동의를 얻어서 훈련하고 요청했는데 그 대상자가 요청자를 싫어하여 요청이 실패한 사례가 많이 있었다.

요청할 시간Right time은 언제인가?

요청할 사람과 대상자가 정해졌으니 이제 요청 시간을 결정할 때이다. 시간을 정하는 것은 매우 중요하다. 시간이 너무 늦으면 자신에게 문제가 있는 것이고, 너무 빠르면 아직 준비가 덜 되었거나 상대방이 준비가 안 된 경우이다. 상대방의 일정과 만약 다른 더 중대한 사건이나 문제가 있어 요청에 관심을 둘 수 없다면 소용이 없어진다. 만약 어느 기관에서 제안서를 요청해왔을 때는 그쪽에서 제시하는 마감시간을 지켜야 한다. 모금에서도 모든 캠페인 중 가장 중요한 단어는 마감시간이다. 모든 활동 일정을 거꾸로 계산하여 정하기 때문에 초점이 마감시간에 맞춰져 있다. 시간은 상대의 입장을 고려해서 잡아야 한다. 상대가 준비가 안 되었거나 기대하지 않았다면 요청은 그를 당황하게 할 수 있다. 그가 충분히 생각하고 결정할 시간을 주는 것이 때때로 도움이 된다. 만약 만날 시간 약속을 그쪽에서 정하지 않고 우물쭈물하면서 이쪽의 선택을 요청할 것에 대비해 미리 두 가지 정도의 안을 준비하는 것이 좋다. “이번 수요일 오후 6시가 좋은가요? 금요일 6시가 좋은가요?” 두 가지 중에서 선택하게 하는 것이 전문가들이 많이 쓰는 전략이다.

적절한 금액Right amount 결정하기

모금에서 금액은 모금가가 정하게 되어 있다. 필요한 금액과 상대방이 감당할 수 있는 금액이 이미 사전조사가 되었기 때문에 그 상한액까지 요청하는 것이 모금의 요청금액 결정 법칙이기도 하다. 하지만 일반적인 요청에서는 무엇을 요청하는지, 어떻게 도움을 청하는지 명확히 할 필요가 있다. 많은 요청가가 가장 많이 실패하는 이유 중의 하나가 요청 범위가 명확하지 않아 도와주기 어렵다는 것이다. 돈이면 돈 얼마, 소개이면 소개 등 정확히 원하는 것을 미리 정하고 그 자리에 왔어야 한다. 대부분 그것이 불분명해서 우물쭈물하게 되면 요청에 동의해도 돌아간 뒤에 머리를 긁적거리면서 “그런데 무엇을 어떻게 도와주지?” 하며 난감해하지만 다시 전화해서 알아보지는 않는다. 아니면 “그래, 서로 노력해서 방법을 찾아봅시다.”라는 아주 불분명한 대답이 대부분이라는 것을 독자들도 한두 번씩은 경험했을 것이다. 요청에 실패하는 이유는 적절한 금액을 정하지 못하고 요청했을 경우이다.

얼마 전 연세의료원의 전체 의사를 대상으로 발전 기금을 위한 요청 강의에 초대받아 특강을 한 적이 있었다. 강의가 끝난 뒤 Q/A

시간에 당시 병원장이던 박창일 원장은 이런 질문을 했다. "우리 병원은 사회지도층이 많이 이용하는데, 고마운 마음에 주치의에게 병원을 위해 기부하고 싶다는 의사를 밝힐 때가 있습니다. 그럴 때는 얼마를 요청해야 합니까?" 사실 연세의료원은 백여 년 전 앨런이라는 선교사가 지금 돈으로 5만 달러 정도의 기금을 요청해서 제중원에서 출발하여 지금은 수조 원의 가치를 창출해 내고 있으며, 수많은 생명을 살리는 한국의 대표 병원 중의 하나로 성장했다. 필자는 미국의 경우를 예로 들어, 미국 주치의들은 공익적 병원의 발전을 위해 담당했던 환자에게 적극 요청하는 것이 관례로 되어 있고 매뉴얼도 있다는 것을 상기하였다. 그리고 "알아서 주십시오." 하기보다 구체적으로 그 환자가 어떤 분인가를 조사하여 어떤 기금에 기부할 것인지 그리고 금액을 정확히 요청하는 것이 미국식 의료 기관 의사들의 요청 방법이라고 귀띔해주고, 보통 전 재산의 3~5퍼센트 정도가 요청금액의 평균치란 것과 한국의 정서에 맞는 요청 방법을 조언한 적이 있었다.

요청하는 방법Right way이 맞는가?

요청을 편지나 전화로 대신하는 경우가 많다. 직접 요청하지 않고 다른 사람을 통하는 경우는 상대가 대부분 불쾌하게 생각하게 마련이다. 때때로 비록 직접 만나 대화로 요청하지만 요청하는 톤이나 신체언어가 내용과 일치하지 않아 기분이 상하기도 하고, 너무 구걸하듯이 혹은 너무 고자세로 요청해 실패한다. 그 사람의 취향이나 성격 등 스타일을 미리 파악하고 배려하는 것이 중요하다.

때로는 얼굴을 맞대고 요청하는 것을 매우 거북해하는 사람들도 있다는 것을 명심하고 미리 점검해야 한다. 정부나 재단에 기금요청을 하는 경우는 그쪽에서 먼저 면담을 요청하기 전에 요청자가 만나자고 하는 것을 바라지 않는다.

요청 이유가 상대의 가치와 일치Right reason하는가?

모금의 경우 평소 상대의 가치가 요청의 가치와 일치하지 않아 요청에 실패한다. 예를 들어, 동물 구호에 대해 특별한 생각이 없는데 동물 구호 단체에서 요청해오는 것은 불합리하다. 이는 사전조사에 실패한 것이다. 사전조사에 실패한 요청은 많은 사람을 당황케 하고 요청 자체도 실패한다. 때로는 단체 본부에서 부주의하게 잘못 기입해 사람이 바뀌는 경우도 있고, 상대가 평소 주장하는 명분이 무엇인지 알아두는 것이 중요하다. 또한 개인적 이유인데도 공적인 이유를 대고 요청한다면 결국 상대를 기만하게 되어 서로 불편한 관계로 끝나는 경우도 있다.

05. 요청의 타이밍: 바나나 법칙

요청의 가장 중요한 요소 중의 하나가 타이밍이다. 타이밍이 맞아야 요청도 성사된다. 하지만 타이밍 맞추기가 쉽지 않다. 요청이 필요한 때와 들어줄 사람의 기분이나 사정, 능력이 일치해야 하는데 세상일이 나의 요청에 맞게 기다려주지 않는다. 그래서 바나나 법칙이 존재한다. 바나나를 익기 전에 사두면 내 차례가 돌아오기 전에 다 없어지고, 익은 것을 사두면 먹을 때는 이미 다 썩어 못 먹게 된다. 이것이 바나나banana 법칙이다. 마찬가지로 요청이 필요하기 전에 대상을 물색했다가 정작 요청하려고 했을 때는 이미 다른 사람에게 기회가 갔고, 나중에 기다렸다가 요청하면 그 사람은 더 이상 요청을 들어줄 수 없는 상황이 되는 것이 요청의 바나나 법칙이다. 당장 돈이 필요하지 않을 때는 집안이 부자였고 돈이 진짜 필요할 때는 사업이 망해 있다는 법칙이나, 요청이 진짜 필요할 때는 상대가 가장 상황이 안 좋을 때인 머피의 법칙Murphy's law과 비슷한 것을 우리는 평생 요청을 통해서 경험했다.

건국대 최주희 씨의 봉사활동을 위한 모금 스토리는 타이밍의 중요성과 바나나 법칙을 이겨낸 사례이다.

> "벽지에서 최주희라는 자원봉사자의 지갑을 단번에 채운 것은 한국 대학 동문이었다. 한인 밀집지역 중 한 곳인 애틀랜타에 도착해 우연히 집어 든 지역 교민신문에서 다음 날 건국대 동문회가 열린다는 소식을 봤다. 타향에서 기반을 닦은 동문은 모두 아버지뻘 혹은 그 이상 되는 까마득한 연배였다. 모교에서 왔다는 어린 학생이 연회장에 들어와 꾸벅 인사하고 남미 봉사활동 계획을 읊는 모습이 대견해 보였는지 너도나도 앞다투어 지갑을 열었다. 그중에는 '백지수표'도 있었다. 주희 씨의 눈이 휘둥그레 떠졌지만 무턱대고 덥석 받을 수는 없었다. 다음 날 그 동문은 주희 씨에게 1천 달러를 기부했다. 힘겨운 모금활동이 끝나는 순간이었다. 2주 동안의 춥고 배고팠던 시간에 대한 보상은 달콤했다. 이후 캘리포니아와 미시간 주에 머물며 약 두 달 동안 봉사활동에 대한 사전교육을 받았다."
>
> ■ 경향신문

일본 원전 사고 시 초기에 미국에 요청했더라면 사태의 악화를 막았을 것이라는 전문가의 의견이 있었다. 악화된 후에 프랑스에 자존심을 굽혀가며 긴급요청하기도 했지만 이미 늦었는데, 이는 요청 효과의 타이밍을 놓친 경우다. 요청이 필요한 입장에서는 자존심도 있고 자체적으로 판단할 시기가 아니라는 생각이 있겠지만, 요청 대상자는 기다려주지 않는다. 타이밍은 상황에 따라 다르기에 요청자 자신이 가장 잘 안다. 적절한 요청 타이밍은 요청이 필요할 것을 예상하고 요청하는 시간과 실제로 닥쳐서 긴급하게 요청하는 시간의 중간쯤 어디엔가 있을 것이다. 아무래도 AQ가 높은 사람들은 그 시기를 머리보다 가슴으로 알고 적절한 시기에 행동으로 옮긴다.

06. 쇼Shaw의 법칙과 머피의 법칙

이 세상의 시스템은 누구나 쉽게 요청하지 못하게 되어 있다. 이 세상에는 자신이 필요한 것이 널려 있긴 하지만 요청하지 않으면 기회는 없다. 세상은 10미터 높이의 나무에 올라가야만 과일을 딸 수 있도록 디자인돼 있다. 조지 버나드 쇼는 "이 세상의 시스템을 바보라도 쓸 수 있도록 쉽게 만들어놓는다면 오로지 바보들만 그 시스템을 사용하게 될 것이다."라는 법칙을 만들어 냈다. 아무나 쉽게 할 수 있는 것이라면 요청의 가치는 없을 것이고, 아마도 이 책이 나올 필요도 없을 것이다. 머피의 제2법칙은 "세상 모든 일이 보이는 것처럼 쉬운 것은 없다."이고, 제3법칙은 "세상일들이 생각하는 것보다 더 시간이 걸린다."이다. 이같이 누구나 쉽게 할 수 있다면 요청의 가치는 없고, 보기에는 쉬워 보여도 막상 자신이 요청하려면 어렵다는 것이고, 마음먹고 요청하기까지 시간의 공백은 멀다는 것이 그대로 적용된다.

07. 단무지 법칙

단무지를 요청하는 사람은 늘 따로 있다. 30년 만에 오래된 친구를 만났다. 그는 식사하면서 반찬이 다 떨어지면 "아줌마, 여기 단무지 좀 더 주세요." 하면서 큰소리로 요청한다. 그는 그전에도 친구들끼리 싼 중국집에 가면 늘 단무지를 요청하는 역할을 자청했다. 요즘은 좀 더 발전하여 아무 때나 요청하는 것이 아니라 단무지가 다 떨어질 때쯤 속도를 맞추어 요청하고, 아무리 중요한 대화를 할 때라도 신경 써서 남을 생각해 반찬을 챙겨준다. 아무리 신경 써도 필자는 단무지가 떨어지는 것이 눈에 들어오지 않는 게 신기하다. 요즘 단무지 값도 비싼데 남는 것도 없으니 남의 이목도 있고 대충 먹자고 해도 식사비에 단무지 '리필'도 포함되어 있다며 당당히 요청한다. 그러고 나서 옛날 생각을 해보니 몇몇이서 캠핑을 가면 늘 부족한 것이 많아 우리는 수줍어서 남에게 부탁도 잘 못하는데 그 친구가 항상 요청을 도맡아 했던 것으로 기억된다. 단무지 단골 요청자였던 그 친구는 지금은 능력을 인정받아 어느 유명 은행의 은행장으로 있다. 은행에서 일찌감치 알아보고 많은 직원 중에 요청을 잘하는 사람을 그 자리에 앉힌 것이다. 그래서 우리는 우스갯소리로 은행장을 선별하는 방법은 단무지를 더 요청할 수 있는가 없는가에 달려 있다며 한바탕 웃는다. 요청의 단무지 법칙이란 그룹 중에 단무지 요청을 잘하는 사람이 가장 AQ 지수가 높다는 것이다. 또한 그 사람이 돈을 내거나 리더십이 있을 확률이 가장 높다.

08. 요청의 오류 법칙

미국에서 오래전부터 이 분야 저 분야 가리지 않고 요청을 시작했지만 진정으로 요청이론과 개념에 관심을 두게 된 계기는 어느 모금 전문가의 요청이론 강의를 들었을 때부터라고 기억된다. 그의 첫 강의는 19세기 프랑스의 유명한 시인인 샤를 보들레르Charles Baudelaire의 말, "Everything that is beautiful and noble is the product of reason and calculation."을 인용하는 것으로 시작했다. 만약 요청이 나 자신을 위한 것이 아닌 남을 위한 모금 요청이라면 그의 말이 요청이론 기초의 하나가 될 수 있다는 생각이 든 후부터 요청세계가 다른 시각으로 보이기 시작했다. 즉, 세상의 모든 아름답고 숭고한 것은 우연이거나 주관적인 경험에서 나온 것이 아니라 누군가에 의해서 지극히 객관적인 이치를 찾고 계산한 뒤에 얻어지는 산물이라는 뜻이다. 다시 말해 기부문화에서 요청받은 사람의 아름답고 숭고한 뜻과 행동은 이미 의도되어 있었고, 요청가가 적절한 추론이나 철저한 계산 방법으로 그 이치를 찾아내는 과정에서 나온 결과물이라는 것이다. 만약 '그 누군가가 나라면?'이라는 가정을 하면서, 그만큼 요청가의 노력이 이 세상에서 아름답고 숭고한 일을 만들어나가는 데 큰 역할을 할 수 있다는 것에 확신과 긍지를 갖게 되었다.

운동을 잘하려면 기초 체력이 좋아야 하듯이 요청도 기본 콘셉트와 이론의 이해가 뒷받침되어야 오래 지속할 수 있다. 많은 사람이 요청교육에서 성공사례 발표들만 듣기 원하면 맥락적 이해를 하지 못해 마음이 공허해지고 실제 요청에도 그리 큰 도움이 되지 않는다. 요청의 기초 체력이란 과연 무엇일까?

이것을 좀 더 이해하기 쉽게 공간적으로 표현하자면 다음과 같다.

▌요청의 추론적 표▐

	확신	설득
과학	논리	논리적 오류
예술	수사학적 오류	수사학

사물이나 현상을 이해하려면 항상 양쪽에서 줄다리기한다. 콘텐츠냐 문맥이냐, 양이냐 질이냐, 과학이냐 예술이냐 등 보는 관점에 따라 논쟁한다. 요청을 이해하는 데 필요한 과학적인 면과 예술적인 면은 익히 들었을 것이다. 한편 요청이 이루어지기 위해서는 요청받은 사람에게 확신을 주어야 하고 요청받은 사람을 설득해야 한다. 확신은 반드시 과학적 근거에 기반을 두어야 하며 그것은 이성적인 논리 세계에 속한 것이고, 그런 반면에 설득은 예술적인 것에 기반을 두며 가치와 관련된 수사학적 영역에 포함되어 있다. 요청받은 사람들을 위한 모금 명문서를 만들 때나 기금요청 시 논리와

수사학적인 방법을 적절히 병행한다. 이 두 영역을 벗어나면 인식의 오류에 빠지고 만다. 만약 과학적인 차원에서만 설득한다면 논리적 오류에 빠질 수 있다. 예를 들어 “그 단체가 돕는 수혜자를 잘 알지 못하기 때문에 기부할 필요가 없다.” 등의 오류이고, 반대로 확신시키는 것이 너무 예술적이면 수사학적 오류에 빠지고 만다. 예를 들어 “진정으로 불쌍한 어린이를 사랑한다면 그들을 돕는 단체에 대해 이것저것 따지는 것은 불필요하며 무조건 기부해야 한다.”는 오류이다. 따라서 요청가가 그런 오류를 범하지 않고 요청의 기초를 잘 다지고 싶다면 먼저 논리학과 수사학의 기본 공부에 관심을 두어야 한다.

우리는 요청을 위해 스토리를 만드는 것이 아니라 스토리를 위해 요청하는 것이다.

– 비케이 안

chapter 07

요청의 전략과 비법

01. 진정한 요청 전략이란?

만약 여러 사람을 대상으로 요청해야 한다면, 최소한 절반 이상이 요청을 받아준다면 바람직할 것이다. 하지만 본래 1/3은 요청해도 소용없는 사람들이다. 또 1/3은 어떤 요청을 해도 들어주는 사람이고, 1/3은 약간만 노력하면 요청을 들어줄 가망이 있는 사람들이다. 따라서 진정한 요청 전략이란 가망 없는 1/3의 사람을 알아내는 것이고, 그 사람들에게는 요청 자체를 하지 않는 것이다. 현명한 요청이란 우선 이 세 그룹으로 나눌 수 있는 안목을 갖춰야 하고, 그다음에 1/3의 사람에게 먼저 요청한 뒤에 나머지 1/3의 사람에게 요청하는 것이다. 그리고 처음의 1/3은 나머지 사람들과 섞이지 않도록 조심해야 한다. 관리가 잘 되지 않으면 그 사람들이 전체 목록에 섞여 쓸데없는 에너지 낭비가 반복된다. 가장 조심해야 할 요청 전략은 요청해도 소용없는 처음 1/3의 사람들을 설득해서 요청에 성공하려는 시도인데, 이는 만용일 뿐 아니라 효율성도 없다. 현대 모금교육의 골자는 첫 1/3은 걸러내고, 1/3은 최소한의 노력으로 최대의 결과를 기대하고, 마지막 1/3은 투자하는 노력으로 요청을 받게 하는가 못하는가에 달려 있다. 그래야 최소한 절반이 넘는다. 언젠가 요청에 실패한 단체의 컨설팅을 한 적이 있는데, 하필 미련하게도 처음 1/3의 사람들에게 긴 시간과 노력을 들여 이미 진이 다 빠진 상태였다. 첫 번째 노력은 우선 구별해내고 나머지는 맞춤형 요청을 해야 했다.

관계를 위한 요청 전략

오랫동안 적대적인 관계라도 만약 서로 관계 개선을 원한다면 요청만큼 좋은 전략이 없다. 사람은 동물과 달리 요청이라는 무기를 이용해 갈등을 해소할 수 있다. 서먹한 관계라도 작은 요청을 통해서 서서히 대화의 물꼬를 튼다. 드물긴 하지만 부부싸움을 하게 되어 거의 하루 이틀 서로 말도 하지 않고 지내다가 필자의 첫 부탁성 요청이 관계를 정상화시킨 경우들도 있다. 이웃 간에 오랫동안 갈등관계에 있었는데, 공구 하나 빌리는 요청을 하고 다음날 감사 인사로 떡을 준 것이 발전하여 지금은 화목한 관계가 되었다는 얘기도 들었다. 지난 일본 지진 재난에서 일본 정부의 구호 요청은 아시아 나라와의 갈등을 많이 해소한 계기가 되었다고 BBC 방송은 내다봤다. 이처럼 인간에게는 어떤 필요가 없어도 전략적으로 참여시키거나 관심을 끌게 하거나 관계를 시작할 때 사용할 수 있는 요청이라는 무기가 있다.

이런 전략적 요청에는 지혜가 필요하다. 특히 나라와 나라 사이에는 친근한 경쟁자에서 정치적·경제적·문화적인 요소를 생각해야 하고, 긴급 상황일 경우에는 더욱 복잡해진다. 여기에 요청자의 자존심이라는 것이 더해지면 높은 AQ 지수를 가진 리더가 있어야 한다. 일본의 경우는 한국에 가장 먼저 전략적 물자 요청, 즉 붕소, LNG, 가공된 가스를 요청했고, 미국에는 뒤늦게 방사선 문제를 해결하기 위한 전문가 팀을 요청했다. 메디컬 문제는 각국에 나누어 요청했고, 구호식품은 요청하지 않았다. 물론 나름대로 판단해서 매뉴얼대로 했다고 하고 요청에서도 자로 잰 듯한 품격을 유지하려는 일본 지도자들의 고심은 이해하나 전문가들의 비판이 예상된다.

다수의 선택을 위한 전략

책을 읽고 싶은데 무슨 책을 읽을지 결정하지 못하겠으면 그 분야의 베스트셀러를 읽으면 만족할 확률이 높고 영화도 마찬가지이다. 점심을 먹을 때 잘 모르는 동네에 가서 어느 식당을 갈까 망설여진다면 손님이 가장 붐비고 줄을 많이 선 곳에 가면 후회하지 않는다. 퀴즈 쇼에서 답을 모르면 또 다른 기회를 준다. 그중 하나가 다수의 선택이다. 다수가 선택한 답이 정답일 확률이 높다.

모금요청 전문가 시험은 문제 해결에서 개인의 의견을 묻는 것이 아니라 다른 전문가들의 다수가 이러한 요청 상황일 때 어떤 것을 최선의 답으로 선택할 것인가를 묻는다. 시험 그 자체는 두 가지를 본다. 하나는 시험자가 비록 자신의 의견과는 다르지만 해답을 이미 알고 있다든가 아니면 다른 사람의 의견을 모르는 상태에서 자신의 해답 선택이 다수의 선택과 어느 정도 일치하는가이다. 만약 자신의 의견이 다수의 의견과 자주 어긋난다면 자신의 의견이 한쪽으로 치우쳐 있거나 아니면 다수를 이해하지 못하는 무지함으로 평가받는다. 그것을 점수로 환산 600점 만점에 500점 이상해서 일정 기준을 넘으면 합격이고 넘지 못하면 자격 미달인 셈이다. 문제는 유명 식당은 이름이나 기다리는 줄을 관찰하여 결정하면 되고, 퀴즈 역시 다수 평가자의 정답을 확인하면 쉬워 보이지만, 요청은 경우의 수가 수만 가지여서 정답이 쉽게 보이지 않는다. 그러면 단지 추측을 해야 하는데, 그동안 인생을 살면서 겪은 자신의 경험과 상황판단

능력이 융합된 실제적인 지혜를 바탕으로 선택해야 한다. 그래서 테스트는 다른 전문가들최소 100인이 이미 정해놓은 정답과 비교해서 자신의 선택이 다수와 같으면 맞는 것이다. 물론 경우에 따라서는 다를 수도 있어 '소수 의견'도 가치가 있지만, 너무 과다하게 벗어나면 그 사람의 판단력과 결정력을 의심하며 아무도 '독특한 정신세계'를 원치 않는다. 이 경우에는 수평적 사고나 창의적 사고가 적용되는 것은 아니다.

비록 요청 전문가가 아니더라도 AQ가 높은 사람이란 다른 사람이 요청하면 상황을 객관적으로 보고 최고의 선택 방법이 무엇인지 한 번쯤 생각할 줄 아는 사람을 말한다. 최종적으로는 자신이 선택해야 하지만 다수의 선택을 아는 것은 최선의 선택을 하는 데 무엇보다 도움이 된다.

CIA 전략으로 하는 요청

요청하기 전에 전략적으로 어떤 사람 혹은 조직을 우선순위에 두어야 할지 파악하여 접근방법을 달리해야 한다. 거액 모금을 주로 하는 전문 모금가들이 하는 방법을 사용하면 요청 효율성이 높아진다. 이를 'CIA 전략'이라고 부르는데, 연결고리Connect, 관심도Interest 그리고 능력Ability이다. 이 3가지 조건을 다 갖추고 있다면 요청받는 사람은 첫 접촉 대상으로서 그의 요청을 들어줄 확률이 매우 높다. 하지만 현실적으로 사람은 조금씩 조건이 다르다. 또한 한 사람이 아니라 여러 사람을 대상으로 요청해야 할 경우에는 좀 더 과학적인 접근이 필요하다. 우선 각 요청 대상자의 이름 앞에 있는 세 종류의 연결고리, 관심도, 능력의 정도에 따라 등급을 설정한다. 예를 들어, 요청과 요청 대상자 간의 인간관계나 요청 내용의 연결성은 다음과 같이 나눌 수 있다.

1: 거의 연결고리를 찾기 어려움
2: 어느 정도 연결됨
3: 보통으로 연결됨
4: 꽤 연결됨
5: 연결성이 매우 높음

관심도나 능력도 마찬가지로 1~5등급으로 나누며, 숫자로 요청 대상자의 조건을 한눈에 알아볼 수 있게 된다. 많은 사람을 상대할 경우에는 프로그램을 이용하면 된다. 예를 들어, '홍길동 5-1-4'인 사람은 요청자와 아주 가까운 사람이고 요청에 관심은 전혀 없지만 능력은 되는 사람이기에 관심도를 높일 수 있는 이벤트 등 관심 끌기 프로그램을 디자인해서 접근해야 한다. '1-4-5'는 능력과 관심은 있지만 요청자와는 전혀 관계가 없는 경우, 예를 들어 빌 게이츠 같은 사람일 것이다. 그런 경우는 빌 게이츠를 알고 있는 사람이 소개하거나 그와 연결되는 사람이 요청하게 해야 한다. '4-4-1'인 경우는 관계도 좋고 관심도 많지만 능력이 안 되기에 요청을 들어줄 수는 있지만 큰 금액을 기대하고 요청해서는 안 된다.

만약 많은 사람을 대상으로 할 경우 일부 전문 요청자들은 전체 대상자를 125등급5×5×5=125으로 나눈 다음, 등급별로 메일에 쓰는 내용이나 접촉 방법에 차이를 두어 대상자에게 전략적으로 접근한다. 필자의 경험에 비추어볼 때, 예를 들어 3×3×3=27, 즉 평균이

27일 경우 그 이상인 30~40등급의 기부자 데이터만 뽑아 메일을 보내는 것이 대상을 구분하지 않고 메일을 보내는 것보다 2~3배 더 높은 효과를 얻을 수 있었다.

이처럼 기존 요청 대상자들의 특성을 파악하여 성공률을 높이고 발전시키는 것은 새로운 대상자를 찾는 것만큼이나 중요하다. 이를 위한 접근이나 해석 방법은 각 단체의 성격이나 요청자마다 조금씩 차이가 있으므로, 새로이 단체에 가담하게 된 요청자는 기존 단체에서 쓰던 방법과 잘 조율하여 최상의 요청 관리 시스템을 만들어 내야 할 것이다.

	이해관계자	관심도	영향력	중요성
1	홍길동	3	1	4
2				
3				
4				

요청자의 딜레마를 넘어서는 전략

처음에는 요청자의 에너지가 충만하고 열정적일 수 있으나 시간이 지나다 보면 다른 더 중요한 일이 생겨서 실행 동기나 능력이 떨어지게 마련이다. 그래서 요청하다 보면 처음에 실패하는 듯싶어 일찌감치 포기하고 다음 사람을 찾아 똑같은 패러다임으로 요청을 반복한다. 혹은 관심을 보인다고 하더라도 시간이 지남에 따라 상대의 열정이나 요청 자체가 힘이 떨어진다. 다음 왼쪽 그림과 같이 표시할 수 있는데, 계속 실패를 반복하게 된다. 하지만 다른 사람에게 옮겨가기 전에 같은 사람에게 다시 요청하면 오른쪽 그림과 같은 효과를 볼 수 있다.

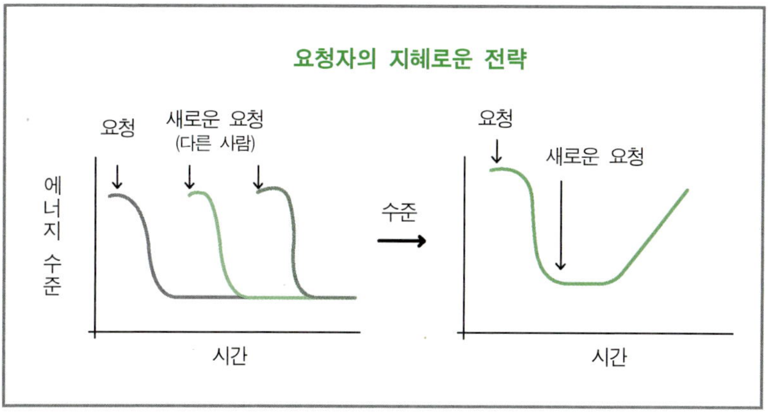

요청 환경을 유리하게 만들라

이 이야기는 2007년, 〈워싱턴포스트The Washington Post〉에서 퓰리처Pulitzer 상을 받은 바이올리니스트 조수아 벨Joshua Bell과 함께한 실험 이야기다.

몹시 추운 1월 어느 날, 웬 남자가 남루한 옷을 입고 워싱턴 지하철역에 앉아 바이올린으로 바흐의 음악 6곡을 연주하기 시작했다. 마침 교통이 혼잡한 시간이어서 수천 명이 지나갔지만, 단지 몇 사람이 동전을 던져주고 갈 뿐이었다. 세 살쯤 되는 어린아이가 잠시 멈춰 서서 연주자를 자꾸 쳐다봤지만 곧 엄마의 손에 이끌려 지나갔다. 박수 치는 사람은 아무도 없었고, 그를 알아보는 사람도 없었다. 그날 그가 번 돈은 총 32달러였다. 그는 전설적인 바이올리니스트인 조수아 벨이었다. 그가 연주한 바이올린은 실험을 위해 스미소니언박물관에서 잠시 빌린 35억 달러짜리였고, 이틀 전에 보스턴 심포니와 함께 협연한 연주회에서 100달러나 되는 입장료를 내고 많은 사람이 박수를 치고 환호했던 바로 그 사람이었다. 이 이야기는 실화로서, 아무런 예고 없이 요청하면 대중이 어떻게 반응하는지를 알아보는 실험이었다.

사람들의 관전 포인트는 상대가 아주 유명하고 비싼 악기로 연주한다고 말해주면 그의 음악을 매우 훌륭하게 느끼지만, 아무도 알아주지 않으면 관심조차 보이지 않는다. 이와 마찬가지로 요청도 관심을 끌 수 있는 환경을 제공해야만 효과가 있다.

오바마의 요청 전략

오바마는 자신의 커뮤니케이션 어드바이서인 데이비드 액셀로드David Axselord의 소개로 데이비드 플레페David Plaiffe를 대통령 캠페인 총 책임자로 고용하자마자 미국 전역에서 '요청의 달인'들을 모집했다. 그가 참여를 요청한 사람들은 한마디로 "먼저 전화할 수 있는 담대함을 가진 사람, 남이 생각하는 자신을 정확히 아는 상황파악이 빠른 사람, 사후 점검을 철저히 해 신뢰자본이 있는 사람으로서 요청이 자신들에게 매우 큰 영향을 미칠 것이라는 열정을 가진 사람, 다른 곳에서 성공 경험의 기록을 가진 사람", 즉 높은 AQ 지수를 가진 사람들이었다. 이들은 48시간 이내에 시카고의 조그마한 캠프에 모여 가장 먼저 기금 마련 전략을 논의했다. 우선 그동안 워싱턴 정가에서 해오던 큰 금액을 중심으로 한 모금방법과 풀뿌리 모금방식을 동시에 병행하기로 하고, 2007년에 막 시작한 소셜 미디어를 이용하기로 했다. 주로 청년층을 겨냥해서 관계를 맺기 위해 웹을 통해 인터넷 홍보와 후원금 요청을 한 것이다. 그들의 요청 전략을 크게 4가지로 나누어보면 다음과 같다.

첫째, 모든 사람에게 똑같이 요청한 것이 아니라 관계의 깊이와 충성도에 따라 구분해 요청의 시기와 금액을 달리했다. 둘째, 이미 요청한 사람에게는 좀 더 업그레이드하여 기 후원금을 20달러 요청한 사람은 30달러로, 150달러 요청한 사람은 200달러로 맞춤형 요청을 했다. 셋째, 누구에게나 돈을 요청한 것이 아니라 자원봉사, 인터넷 홍보 등 그 외 여러 가지 창의적인 방법으로 후보자를 도울 방법을 요청했다. 넷째, 후원금이 어떻게 쓰였고 어떤 영향을 끼쳤는지 받는 즉시 감사인사와 함께 경과보고를 했고, 결과보고도 철저히 실행하였다. 그리고 요청이 전체 캠페인에 어떤 의미가 있는지를 자세히 소통하는 전략이었다. 이 전략은 풀뿌리 모금에서 이미 경험을 많이 쌓은 모금전문단체의 요청가들을 영입하여 그대로 정치모금에 재현한 것이었다. 그때까지만 해도 젊은층은 모금요청의 대상도 아니었고 투표율도 낮았지만, 요청 전략의 골자는 그들 스스로 역사상 처음으로 세상을 바꾸는 데 특별한 역할을 하는 사람으로 느끼도록 함으로써 젊은이들을 적극적으로 참여시켜 성공한 것이다.

젊은이들을 대상으로 한 모금액은 전체 후원금의 20~30퍼센트밖에 되지 않았지만 그대로 표로 연결되었다. 동시에 거액 모금방법도 등한시하지 않고 균형을 맞춘 것이 성공 요인이 되었다. 한편 힐러리는 거액 모금에만 치중해 오바마처럼 통합과 구별을 적절하게 배분하는 요청 방법을 시행하지 못함으로 실패한 사례로 남게 되었다.

요청의 위험부담 경영 전략

비록 짧은 요청이라도 다른 일반 프로젝트처럼 위험을 안고 하게 된다. 경제적, 시간적, 감정적 혹은 관계에 위험이 올 수 있다. 다만 그것을 요청자가 알고 있는지 모르는지가 문제이다. 리스크는 잘 알지 못하는 정도에 따라 4가지로 나눈다. 요청하기 전에 요청받는 사람, 정확한 그의 반응, 다른 이해관계자 파악, 결과에 대한 영향 등 요청 전반에 대해 알아야 한다. 그리고 각기 다른 전략으로 준비 계획과 결과에 대비해야 한다.

KK 알다 Known 알다 Known	UK 모르다 Unknown 알다 Known
KU 알다 Known 모르다 Unknown	UU 모르다 Unknown 모르다 Unknown

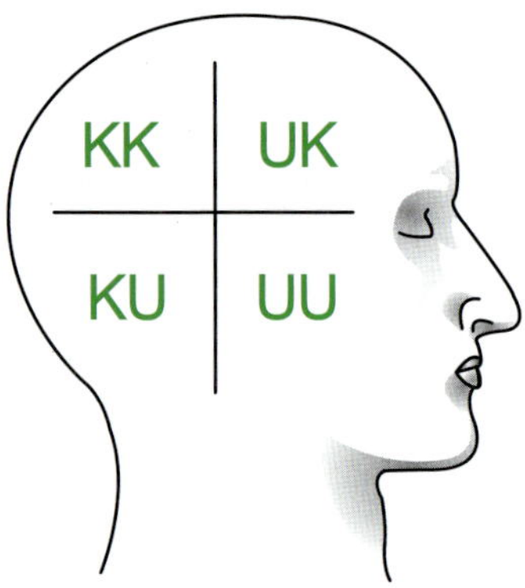

- KK: 요청하는 사람이 요청받는 사람을 잘 알고, 요청을 받을지 받지 않을지에 대한 예상이 가능하며, 그 결과 어떤 영향을 갖고 올 것인지 아는 경우. 즉, 어떤 위험이 있을지 내용을 알고 있다는 뜻으로, 이런 경우는 이미 결과를 예상하기에 대비할 수 있다. AQ가 높은 사람들은 그동안의 경험으로 결과를 예측하고 과감하게 요청할 수 있다.
- KU: 요청하는 사람이 요청받을 사람을 잘 모르고, 요청 내용에 대해서도 잘 모르고 있다는 것을 아는 경우. 즉, 어떤 위험이 있는지 모르는 것을 알고 있다는 뜻이다. 대부분 초면인 사람에게 요청할 경우에 생기는데, 최소한 기대하지 않은 결과에 대해 당황하지는 않는다. 이런 경우는 대부분 프로젝트 위험 경영 방법으로 진행하며, 교육과 훈련을 통해서 대비할 수 있다고 본다.
- UK: 요청하는 사람이 요청받을 사람을 잘 알고 있고, 요청의 결과와 영향에 대해 알고 있다는 사실을 믿고 있지만 실제로 인식의 착오나 편견 때문에 잘 모르는 경우. 즉, 자신이 알고 있는 사실이 위험일지 아닐지 모르는 경우다. 많은 사실을 알고 있다고 믿지만 진실한 위험 요소 파악으로 연결하지 못하는 경우는 if-then 가정 분석을 도입한다. 여러 가지 경우의 수를 대비하거나 도저히 특별한 요청 방법이 생각나지 않으면, 부정적 브레인스토밍negative brainstorming, 즉 무엇이 더 위험할 수 있는가를 먼저 생각하다 보면 의외로 보완할 만한 아이디어가 떠오르기도 한다.
- UU: 요청하는 사람 자신이 결과 예측을 할 수 없다는 것 자체

도 알지 못하는 경우. 즉, 자신이 모르는 것이 무엇인지조차 모르는 경우다. 대부분 준비 없이 무작정 요청했다가 관계가 깨지거나 다른 예상치 못한 이해관계가 나타나 불만을 느끼는 경우를 말한다. 자기 앞에 도사리고 있는 위험을 모르기에 결과에 당황하고 실망하여 공황에 빠지기도 한다. AQ가 높은 사람은 이런 경우 대부분 요청을 자제한다. 이럴 때는 좀 더 열심히 조사하거나 예상 시나리오를 대비하거나 요청을 기다리는 것이 현명하다.

02. 성경이 말하는 요청의 비밀

성경에서 말하는 'ask, seek, knock'는 현재 진행형이다. 즉, 연속적인 행동이다. 요청해서 안 되면 찾고 찾아서 안 되면 과감히 두드리라는 것이다. 사실 엄밀하게 말하면 asking, seeking, knocking이므로 계속에서 요청하고 찾고 문을 두드려야 한다. 하지만 그것을 믿는 자에게만 준다는 약속이 성경의 기본에 깔려 있기에 요청하는 사람에게는 긍정적인 믿음이 있어야 한다. 그런 긍정적인 믿음이 사람들을 계속 시도하게 한다. 그렇다고 많은 시간과 횟수를 계속 반복하는 것이 지혜로운 것은 아니다. 에너지나 감정은 어느 정도 지나면 소멸하기에 지혜롭게 써야 한다. 개인마다 다르지만 요청할 때는 엄청난 감정적·육체적 에너지를 쏟아야 한다. 현명한 요청은 이곳저곳 헤매며 생각 없이 문을 두드리는 것이 아니라 잘 아는 집이나 요청을 들어줄 만한 집의 문을 집중적으로 두드리는 것이다. 적게 일하라는 것은 단지 게으름을 피우라는 뜻이 아니다. 유명한 비영리단체에서 내건 표어가 'Doing less, not more적은 자원으로 더 많이'라는 것을 많이 보게 된다. 양보다 질을 생각하라는 것이고, 에너지와 자원을 요령 있게 쓰라는 뜻이다. 길거리 모금보다 더 나은 것이 있다면 아는 사람을 만나 집중해서 요청하라는 뜻이고 효과와 효율을 따지라는 말도 된다. 그저 막무가내로 일하라는 것이 아니라 열심히 집중해서 효율적으로 짧은 시간에 마치고, 나머지 시간은 가족과 즐거운 시간을 보내라는 현대 경영의 기본법칙이기도 하다.

자신은 요청을 위해 무엇을 했는지를 먼저 살핀다. 모금에서는 나와 가장 가까운 곳에서 무엇을 했으며 무엇이 해결되지 않아 밖으로 나가게 되었는지를 살피는 것이 순서이다. 그리고 밖에서는 가장 큰 요청을 잘 들어줄 확률을 가진 사람부터 시작해야 한다. 그리고 차례대로 작은 확률로 내려간다.

03. 발전 없는 지속적인 요청은 미련하다

미국의 한 IOC 위원은 2018년 동계올림픽 선정에서 평창이 승리한 원인을 '진화'에서 찾았다. "평창은 세 번째 유치를 시도하면서 확실한 진전을 보여줬다. 무작정 끈기 있게 계속 신청한 것이 아니라 발전한 것"이라고 지적했다. 또 그녀는 "왜 지금 평창이 돼야 하는지 맥락을 잘 짚어냈고, IOC가 낸 숙제를 해냈다."고 강조했다. 이 말은 요청도 무조건 끈기만 갖고 밀어붙여 발전 없이 반복하지 말라는 뜻이다. 처음 요청이 안 되면 왜 안 되었는지를 파악하고 다음에 수정해서 다시 시도하고, 또 안 되면 포기하지 말고 발전시켜 또다시 시도하라는 것이다. 어떤 남성이 평소 마음에 둔 여성에게 프러포즈했는데 그 여성이 거절했다면 그 남성은 왜 그런지 알아야 할 필요가 있고, 다음 프러포즈에서는 그 문제를 해결하고 다시 프러포즈해야 한다. 진정으로 그 여성을 원한다면서도 이유를 잘못 짚거나 똑같은 조건에서 계속 프러포즈한다면 그 여성은 짜증을 낼 것이다. 그저 귀찮아서 허락하는 것이 아니라 상대방의 진화된 요청 방법에 마음이 움직인다는 것이다. 영어 'persistence끈기'는 바로 그전보다 진화된 방법이 지속되어야 한다는 뜻을 내포하고 있다. 그래서 기금요청 시에 상대방이 만약 거절하면 그 자리를 떠나기 전에 "왜 거절하시는지 이유를 물어봐도 좋을까요?"라는 질문을 꼭 하도록 훈련한다. 그리고 다음을 위해 기록으로 남기도록 종용한다. 자신이 왜 실패했는지도 모르고 계속 같은 방법으로 재도전하는 것처럼 미련한 것은 없다.

'진화'라는 말은 자연의 도전에서 살아남기 위해 조금씩 발전해 나가는 과정을 말한다. 경력이 10년이니, 20년이니 하는 것은 중요하지 않다. 같은 실수를 계속 반복한다면 20년 경력이 아니라 1년 경력에 19년을 그저 의미 없이 반복하는 것이다. 진정한 경험과 경력이란 진화해 나가는 과정이다. 그래서 그 사람의 경력 연수보다 연수에서 어떤 진화과정을 겪어왔는가를 보고 채용하는 것이다. 만약 성과기록에서 그것을 보여주지 않으면 단순히 미련하고 끈질기기만 한 것이다. 미련한 끈질김은 사람을 질리게 하고, 한번 마지못해 허락하면 다음을 기대할 수 없다. 성경에서 말하는 문을 두드리는 과정에도 처음에 그냥 두드려서 안 되면 다음에는 좀 더 세게 하거나 목소리를 더 낼 수도 있다. 그저 열릴 때까지 같은 방법으로 두드리며 기다리라는 뜻은 아니다.

04. 결국 진정성을 어떻게 전달하는가가 문제이다

요청교육을 시작한 이후 끊임없이 받는 질문은 "요청이 성공하기 위해 가장 중요한 요소 한 가지를 말하라면 무엇인가요?"이다. 무겁고 심오한 질문에 비해 싱겁기까지 한 대답은 결국 '진정성'이다. 수많은 요청 컨설팅 경험에서도 요청의 승패 혹은 단체 성망의 열쇠는 진정성의 문제라는 결론에 도달하게 된다. 성공한 요청이나 단체 뒤에는 설립자의 진정한 대의의 탄생 배경, 열정 그리고 요청 의도와 배분 등이 일치 조화되어 하나의 스토리 또는 정보로 전달된다. 기부자가 그것을 믿고 계속해서 동참했고, 요청의 성공에 자원이 연속적으로 연결되고 축적된 결과 오늘에 이르렀다는 것이 공통점이다.

요청작업은 진정성을 전달하는 메커니즘이자 실험대이기도 하다. 요청에 실패했다는 것은 요청자의 진정성을 이해관계자에게 전달하는 데 실패했다는 뜻으로 해석되기도 한다. 비영리단체의 진정한 마음가짐을 잠정기부자에게 전하고 싶어 하는 점이 열정으로 존재하고, 그가 믿는다면 진심이 전해지는 순간 커다란 감동이 일어난다. 진정성이 있는지 없는지는 과거, 현재, 미래가 공존하는 비전 제시나 모금 명문서에 나타나도록 노력하지만, 문제는 전달하고자

하는 정보를 믿을 수 있는가 하는 것이다. 모든 것이 믿음에 달렸다. 믿음을 주는 정보는 유익한 정보이고 행동으로 옮겨질 가능성이 있으나, 믿음을 주지 못하는 정보는 그저 쓰레기일 뿐이다. 그래서 아무리 진정성이 있다 하더라도 결국 믿지 못하게 한다면 그 진정성에는 문제가 있다.

때때로 진정성이 변질되거나 믿음을 잃게 되면 전에 이루어놓은 성공신화는 하루아침에 물거품이 되고 요청받는 자는 등을 돌리게 마련이다. 그래서 성공적인 요청을 꿈꾸는 요청 당사자는 진정성에 대해 무엇보다 먼저 스스로 질문해야 한다. "과연 어디까지 진정성을 유지할 수 있을까?" 하지만 진정성의 진위는 객관적인 수치로 표현할 수 없기에 요청작업 중 혹은 그 뒤에도 요청받는 자로부터 끊임없이 도전을 받는다. 비록 억울한 도전이라고 여겨져도 반드시 명심해야 한다. 비록 진정성이 있었다 하더라도 도전 반응에 미비하거나 처리에 불성실하면 진정성 전달에 실패하여 요청받는 자는 진정성이 없는 것으로 인식하게 된다.

전문 요청가라면 고용자의 대의에 동의하건 안 하건 그것은 중요하지 않지만, 고용자가 진정성을 갖고 요청에 임하는지 다른 숨은 의도가 있는지를 파악하는 것이 선행되어야 한다. 진정성이 결여된 요청에 동참하는 것은 개인의 선택이지만, 결국 요청가의 긍지와 윤리성을 동시에 잃게 된다. 요청가의 주요 임무는 기부자에게 진정성을 효율적최소한의 요청 비용이고 효과적최대 성공, 성장률 증대으로, 동시에 만족시키면서 전달하는 역할이다. 요청의 기술이란 얄팍한 꼼수를 부리는 것이 아니라 진정성을 전달하는 기술이다. 진정성이 결여된 요청은 한 번은 통할지 몰라도 두 번은 안 된다. 또한 아무리 진정성이 있다 하더라도 표현하는 방법이 서툴면 그것 또한 문제가 된다.

첫 전화가 그의 인생을 결정짓는다

첫 전화를 누가 하는지 살펴보면 그의 장래를 알 수 있다. 눈을 감고 곰곰이 생각해보자. 현재의 위치에 오기까지 자신의 인생에 영향을 준 사람들을 어떻게 알게 되었는지를 생각해보면 답이 나온다. 물론 상대방이 먼저 전화해서 만나자고 하여 기회를 준 적도 있지만, 대부분 내가 먼저 요청한 것이다. 누구의 소개를 통해 만나고 헤어졌으며, 먼저 연락해서 요청한 사람이 누구인가에 초점을 맞춰보자. 생각해보면 인생을 살면서 자신이 먼저 연락해서 만나고 요청하고 원하는 것을 얻는 패턴의 사람보다 주로 다른 사람이 먼저 연락을 해와서 만나는 사람이 직장을 그만두었을 때 사회생활하기가 더 어렵다. 먼저 전화해보지 않은 사람이라면 무척 어렵다. 단체 내에서 먼저 전화를 걸어 알아보고 요청을 잘하는 사람이 많으면 많을수록 그 단체는 목표를 향해 앞으로 힘차게 나아간다. 전화가 오기만 기다리는 성격의 팀원들이 많으면 모금하기가 어려워진다. 멋쩍음과 혹시라도 상대가 싫어하지 않을까 하는 두려움을 극복하는 훈련으로 첫 전화를 먼저 하는 문화를 만드는 것이 선행되어야 한다.

청춘 남녀가 어떤 모임을 통해 마음에 드는 사람을 만났는데 다음에 만나자는 전화를 하지 못하고 관계를 끝낸 경우가 많이 있을 것이다. 먼저 전화함으로써 상대보다 자신이 더 만나기 원한다는 것을 알려주기 싫은 것이 인간의 본성이다. 그가 요청에 응해줄 확률이 얼마가 될지 모르지만 전화를 기다리는 것보다 먼저 하는 것이 확률이 높다. 이것이 바로 요청의 비밀이다.

첫 전화의 의미는 움직일 수 있는 엔진에 키를 꽂아 출발하는 것이다. 두 사람이 서로 전화할 만큼 동기나 열정이 없을 수도 있다. 하지만 어느 한쪽이 엔진을 가동한다면 원하는 방향으로 가게 될 것이다. 상대방은 전화를 받고 "그렇지 않아도 전화를 하려고 했는데……." 하고 새로운 열정과 동기가 생겨날 것이다. 정치인들이나 유명한 사람들이 알고 지내는 사람이 많은 것은 본래 잘나서 그런 것이 아니라 누군가 먼저 전화해 관계를 시작한 것이다.

05. 먼저 연락하는 것이 이기는 것이다

필자의 경험상 두 번째 비법은 '먼저 자주 전화하기'이다. 요청 교육의 가장 큰 성과는 교육생들이 먼저 전화하게 하는 것이다. 사실 누구나 기싸움 하느라 상대의 전화가 오기를 기다린다. 현대 리더십의 덕목 중 하나는 먼저 전화하기이다. 고백하건대 필자가 가만히 앉아 있는데 신기하게 전화가 걸려와 요청을 들어준 기억은 없지만, 내가 먼저 전화해서 안부를 묻는 것부터 시작해서 요청한 것이 저절로 해결된 기억은 수없이 많다. 이때 마치 마술과도 같이 "안 그래도 전화하려고 했는데 혹시 컨설팅해주실 수 있습니까?"라는 말을 듣게 되는 것이다. 아마도 그는 내가 아니라 다른 사람을 생각했을지도 모른다. 사람들은 먼저 연락해온 사람에게 마음이 가게 마련이다. 자신이 무엇을 요청하고 싶은지 먼저 연락해서 상대에게 알리는 것이 매우 중요하다. 상대가 일거리를 주려고 두세 사람의 후보자를 물색하고 있는데, 마침 전화해 온 사람이 그 일을 원하고 모든 조건이 같다면 전화한 사람에게 일을 맡길 것이다. 하지만 전화하는 목적이 요청을 위해서만은 아니다. 안부전화나 요청의 전 단계로 자신이 필요한 것을 직접 요청이 아닌 상대에게 알리는 것만도 효과가 크다. 상대는 당신이 무엇을 요청할 것인지 알지도 못하고 관심도 없지만, 전화 한 통화로 선택의 0순위가 될 수도 있다. 평소 전화를 기다리지 않고 먼저 연락하는 타입이라면 상대는 당신의 요청을 기다리고 있거나 요청하면 받아줄 의향이 더 커진다. 대부분 상대에게는 요청을 받아줄 것인지 아닌지는 그리 중요한 결정 사항이 아닐 수 있다. 쉽지는 않겠지만 단지 전화를 먼저 하는가 그렇지 않은가에 따라 하늘과 땅 차이가 나는 것이 요청의 비법이다.

06. 준비된 요청으로 성공을 가능케 한다

긴급구호를 전문으로 하는 단체는 늘 구호할 준비가 되어 있어야 한다. 긴급 상황이 발생하고 나서야 모임을 갖고 대책을 논의하고 장비 구입과 사람을 모집한다면 이미 늦은 것이다. 취직을 준비하는 사람은 미리 이력서를 준비하고 훈련을 마친 다음 기회가 오면 즉각 요청할 준비가 되어 있어야 한다. 사회적 기업 신청도 이미 준비하고 자격조건을 갖춘 단체는 공고를 보고 그때 가서 준비를 서두르는 단체와는 차별화된다. 공모전을 대비하여 미리 준비한 팀과 공모전을 보고 나서야 준비하는 팀은 결과가 확연히 다르다. 미리 요청할 준비를 갖춘 사람은 성공할 확률이 높다. 전화로 취업 상담을 하는 경우 필자는 자신에 대한 간단한 프로파일과 소개서를 보내달라고 부탁하고는 반응 속도를 주의 깊게 본다. 어떤 사람은 몇 주일이 걸리기도 하고 귀찮거나 준비되어 있지 않아 보내지 않는 사람도 있지만, 전화를 끊은 지 몇 분 만에 메일이 도착하는 사람도 있다. 만약 내가 고용주이거나 일거리를 주는 당사자라면 누구의 요청을 들어주겠는가? 요청을 준비한 사람은 요청에 대해 정확히 필요한 것을 알고 사후 점검을 할 성실성과 능력을 갖춘 사람이라고 믿게 된다.

토크쇼의 여왕 오프라 윈프리는 자신이 성공한 첫 번째 요인으로 '요청을 대비한 준비'를 꼽았다. 인생에서 요청을 들어줄 귀인을 만나는 행운은 어떻게 요청을 준비하고 기회가 왔을 때 바로 자신의 최선을 내놓을 수 있는가에 달려 있다. 다시 말해 행운은 준비되어 있는 자들의 몫이라는 뜻이다. 요청을 교육하고 있는 전문가로서 절대적으로 공감이 가는 이야기이다.

07. 선택된 사람이라는 느낌이 들게 하라

모금 전문가들은 고액을 요청할 때 "당신은 선택된 사람이다."라는 느낌이 들도록 한다. "당신이 아니면 그런 크고 중요한 기부를 할 사람이 저희에겐 없기에 고심 끝에 선생님이 적임자라고 생각했습니다. 이 요청은 아무나 들어줄 수 없고 당신만이 할 수 있습니다."라고 하면 요청을 받아줄 확률이 높다. 한국에서 고액 기금요청

특강을 많이 하는데, 한국의 요청가들은 바로 그 점이 약하다. 좀 과장되긴 하지만 "기부 좀 해주세요. 부담 갖지 마시고요. 다른 사람들도 할 만한 사람 많아요." 하는 태도는 매우 수동적이다. 누구나 수많은 사람 중에서 단순히 한 사람으로 취급당하는 것을 싫어한다. 미국에서 멸종위기에 있는 고래를 살리자는 기금요청이 굶어 죽는 아프리카 어린이를 살리자는 요청보다 더 잘 받아들여지는 이유는 '나는 고래까지도 사랑하는 아주 특별한 사람'이라는 인식을 주고 싶어하기 때문이라는 심리학자의 분석도 있었다. 예를 들어, 어떤 부부가 파티에 초청받고 자기 부부만 불렀을 것이라고 생각하고 갔는데 수십 명과 함께 초청받았다는 것을 알았을 때의 느낌은 다르다. 어떤 유명인을 만나서 개인적으로 식사까지 하고 헤어진 그 다음날 전자메일이 와서 열어보니 이름만 바꾸어서 수십 명에게 보내는 단체 메일이라는 것을 확인하는 순간 기분이 상한다. 나만 해결할 수 있고, 내가 적임자라고 인식하는 순간 그 요청은 특별한 요청이 될 것이다. 그리고 요청자가 그 이유를 설명할 때 성의와 논리까지 더하면 금상첨화이다.

08. 친절함과 상냥함이 요청의 필수 요소이다

친절도에 있어서 전 세계 순위 통계를 보면 한국인은 좀 팍팍해 보이지만, 한국인의 친절 표현 방식이 서양인과 다를 수 있으므로 통계에 그다지 신경 쓸 필요는 없다. 하지만 냉정하게 말해서 친절하고 배려 있는 요청에는 인색한 것 같다. 사실 친절한 요청을 하지 않아도, 배려 있는 요청을 할 줄 몰라도 삶은 계속된다. 그 누구도 친절한 요청을 강요할 수는 없다. 강요된 선은 선이 아니며, 때로는 악보다 치졸하다. 특히 나이 먹은 남자가 여자보다 더욱 심하다. 마케팅이나 영업 분야에서도 여성이 남성보다 친절하고 상냥하게 요청을 잘한다. 남편들이 집안에 필요한 요청을 할 때 꼭 아내더러 하라고 종용해 티격태격하기도 한다. 마음이 열려 있지 않은 사람은 봉사할 수 없고, 스스로 여유롭다고 믿지 못하는 사람은 나눌 수 없다. 우리 마음이 이렇게 팍팍해진 데는 무엇보다 우리 사회의 성장 동력이면서 괴물인 무한경쟁 시스템의 영향이 있다. 그런 시스템에 짓눌린 사람은 친절할 수 없기 때문이다. 무뚝뚝하고 미소나 유머가 없는 불친절한 요청을 하게 되어 요청 성공률이 낮으며 그 결과가 다시 악순환이 된다.

사람마다 한국인의 친절성을 보는 관점이 다르다. 일부 외국인이 보는 한국인은 경쟁력 있는 시스템 안에서는 무척 친절하고 상냥하나 그 범주를 벗어나면 달라진다고 보는 견해가 많다. 또 어떤 사람들은 자신과 상관없는 사람에게는 불친절하고 나눔과 배려가 없지만 자기 가족들에게는 헌신적이다. 어려서부터 우리가 받은 교육은 경쟁에 익숙해지는 것이었다. 점수와 등급이 전부인 가난한 교육환경에서 성장하는 아이는 놀며 사랑하며 배려하면서 문득문득 경쟁을 배우는 게 아니라 비교하며 경쟁하는 데서 배려와 나눔조차 자신의 '스펙'을 쌓는 차가운 도구로 전락시켜버렸다. 반면에 친절이 경쟁력인 시스템에서는 무척 배려 깊다. 말하자면 친절을 연기할 줄 아는 것이다. 몇 년 전에는 좀 부자연스러웠는데 요즘 젊은 세대는 가공된 친절이 자연스럽다. 은행, 서울시 민원센터, 가전제품을 고

치러 오는 전문가들, 백화점에서 안내하는 사람들 등은 시스템 안에서는 똑같은 방식으로 친절하다. 하지만 사회나 학교에서는 마음에서 우러나오는 친절과 배려 그리고 착한 요청을 자연스럽고 당당하게 하는 인재를 원한다. 한국의 지도자들은 공정한 경쟁체제 속에서 요청이 진행되도록 도와야 한다. 미국은 그나마 열려 있는 시스템에서 요청이 움직이고 있다. 비록 부정적이고 뒷거래적인 면도 있지만 부지런하게 문을 두드릴 줄 알면 자신이 원하는 방향과 목표에 도달할 수 있다. 그래서 그렇게 할 수 있는 사람을 원한다. 노련한 입학사정관이나 기업의 인사 전문가는 그 허와 실을 알아낸다.

09. 시간 압력도 요청 방법 중 하나이다

아들이 학교에 가려고 현관문을 막 나서는 순간, "참, 깜박했다. 책을 사야 하는데 50달러가 필요해요. 빨리 주세요." 하면서 재촉한다. 엄마는 "왜 지금까지 가만히 있다가 이렇게 급하게 요청하니?" 하면서 짜증을 내지만, 아들은 "지금은 자세히 설명할 시간이 없고 오늘 사지 않으면 시험에 큰 지장이 있어요." 하며 엄마를 압박한다. 엄마는 이성적 판단을 할 여유도 없이 몇 시간 전만 해도 상상하지 못했던 결정이라도 결국 들어주고 만다. 누구든 이와 비슷한 경험을 많이 했으리라 본다. 아이들은 누가 가르쳐주지도 않았건만 본능적으로 시간 압력 방법이 매우 효과적임을 알고 요청한다. 미리 말할 수도 있지만 마지막까지 기다렸다가 항변할 시간조차 주지 않는다. 물론 착한 요청에서는 부정적인 의미로 사용하는 것을 금하지만, 긍정적인 면에서는 적절히 사용한다면 매우 중요한 전략이다. 심리적으로도 목표의 마감시간을 정해놓거나 일정표에 한도를 정해놓고 캠페인을 진행하는 것은 운영상 반드시 필요하다.

지금 요청을 거절하면 다른 사람이 혜택을 볼 것이라고 말하거나 진정으로 필요한 것은 지금이고 나중에는 필요성이 떨어진다는 것을 강조하는 것도 하나의 대의이다.

이미 오래전부터 세일즈 분야에서는 "좀 더 빠르게 구매자에게 사도록 설득하는 것이 판매자에게 유리하다. 더 생각할 시간을 주면 줄수록 판매자가 원하는 길과 멀어진다."는 불문율이 있다. 사안에 따라 다를 수는 있지만 일반적으로 요청 후에 빠른 시간 내에 결정을 재촉하는 것이 시간을 끄는 것보다 받아들일 확률이 더 높은 것은 사실이다.

요청을 받으면 보통 사람들은 "언제까지 대답해야 하지요?" 또는 "언제까지 시간이 있습니까?"라고 묻는다. 그 자리에서 대답하지 않으면 다음에는 결정하기가 더욱 어려워진다. 그래서 요청이라는 정의에는 반드시 '지금'이라는 것이 포함되어 있다. 만약 아직 여유가 있거나 지금 하지 않아도 되면 그것은 진정한 요청이 아니라 요청의 전 단계 정도일 것이다.

10. 요청은 먼저 할수록 유리하다

공개적으로 요청할 경우 공고 후 바로 신청하는 것이 유리하다는 것은 모금계에서는 상식으로 통한다. 한국의 어느 취업 포털 사이트에서 채용 담당자 471명을 대상으로 조사한 바로는 전체의 90.2

퍼센트가 마감 전에 지원을 검토한다고 했고, 그중 83퍼센트는 마감 전에 이미 합격자를 결정한 경험이 있다고 말했다. 이러한 사실은 기금요청자 교육 프로그램에서 요청을 받아들이는 재단 담당자의 경험에서 나온 것으로, 기금 신청자는 마감일 직전에 신청하는 것을 피하도록 교육하고 있다.

어떤 프로젝트의 연구원을 뽑을 때도 아무래도 가장 먼저 신청한 사람에게 눈이 가고 기억에 남는다. 신청한 사람의 열정이 느껴지고 인재를 놓치고 싶지 않은 심정도 있겠고, 더욱더 꼼꼼히 서류를 살피게 되며 채용 일정을 앞당기기도 한다. 마감일까지 기다릴 것 같지만 사실 그렇지 않다. 경쟁해야 하는 가장 먼저 요청받은 사람 입장에서는 심리적으로 다음 사람보다 우선권이 있을 확률이 더 높다. 그래서 같은 조건이라면 가장 먼저 신청하고 전화하고 요청하는 것이 요청의 비밀이다. 요청받은 마지막 사람이기보다 첫 번째 대상자인 편이 훨씬 기분이 좋다.

11. 거부하는 이유를 막을 대답을 준비한다

누구나 기부가 좋은 것을 알면서도 스스로 주지 않을 이유를 만들어낸다. 그동안 여러 요청 전문학자들이 좀 더 많은 사람이 자선기관에 기부할 수 있도록 돕기 위해 기부를 하거나 하지 않는 이유에 대해서 연구조사를 발표하였다. 특히 영국의 학자 톰 파시데스Tom Farsides와 샐리 힐버트Sally Hilbert가 2005년에 발표한 내용이 눈길을 끌지만, 지금까지 전문가들이 알고 있었던 사실과 별반 차이가 없다. 사실 사람들이 기부하거나 하지 않는 주된 이유를 정확히 알아내기는 어렵다. 기부의 동기는 나이나 주어진 조건, 환경 등에 따라 변하기 때문에 단정 짓기 어렵다. 어느 개인의 특수한 상황을 조사하는 대신 대중을 상대로 비교적 안정적이고 보편화된 기부 동기를 기존 기부자를 대상으로 조사해 대중의 마음을 움직일 모금방법을 쓰라고 권면하는데, 이유는 결국 두 가지로 함축된다고 본다. 사람들은 기부할 때 단체에 대한 믿음과 접근 방법에 따라 결정하며, 모금 자체는 자긍심과 관계를 생각하면 좋은 일이지만 기부하지 않았을 때 느끼는 죄책감과 요청자와의 관계에 미칠 수 있는 문제에 스스로 최면을 거는 내용은 다음과 같다.

① 책임 부정: 기부할 돈이 충분치 않다.
② 이익과 해에 대한 부정: 내 돈이 크게 도움이 되지 않을 것이다. 자선사업이 제대로 되었다면 왜 아직도 아프리카의 수많은 사람이 굶주리나?
③ 수혜자를 인정하지 않음: 부랑자가 왜 있는가? 하려고만 하면 일거리가 곳곳에 널려 있는데 게을러서 그렇다.
④ 요청자를 인정하지 않음: 탤런트가 무슨 자격으로 기부를 요구하는가? 자신들의 재산을 먼저 내놓아야 한다.
⑤ 더 중대한 이유: 내 집안 식구를 보살피는 것이 더 중요하다. 다른 데 보내는 것보다 내 주위부터 자선을 베풀어야 한다.

사람들은 이런 이유로 착한 요청을 거부하는 것이 습관이 되어 기부를 거부하게 되는데, 단체에서는 이런 이유에 대해 하나하나 이성적으로 설득할 만한 대책이나 대답을 미리 준비해야 한다.

12. 요청을 성공으로 이끄는 5가지 힘의 비법

요청은 개인과 개인 사이, 개인과 조직 사이, 조직과 조직 사이에 일어날 수 있으며 공통적으로 5가지 힘이 필요하다.

① 얼굴 내밀기: 그 자리에 있는 것 자체가 힘이다. 요청은 관계에서 시작하고 관계의 연장선으로 끝을 맺곤 한다. 관계의 시작은 상대가 있는 곳에 요청자가 자주 있어주는 것이 힘이 된다. 인생에서 90퍼센트의 성공은 단지 보여주는 것만으로도 가능하다고 한다. 그래서 너도나도 관계에 효과가 있다고 믿어 눈도장이라도 찍으려고 애를 쓴다. 부모와 자식 관계라 하더라도 부모 일에 얼굴이라도 한 번 더 보이는 자식이 더 예쁜 법이다. 요즘같이 디지털 영상기술이 발전한 세상에서는 보여주기 효과와 효율이 매우 높다. 모금가들도 기부자의 일에 관심을 두어 단지 그 자리에 있는 것만으로도 충분히 배양할 수 있다. 그런 배양이 여러 번 있은 뒤에야 요청도 가능하다. 가만히 사무실에 앉아 이메일이나 편지를 보내거나 전화를 걸기보다 현장에 나가 기부자와 얼굴을 맞대고 눈을 마주치고 대화하는 것이 최고의 힘을 가진다.

② 말로 표현하기: 소리 내어 말로 하는 것이 힘이다. 요청을 말로 표현하지 못하면 알아서 주는 사람은 아무도 없다. 사람들이 요청하지 못하는 이유는 말을 하지 못했기 때문이다. 기회를 만들지 못했거나 있어도 차마 말할 용기가 없었을 것이다.

자신의 아이디어나 제안 혹은 요청을 문서나 전화로 전달하기 보다는 말이 가장 효과적이다. 사람들은 현대의 지도자로 훌륭한 연설가를 원한다. 연설로 대중에게 요청하는 것이 가장 효과가 크다고 한다. 미국 대통령 선거 때 오바마의 연설을 듣고 설득되어 투표를 결정했다는 유권자가 많았다고 한다. 그래서 미국에서는 학교에서 친구들이나 부모 앞에서 당당히 의사표현을 할 수 있도록 교육하는 것에 신경 쓰고 있다.

③ 옆 사람과 함께하기: 파트너십 그 자체가 힘이다. 비영리단체의 리더십은 한마디로 파트너십을 가장 중요하게 생각한다. 모금은 혼자 힘으로는 불가능하다. 단체의 요청은 혼자 하는 것이 아니다. 훌륭한 생각이나 계획은 조언자와 후원자가 함께 팀을 이루어야 가능하다. 특별히 기부금을 요청할 때는 많은 팀원이 함께 조사하고 준비하는 과정이 필요하다. 그래서 팀워크에 익숙한 스포츠 리더십을 가진 사람이 비영리단체에 많이 몸담고 있다. 팀워크에는 팀원의 요청과 갈등을 해결할 수 있는 능력이 요구된다. 그래야만 다른 팀이나 개인에게 요청했을 때 진정성과 효과가 있다.

④ 높은 곳 바라보기: 가치의 힘이다. 높은 이상과 가치만이 갈등 문제, 요청의 두려움을 해결할 수 있다. 같은 곳을 바라볼 수 있는 목표가 공유된다면 요청에 성공할 확률이 높아진다. 그래서 훌륭한 리더는 단순히 효율적으로 좋은 결과를 가져다 주는 것이 아니라 다 같이 도달할 수 있을 만큼 목표를 정하고 큰 그림을 그리게 하며 깃발의 방향을 쳐다볼 수 있도록

해야 한다. 그럴 때 리더의 요청이 힘을 발휘한다.

⑤ 포기하지 않기: 지속적인 노력의 힘이다. 무슨 일이든 도중에는 실패할 것처럼 보인다. 그래서 선부른 비판이나 비평에 못 이겨 요청을 중단하는 경우가 많다. 어떤 방해나 부정적인 힘을 제어할 방법은 끊임없이 계속 요청하는 것이다.

위와 같은 5가지 방법으로 요청하면 성공할 확률이 높아진다.

13. 아들에게 배우는 5단계 요청 비법

요즘은 기금을 요청하는 자체보다 기부자와 만날 약속 잡기가 더 어렵다고 한다. 특히 거액 기부자를 만나려면 비서를 통해야 하는데, 왜 그렇게 문지기들이 많은지 요청보다 더 힘들다며 일선 모금가들은 볼멘 소리를 한다. 하지만 전문 모금가는 "문지기를 무시하면 안 된다. 요청교육 중 첫째가 문지기와 우선 친해져야 한다."고 가르친다. 문지기가 어떻게 보고하는가에 따라 결정 나기 때문이다. 단체의 미션을 이루려면 기금요청이 모금의 화룡점정인데, 철저한 준비와 전략이 없다면 모든 게 낭비일 수밖에 없다.

요청의 비법을 굳이 먼 데서 찾을 필요는 없다. 필자의 아들이 어떻게 아버지의 지갑을 열게 하는지를 보면 그 비법이 나온다. 그냥 돈이 필요하다고 막무가내로 달라고 하지 않는다. 예를 들면 이런 식이다. "이번에 친구 네 명이랑 영화를 만들려고 하는데 총 1만 달러가 들어요. 그중 제 할당금이 2천 달러이고 그동안 아르바이트 해서 1천 달러를 마련했는데, 이번에 아버지가 1천 달러만 해주시면 이번 프로젝트는 잘 끝낼 수 있을 거예요." 하면 지갑을 열지 않을 아버지는 없을 것이다. 이것을 통해서 모금요청의 기본 비법을 알 수 있다. 가장 어리석고 초보적인 요청은 "김 회장님, 이번에 학교 발전을 위해서 능력이 되시는 만큼 기부 좀 해주십시오."이다. 학교 발전이라는 명분은 너무 막연하고, 금액을 정해주지 않으면 준다고 해도 가장 적은 금액을 줄 확률이 높다. 조금 나은 방법은 "김 회장님, 이번에 학교에 도서관을 지으려는데 1억 원을 기부해 주시기 바랍니다."이다. 하지만 이것도 석연치 않다. 나머지 돈은 어떻게 마련하려고 하는지 알 길이 없으니 신빙성이 떨어진다. 그래서 모금 전문가들이 요청하는 가장 적절한 방법을 소개하고자 한다. 우선 5단계로 나누어 생각해야 한다.

① 먼저 목표액을 공유하라. 도서관을 지으려면 100억이 필요하다.

② 목표액과 얼마나 가까운지 보여주라. 지금까지 30억을 모금했다.

③ 가능하면 기부자에게 요청할 금액을 정확하게 제시하라. 요청할 금액은 10억이다.

④ 나머지는 어떻게 해결할 것인지 전략을 공유하라. 나머지 60억은 1억씩 내겠다는 분이 60분 있다.

⑤ 위의 내용을 합쳐서 실제로 기부자에게 요청하라.

"총 소요금액이 100억인데 30억은 그동안 내부에서 모금했고 회장님께서 10억을 기부해주시면 나머지는 60분이 1억씩 해주기로 약정하셨습니다. 그러니 회장님께서 10억을 투자해주십시오." 그리고 아무 소리 하지 말고 그가 대답할 때까지 기다려야 한다. 일반적으로 미국의 전문 모금가들은 이렇게 요청하는 습관을 훈련한다.

14. 스토리텔링으로 하는 요청 비법

보통 모금 전문가들이 요청을 위해 쓰는 훈련 중에 3가지 전략이 있다. 첫째는 '엘리베이터 스피치'로, 우연히 누군가와 엘리베이터를 같이 탔을 때, 3층 정도 올라가는 15~20초의 짧은 시간 동안에 짤막하고 명확하며 힘 있는 메시지로 자신이 무엇을 하는 사람인지 알리는 것이다. 둘째는 '강 건너 말하기'로, 약 30~50미터 떨어진 곳에 상대가 있다고 가정하고 소리쳐 자신이 필요한 것을 말하게 하는 훈련으로, 들릴까 말까 하는 상태에서 필요한 키워드를 만들어내는 과정이다. 그리고 세 번째는 만약 상대와 20~30분 정도 대화할 시간이 있다면 상대를 설득하는 데는 스토리텔링이 가장 좋은 방법이다. 만약 상대가 당신의 요청을 30분 정도 방해받지 않고 들을 수 있다면 가장 좋은 전략은 자신의 진솔한 과거 경험을 주제로 스토리화하는 것이다. 미국의 작가 마크 트웨인은 "사실을 말하라. 그러면 내가 믿는다. 진실을 말하라. 그러면 내가 배운다. 스토리를 말하라. 평생 가슴에 간직할 것이다."라고 했을 만큼 요청에는 스토리텔링이 가장 중요하다.

위의 3가지 방법의 공통점은 미리 준비한다는 것이다. 많은 사람이 스토리가 설득을 위해 중요한 것을 안다. 모금가들이 누군가를 만날 때마다 즉흥적으로 만들어 내는 줄 아는데 그것은 오산이다. 스크립트를 만들어 역할 연기도 하고 미리 훈련하고 준비한다는 것을 잘 모른다. 동료나 모금 팀장 리더들이 미리 들어보고 모니터링하면서 수정도 하는 등 큰 금액을 요청할수록 공을 많이 들인다. 토크쇼의 여왕 오프라 윈프리는 언젠가 자신의 어려운 상황을 해결해 줄 사람을 만나 요청하기 위해 '요청서'를 준비했는데, 결국 그 '백기사'가 나타났을 때 기회를 놓치지 않고 준비한 것으로 요청했고 그것으로 새로운 인생이 시작되는 계기가 되었다고 한다. 사람들은 그녀를 행운아라고 했지만 그건 행운이 아니라 기회를 위해 철저히 요청 준비를 했을 뿐이라는 고백을 들었을 때 필자의 마음에 깊이 와 닿았다.

요청할 때 다른 방법보다 스토리텔링이 효과적인 이유는 우선 자연스러움에 있다. 스토리텔링을 통한 요청은 인간에게는 본래 자연스러운 행동이고, 역사적으로 우리 선조는 왜 요청이 필요한지를 스토리로 만들어 설명해왔다. 그리고 무엇보다 이야기로 설명하는 것이 다른 이론이나 논리로 설득하기보다 훨씬 쉽다. 그저 있는 그대로 이야기하면 된다. 그래야 듣는 사람도 재미있다. 어색하고 딱딱한 분위기를 부드럽게 하고 즐거움을 줄 수도 있다. 또한 스토리를 통해 요청자의 열정을 느끼고 진정성이 전달되어 쉽게 받아들여진다. 어려운 것을 쉽게 이해시킴으로써 현재 믿고 있는 것을 좀 더 강화시키기도 하고, 정상적인 인간의 요청에 대한 방어 메커니즘도 쉽게 넘어가고, 공감을 느끼게 하여 부담감 없이 시각을 바꾸어도 자존심이 상하지 않는다. 이야기로 하는 요청은 적대적인 감정을 누그러뜨리고 수직적인 상하 관계를 부드럽게 한다. 마지막으로는 기억하기 쉽다. 이야기를 들은 사람은 요청한 사람은 기억하지 못해도 그 스토리를 들으며 자신이 상상한 장면을 기억하게 마련이다.

15. 비영리단체가 주로 쓰는 요청 기법들

한국에서는 많은 단체가 모금 계획을 하면서 미리 요청자를 준비하지 않고 꼭 마지막 단계에서 서로 미루면서 우왕좌왕하는 것을 목격하게 된다. 모금 계획은 좋지만 누가 과연 고양이 목에 방울을 달 것인가 하며 서로 얼굴만 쳐다보는 격이 되고 만다.

기부자는 비영리단체에서 돈을 필요로 하기 때문에 기부하는 것이 절대 아니다. 그들 스스로 필요해서 주는 것이다. 요청자가 기부자의 필요를 빠른 시일 내에 파악하느냐 하지 못하느냐 따라 요청은 종료 단계에 도달하거나 아니면 전혀 진행하지 못하고 정체한다. 그러기 위해 잠정기부자와 충분한 시간을 보내고, 기부금을 내는 것이 기부자에게 어떻게 유용한지 늘 염두에 두어야 한다.

요청이 아무리 개인적인 목적이 아니어도 요청 후에 기부자가 부정적인 반응을 보일 경우는 개인적인 감정을 자제하려고 해도 인간인지라 공적이기가 매우 어렵다. 공과 사를 구분해야 한다고 하지만 대부분 인간적인 관계를 통해 요청이 이루어지기에 개인 문제로 전환되지 않아야 하지만 현실은 그렇지 못하다. 그래서 요청한 후에 기분이 씁쓸해지는 경우가 대부분이고, 요청 경험이 썩 좋은 사람은 그다지 많지 않다. 요청자가 줄을 서서 기다리지 않는 이유가 바로 거기에 있다. 그래서 모금자는 기부자를 찾기보다 기부자에게 요청할 사람을 찾느라 많은 시간을 보내게 된다. 요청할 사람을 찾는 것이 아니라 잠정기부자를 먼저 찾은 다음 합당한 요청자를 찾는 것이 현대의 모금기법이다.

① 요청은 모금의 한 프로세스일 뿐 전체는 아니다.
② 요청 시 필요보다 이익을 강조하라.
③ 요청 시 단체의 이름을 걸지 말고 프로그램에 걸어라.
④ 요청 시 기부자를 어떻게 설득시킬 것인지를 먼저 생각하라.
⑤ 요청자가 곧 단체를 대표한다.

적절한 질문은 요청의 윤활유

“대답하는 것을 보면 얼마나 똑똑하고 스마트한 사람인가를 알 수 있고, 질문하는 것을 들어보면 얼마나 지혜로운 사람인가를 알 수 있다.”는 말이 있다. 적절한 질문은 상대의 말에 관심을 나타내며 존재감을 느끼게 한다. 랠프 왈도 에머슨Ralph Waldo Emerson이 “당신이 얼마나 그에게 관심을 두는지 알기까지는 이 세상에 그 누구도 당신이 얼마나 알고 있는지 관심이 없다.”라고 했듯이, 적절한 질문을 통해 그에게 먼저 관심을 보여야 그가 관심을 두고 나의 요청에 시간을 낸다. 그래서 질문은 사실과 의견, 느낌을 파악하는 빗장 역할을 한다.

요청할 때의 질문을 색깔별로 4가지로 표현해보면 다음과 같다.

✣ 흰색(white) 질문: 현재 상황을 묻는 것으로, 흰 눈을 연상하면 된다. 순수하지만 차가운 사실적인 데이터나 정보를 얻기 위함이다.

✣ 초록색(green) 질문: 욕망을 충족하거나 미래를 알기 위한 질문으로, 초록 잔디와 나무를 연상하면 된다. 이는 성장을 생각하며 하는 질문이다.

✣ 검은색(black) 질문: 장애물을 알기 위한 것으로, 중요하고 힘 있는 질문이다. 깜깜한 밤을 상상하고 빛이 없으면 아무것도 볼 수 없는 상황. 그 빛은 현재 상황과 원하는 목표 사이의 장애물을 비춘다.

✣ 붉은색(red) 질문: 느낌을 알기 위한 질문으로, 불을 연상하면 된다. 강렬한 감정을 알고 유발하기도 하는 질문이다.

이같이 각기 다른 목적을 가진 질문을 요청하기 전이나 요청 중에 사용한다면 윤활유 역할을 할 것이다.

적절한 질문하기

강의가 끝난 뒤 질문하는 시간에 청중의 질문을 들어보면 그들의 수준을 알 수 있으며, 주제에 대한 청중의 열정을 알 수 있다. 한편으로 청중은 질문 수준으로 자신을 드러내고 싶지 않은 심리가 있다. 어떤 이는 질문을 통해 자신의 지식을 은근히 과시하기도 한다. 이같이 질문은 사람을 파악할 수 있는 리트머스 시험지 같은 것이다. 질문의 질과 성격으로 그의 마음에 숨어 있는 세계를 엿볼 수 있다. 요청이 첫째 비밀은 적절한 질문을 하는 것이다. 진정성이 들어가 있는 질문이라면 금상첨화이다. 필자가 아는 사람 중에 지금까지 몇 년간 여러 번 만났지만 질문이 거의 없는 사람이 있다. 그는 자녀 문제나 취미 문제 등에는 전혀 관심이 없고 자기 얘기만 할 뿐이다. 세일즈맨 훈련 중에서 가장 중요한 것은 고객에게 적절한 질문을 때에 맞추어 하는 것이다. 뛰어난 세일즈맨이라면 형사처럼 묻는 것이 아니라 상황에 맞게 질문하는 능력이 있어야 한다. 질문의 질을 보면 그가 얼마나 상대에게 관심이 있는가를 알 수 있고, 질문에 대한 대답을 통해 좀 더 서로 이해할 수 있다. 동양적인 사고방식에서는 질문하는 것이 상대에게 큰 실례이고, 특히 나이 어린 사람이 윗사람에게 질문하는 것을 문제시하지만, 하지 말아야 할 질문과 해도 되는 질문을 많이 하는 습관을 어려서부터 가르치는 것이 매우 중요하다.

컬럼비아 대학의 연구조사에 의하면 요청하기 전에 간단한 질문이 도움이 된다는 보고서를 본 적이 있다. 대학 구내식당이 어디인지 몰라 에스코트해달라고 부탁하는 실험인데, 어디인지 물은 뒤에 부탁했을 때 2배나 더 많은 사람이 도와준다는 것이다. 만나자마자 처음부터 부탁하는 것이 아니라 질문을 통해 서로 마음의 문을 연 뒤에 요청하는 것이 큰 도움이 된다고 한다.

요청 시 순서의 위력

마찬가지로 단체를 설명할 때도 순서에 따라 받아들이는 결과는 완전히 달라질 수 있다.

예를 들어, 어떤 그룹에게 누군가를 설명할 때 '지적이다, 부지런하다, 충동적이다, 비판적이다, 고집이 세다, 질투심이 강하다'라고 하는 대신에 '질투심이 강하다, 고집이 세다, 비판적이다, 충동적이다, 부지런하다, 지적이다'라고 순서를 바꾸면 전혀 다른 평가가 나오게 마련이다. 이런 실험은 인간의 본성을 파악할 때 자주 증명되었다. 시간상으로 앞서 제시된 정보들이 뒤따라오는 정보를 해석하는 데 영향을 준다는 것이다. 첫째는 똑똑하지만 옹졸한 사람이고, 둘째는 옹졸하지만 똑똑한 사람이다. 이것을 '원래 똑똑한 사람은 옹졸할 수 있지 않느냐'는 식으로 긍정적으로 평가할 수 있다. 같은 사람을 놓고도 천재 또는 옹졸한 사람으로 보는 관점이 달라진다.

예를 들어, 단체 프로그램의 장단점을 반드시 설명해야 하거나 좋은 소식과 나쁜 소식을 동시에 말해야 한다면 단점이나 나쁜 소식을 먼저 전하고 장점이나 좋은 소식을 나중에 전하는 것이 현명하다.

요청 시 좋은 질문의 위력

자신이 어떤 사람인지 항상 외부에 의해 은밀히 유도되는 것은 아니다. 하지만 우리 스스로 던지는 질문에 따라 어느 한쪽으로 유도될 수 있다. 사람의 심리적 성향은 어느 한쪽에 치우쳐 있지 않다. 아마도 대부분 중간 정도에 걸쳐 있을 것이다. 물리적인 속성은 금방 알 수 있지만 심리적인 것은 어떤 질문과정을 거치면 좀 더 확연해진다. 모금에서 기부는 중간이 없다. 기부를 하거나 하지 않거나 둘 중 하나이다. 좋게 보면 기부할 확률이 높아지고 부정적이면 기부하지 않을 확률이 높아지기에, 평소 기부에 대해 자신의 성향을 확실하게 결정하지 못했어도 요청자의 질문에 따라 결정되기도 한다. 평소에 스스로 기부를 잘하는 편이거나 거부반응이 있거나에 따라 자신을 평가하는 방향이 달라진다. 이런 일이 가능한 것은 질문의 방향이 특정 종류의 증거를 찾도록 유도하기 때문이다. '나는 기부를 잘하는가?' 스스로 물어보고 나서 실제로 남이 질문하게 되면 자연히 기부했던 기억과 증거를 찾으려고 노력하게 될 것이다. 비록 적더라도 그 증거를 대상으로 스스로 기부를 잘하는 사람으로 느끼게 되고, 실제로 그런 사람이 되는 것이다. 한편 '나는 기부에 거부반응이 있는가?'라는 질문을 스스로 하게 되면 누구든 한 번쯤 그런 기억이 있을 것이기에 결국 질문 방향과 일치하는 쪽으로 자신을 판단하게 된다. '자기 개념'이라는 것은 결국 그때그때 상황에 따라 다르기에 질문의 방향에 따라 결과가 다르게 나올 수 있다. 따라서 요청 시에 질문의 방향을 잘 잡아야 한다.

요청할 때는 될 수 있으면 긍정적인 방향으로 상대의 기부 친근성 편향으로 질문해야 한다. "선생님은 평소에 기부를 즐겨 하시지요?"라고 하는 것이 현명하다.

요청을 위한 언어 사용법

요청은 사람이 중심이 되어 이끌어 가는 것이기에 잠정기부자에게 요청자의 이미지를 되도록이면 긍정적이고 인상 깊게 표출하는 것이 중요하다. 대화법이나 언어 역시 사람의 인상과 이미지 인식에 중요한 역할을 한다. 잠정기부자에게 최소한의 부담을 주고, 최대한 편안한 분위기를 제공하며, 긍정적인 의미와 유익한 동기 부여를 자극하는 언어를 사용해야 한다.

'저' 또는 '저희 단체'라는 말보다 '우리' 또는 '우리 단체'라는 단어를 쓴다.

'저' 또는 '저희 단체'라는 개인적인 인칭 사용은 잠정기부자에게 무의식적으로 거리감을 준다. 참여를 이끌어내는 요청에서 거리감을 연상시키는 표현은 좋지 않다. '우리'라는 단어를 지속적으로 사용함으로써 잠정기부자에게 잠재적으로 참여의식을 제공하고 책임의식을 갖게 되도록 하자. 이는 요청이면서 동시에 개인과 단체의 이질감을 줄여나갈 수 있음은 물론, 공동의 목표와 미션을 공유하며 이끌어 나가기 위한 서로의 신뢰성과 동질감을 상승시킬 것이다.

'공헌' 또는 '기부'라는 말 대신 '협력', '투자'라는 말을 사용하도록 하자.

이는 잠정기부자에게 일방적으로 요구받는다는 부담감을 없애줄 수 있고, 모금 혹은 후원이 자신에게도 이익을 발생시키는 유익한 일이라는 인식을 심어줄 수 있을 것이다. 물론 모금이라는 것은 공공의 이익을 발전시키는 것이기에 무조건적으로 보람 있는 일이 될 수 있기는 하지만, 사람은 천성적으로 본인에게 이익이 되지 않는 일에 대해서는 후하지 못한 경향이 있다. 모금을 요청함에 있어 잠정기부자의 공헌으로 더 나은 사회가 될 것이라는 막연한 설득보다, 잠정기부자의 사회적 이익을 실현하기 위해 모금을 통해 그가 소망했던 사회 공익의 실현은 물론, 사회가 요구하는 리더로 거듭날 수 있다는 긍정적인 이익 효과를 인지시키고 모금이 이를 위한 부사과정이라는 것을 이야기할 때 잠정기부자들은 귀와 마음을 열어 당신의 이야기를 경청할 확률이 높아진다.

"세상의 필요를 채워주세요."가 아니라 "세상에 더 많은 기회를 주고 함께 발전을 이끌어 나가요."라는 건설적인 동기 부여가 되는 언어를 사용하자.

필요와 도움만을 요구하는 것은 미션 자체에 대한 부담감으로 다가올 수 있다. 분명히 잠정기부자도 도움을 제공해야 한다는 걸 알고 있지만, 어려움과 필요에 초점을 맞춘 다소 부정적이고 침울한 분위기의 요청은 너무나 원대하고 시급하게 들릴 수 있기에 잠정기부자 스스로 자신의 역량을 의심하며 선뜻 나서지 못할 것이다. 하지만 긍정적이고 건설적인 요청은 그들에게 조그마한 도움을 줘서라도 발전에 이바지하고 싶은 동기 부여의 수단이 될 것이다.

요청 후 긍정적인 대답을 하고 나서 조건을 제시하라

말로 쿵푸를 한다고 해서 얼마 전에 화제가 되었던 텅후Tongue Fu!에서 요청받는 사람의 요령이 소개되었다. 이것은 필자가 요청교육을 할 때 "네, 만약 ~" "아니오, 그런데 ~"라는 식으로 요청받는 요령을 설명할 때 쓰는 사례이다. 만약 부하직원이 찾아와 간절하게 "이번 주에 미리 월급을 주시면 안 되겠습니까? 이번 주말에 급히 이사를 해야 해서요."라고 요청하면 대부분 "미안하네. 아직 회계 팀에서 정리가 안 돼서 줄 수 없네."라고 대답할 것이다. 그러면 직원은 무안해하며 자신의 요청이 받아들여지지 않은 데 대해 기분이 언짢을 것이다. 상사가 한 말의 본뜻은 그렇지 않더라도 마치 말로 문을 꽝 닫는 느낌일 것이다. 하지만 같은 말이라도 조금만 긍정적인 'Yes' 투로 바꾸면 어떨까? "물론 줄 수 있지. 만약 회계 팀에서 허락이 떨어지면 연락하겠네. 상황설명을 해주고 빨리 처리되도록 말해두겠네."라고 말한다면 요청자는 훨씬 기분이 좋을 것이다.

가정에서도 마찬가지이다. 아들은 밖에 나가 놀고 싶어서 졸라대고, 그럴 때마다 아버지는 "안 돼, 아직 숙제를 안 끝냈잖아."라고 말하곤 한다. 하지만 위의 회사에서의 사례처럼 "물론 밖에 나가 얼마든지 놀 수 있지. 숙제를 끝낸다면 말이야."라고 말해보면 어떨까? 항상 아들이 하고 싶은 것을 막기만 하는 그런 부정적인 인물상이 아니라 책임을 완수하고 하고 싶은 일을 하게 하는 자상한 아버지의 이미지로 바뀐다면 관계가 좀 더 친밀해질 것이다.

요청의 두려움은 자신의 역량을 크게 벗어난 요청을 받았던 기억이 많았을 때 일어난다.

– 비케이 안

chapter

08

모금 전문가에게 배우는 착한 요청 기술

01. 모금가들의 요청 전 준비작업

모금가의 첫 전화와 요청

모금가가 가장 힘들어하는 3가지 요청은 처음으로 전화해서 미팅 약속 잡기, 실제 기부금 요청하기 그리고 기부금을 받은 뒤에 감사 전화하기라고 한다. 그중에서도 가장 하기 어렵고 큰 용기가 필요한 것은 먼저 전화하기이다. 아무리 친했어도 특히 만난 지 오래된 사람끼리는 서로 먼저 연락하기를 무척 꺼린다. 아마도 먼저 연락하면 자존심이 상하고 마치 무슨 부탁을 하는 것 같아 꺼린다. 초면에 눈이 마주치면 민망해서 "Hi!"나 가벼운 눈인사를 나누는 것이 자연스러운 사회에서 살다가, 지하철 같은 데서 먼저 인사라도 하면 미친 사람 취급받는 한국에서는 다들 무표정해 눈을 어디에 두어야 할지 무척 민망했다. 다들 서로 무관심하다는 것을 애써 표현하는 듯하다. 물론 사람이라면 누구나 첫 전화 연락에 두려움을 갖고 있을 것이다. 필자는 얼마 전에, 미국에서 20여 년 전쯤 같이 공부했고 나름대로 성공한 학교 동문이 있다는 소식을 듣고 반가운 마음에 어떤 특별한 목적 없이 먼저 전화한 적이 있었다. 반가워할 것이라는 내 기대와는 달리 그 친구는 무척 경계하며 무슨 용건으로 전화했는지 대답을 빨리 원하는 것 같은 느낌을 받아 당황한 적이 있었다. 모금가라는 직업 특정상 필자에게는 이런 일이 비일비재하지만, 아마도 그는 여러 사람이 전화해 부탁도 많이 하고 해서 '동문 피로 증후군'이 있었나 보다. 무한경쟁사회에서 제한된 윗자리로 올라가다 보면 계획되지 않은 만남이 피곤할 수도 있고 경계심을 불러일으키기도 할 것이다. 미국사회에도 우스갯소리처럼 하는 말이지만 슬픈 이야기가 있다. "높은 곳으로 올라가는 사다리를 정신없이 밟고 올라가는데 정상에서 보니 자신이 수많은 사람의 손가락을 밟고 올라왔더라. 그걸 알고 난 뒤에는 짐짓 그들의 아픈 소리를 못 들은 척하게 된다." 오랫동안 미국에서 같이 유학하는 사람끼리도 몇 년씩 연락하지 않고 지내는 사람들이 의외로 많다고 한다. 아마 먼저 전화하기를 바라며 기다리는 사람이 많을 것으로 생각된다. 어쨌든 난 그 동문을 이해할 수 있었다.

이러한 정서가 한국 모금가들 사이에서도 만연해 문제점으로 제기된다. 이것을 단순히 한국의 정서나 문화 탓으로 돌리기에는 너무나 중대한 사안이다. 물론 한국이든 미국이든 소개 없이 일방적으로 전화하는 것은 실례이거나 자존심 문제일 수도 있지만, 모금가는 딱딱한 분위기를 허물 줄 알아야 하며, 허리를 굽혀 먼저 전화하는 내공과 훈련이 필요하다. 사실 미국에서도 전화로 기부자를 개발하기 어려운 단체는 전문 TM 마케팅 회사에 외주를 주기도 한다.

이런 경우 누군가의 소개로 요청해야 하지만 현실적으로 소개할 사람이 없을 수도 있고 마냥 기다릴 수만은 없다. 초창기에 경험이 적은 모금가는 자신의 학연이나 지연을 이용해 잘 아는 잠정기부자와 첫 접촉을 시도한다. 하지만 그것이 바닥나면 멍하니 먼 산만 바라보며 누가 소개해주기만을 기다린다. 모금가는 단체의 미션과 가치에 잠정기부자와 공유할 수 있는 연결고리가 있다고 느끼면 먼저 연락해야 한다. 단, 첫 만남에서 요청해서는 안 된다는 것만 명심하면 된다. 자신을 위해서가 아니라 단체의 미션을 위한 전화라 생각하고 담대히 버튼을 눌러야 한다. 정 자신이 없으면 e-mail이나 편지로 대신할 수 있다. 우선 모금 리더부터 변해야 한다. 본인들도 어려워하면서 어떻게 남에게 그렇게 하라고 교육할 수 있겠는가? 모금 이론도 중요하지만 그것이 더 중요하고 기본적이다. 한국의 모금교육에서는 먼저 전화하는 법을 훈련하는 특별 프로그램이 절실히 필요하다.

사전 요청과 본 요청

모금 전문가들은 요청을 앞두고 반드시 사전 점검 요청을 한다. 큰 기부금액을 요청할 때 과연 상대가 할 수 있을지 또는 그럴 의향이 과연 있을지를 사전에 확인하는 과정이다. 예를 들어, 상대와 대화하다가 단체를 위해 투자할 의향이 있다는 간접적인 단어가 들어간 말을 했다면 가능성이 있는 것이고, 적극적으로 자원봉사를 의뢰했는데 수락했다면 기부할 확률이 높기 때문에 그다음에 정식으로 요청한다. 그것이 상대를 배려하는 것이며, 예상치 않은 불쾌한 요청을 방지할 수 있다. 학생 신분인 모금가가 잠정기부자에게 기부금을 요청해도 되는지 의견을 물어오면 필자는 반드시 사전 요청 결과와 어떤 증거와 느낌으로 요청을 하게 되었는지를 묻는다. 그런 것이 없으면 좀 더 신중하라고 하거나 여러 가지 질문을 통해 확인하는 작업을 조언한다. 마찬가지로 어떤 청년이 마음에 드는 여성에게 프러포즈할 때에도 교제하면서 그녀에게서 어느 정도 암시를 받았을 때 시도할 것이다. 무턱대고 프러포즈했다가 여성 쪽에서는 전혀 그럴 마음이 없다면 서로 무척 난감한 상황이 벌어질 테니 말이다.

딸아이는 무언가 나에게 요청하고 싶을 때 반드시 사전 요청을 하는 습관이 있다. 내 반응을 살핀 후 만약 긍정적이면 그때 정식으로 요청한다. 만약 공항에 친구를 마중하러 나가야 하는데 자신이 갈 수 없으면 "오늘 친구가 오후 3시에 공항에 도착하는데 부탁할 사람을 찾기 어려워요."라고 한다. 물론 직접 부탁하지는 않았지만 나에게 사전 요청을 하는 것이다. 만약 내가 3시에 다른 약속이 있거나 "그냥 택시 타고 오라고 해."라고 대답했다면, 딸은 정식으로 요청한 것이 아니고 나도 거절한 것이 아니기에 서로 면목은 선다. 하지만 대개의 경우 "그럼, 아빠가 대신 나가줄까?" 하고 긍정적인 대답을 하게 마련인데 그제야 딸은 정식으로 요청한다. 길을 물어볼 때도 먼저 그 동네에 사는 사람인지 확인한다. 그렇지 않고 비효율적으로 지나가는 사람 아무나 붙잡고 길을 물어보면 "전 이 동네 잘 모르는데요."라는 대답이 돌아오기 일쑤이다. 사업 제안을 할 때도 상대가 능력이 되어 제안서를 기다리는지 아니면 최소한 읽을 시간이나 흥미라도 갖고 있는지는 사전 요청으로 충분히 알아낼 수 있다.

사람들은 대부분 사전 요청 없이 바로 요청하는 사람을 싫어하거나 불쾌하게 생각한다. 거절하기도 민망하고, 전혀 예상하지 않은 경우는 더욱 그렇다. 그러면 사전 요청할 성의나 준비도 없이 요청하는 사람으로 낙인이 찍힌다. 사전 요청하는 요령과 지혜를 갖추는 것이 바로 요청의 비밀이다.

방문 요청

잠정기부자는 당신의 단체가 아니라 개인적인 관계를 쌓아온 당신을 보고 돈을 주기로 결심한다. 그러기에 잠정기부자의 마음을 움직일 수 있는 당신의 요청이 모든 노력에 결실을 보게 해주며, 이를 위해 요청은 반드시 서면으로 이루어져야 한다. 전화 혹은 한 장의 정성스러운 편지글만으로는 잠정기부자의 눈앞에서 열정적으로 요청하는 당신의 모습을 보여주기는 어렵고, 요청자 역시 잠정기부자의 표정이나 마음을 읽지 못하면 개인적으로 교류하는 데 상당히 제한적이다. 또한, 전화 혹은 이메일로 하는 요구는 잠정기부자에게 곧장 전달되지 않거나 자의로 피할 수 있다는 것도 알아야 한다.

왜 요청 확인이 필요할까?

모금 운동을 주관하다 보면 모금에 실패한 여러 가지 원인 중에서 아무래도 첫 번째 이유를 찾게 된다. 그중 단연 1위는 요청교육을 받고 열정을 갖고 나갔지만 진정으로 요청하는 데 실패한 것이다. 필자의 경험으로는 실제로 계획한 대로 요청했는데 모금에 실패한 기억은 없는 것 같다. 요청한 뒤에는 반드시 서류에 기입하기로 했지만 누구도 확인한 적이 없다면 아무 소용이 없다. 한국에서는 서류기입 문화가 생활화되어 있지 않아 한다고 해놓고도 흐지부지하기 일쑤라고 한다. 남들에게는 분위기상 직접 만나 요청했다고 말하지만 필자의 경험상 진정한 요청은 그보다 훨씬 적다는 사실이다. 그리고 동료들 사이에서 자신이 열심히 하고 있다는 것에 대한 무언의 압력을 느껴서인지 요청하지 않고도 했다고 하는 경우가 생각보다 많다. 특히 수당이 붙는 모금에서 그런 현상이 심하다. 생계형 모금가인 경우 기본 보상을 받아야 하기에 그렇다. 충성도가 떨어지는 비영리단체의 요청은 모금 리더가 중간에 실제로 확인 작업을 해야 하며, 모금 운동이 마무리된 뒤에 따지면 이미 늦는다.

또 하나는 요청자 본인이 요청했다고는 하는데 진정한 요청을 하지 못한 경우다. 요청자는 요청 준비 단계를 요청한 것으로 생각하고, 기부자는 요청으로 받아들이지 못한 것이다. 따라서 요청자에게 요청의 정의를 확실히 주지시킬 필요가 있다. 요청에는 반드시 3가지가 들어 있어야 한다. 첫째는 금액이 확실히 제시되어야 하며, 금액의 범위가 모호하면 안 된다. 둘째는 당장 기부금을 요청해야 한다. 만약 준비가 안 되어 있으면 요청 자체를 미루고 준비가 되었을 때 다시 요청해야 한다. 막연히 나중에 달라고 하는 것은 진정한 요청이 아니다. 마지막으로, 요청의 정확한 이유를 말해야 한다. 그저 단체를 돕기 위해서라든지 어려운 사람을 도와주기 위해서라고 말하기보다 확실하고 세밀한 이유를 제시했을 때 진정한 요청이라고 할 수 있다.

요청의 장소 정하기

적합한 장소 섭외는 요청에서 반드시 필요한 부분 중의 하나이다. 요청에 가장 적합한 장소는 잠정기부자가 집중할 수 있고, 사적인 대화를 보호받을 수 있는 조용한 공간을 선택해야 한다. 예를 들어, 단체 대표자의 집무실, 회의실, 도서관 등이 적절하다. 이러한 환경에서 요청자는 대화를 편하게 이끌 수 있고, 잠정기부자 역시 방해받지 않고 편하게 대화할 수 있다.

요청 시 어디에서 만나 요청할 것인지 고민될 것이다. "Location! Location! Location!"이라고 외칠 만큼 장소는 요청을 성공으로 이끄는 중대한 사항의 하나임에 틀림없다.

조용하고 요청 시 간섭받지 않을 장소로 잠정기부자의 집이나 사무실이 좋기는 하지만 수리를 한다든가 아이들이 있으면 오히려 방해될 수 있다. 집에서 만날 경우에는 가능하면 부부가 함께하는 것이 좋지만, 요즘 한국의 정서상 집으로 초대하는 경우는 매우 드물다. 그다음으로는 사무실이 적합한데 사무실은 비서가 드나들거나 전화가 걸려오기도 해서 요청 시 대화의 맥이 끊길 수도 있기에 반드시 좋은 것만은 아니다. 하지만 집과 사무실은 심리상 잠정기부자가 쉽게 거절하기 어렵고 자신을 보여주고 싶어 하는 곳이기에 요청자 입장에서는 첫 번째 선택지로서 요청해볼 만하다. 많은 사람이 그다음으로 음식점을 선택하는데, 음식을 먹으면서 생길 수 있는 변수가 많이 있으므로 조심해야 한다.

미국에서는 상대의 기호에 따라 프라이빗 클럽private club에서 주로 만남을 갖는데, 잠정기부자의 생활방식에 맞아야 하고 그런 곳을 오히려 낭비라고 생각하는 사람들도 있기에 장소에 관한 한 '상대가 편하게 생각하는 곳'을 선택해야 한다. 절대 요청자 위주로 생각하지 말고 잠정기부자 위주로 생각해야 한다. 요청자는 대체로 상대의 기호를 잘 알기에 미리 몇 가지 옵션을 만들어놓고 상대에게 물어 결정할 수 있다. 만약 음식점으로 결정했다면 미리 그곳의 환경을 확인하고 음식을 나르는 사람들이 요청 시 간섭하지 않도록 미리 일러놓고 필요할 때만 오도록 당부한다. 물론 음식값은 반드시 요청자가 내야 하기 때문에 미리 자신의 카드를 맡겨놓고 끝나면 바로 사인할 수 있도록 해야 한다. 필자의 경험상 기껏 진지하게 요청을 마무리했는데 자리로 계산서를 가져오는 바람에 어색해하면서 서로 내겠다고 실랑이를 벌인 경우가 있었다. 만약 그런 준비를 하지 못하여 상대에게 음식값을 내게 했을 경우는 요청을 거절할 수 있는 작은 변명을 만들어주어 대부분 요청 결과가 좋지 않다.

요청 시 왜 기부 계산서가 필요한가?

한국의 경우는 모금 캠페인에서 요청자가 잠정기부자에게 gift table을 보여주지 않지만, 미국에서는 요청자가 보통 단체의 정보나 기부금을 요청하는 프로그램의 브로슈어나 기부 계산서를 들고 다니며, 요청 시에 기부자의 기부금 위치가 어디에 있고 왜 중요한 것인지 설명하도록 교육한다. 특히 기부자가 내는 기부금이 가장 큰 금액일 경우 그 중요성은 아무리 강조해도 부족하지 않다. 기부자 입장에서는 혼자서만 기부금 내는 것을 절대 원치 않는다. 함께 할 동료를 원하며, 모금이 성공해서 좋은 결과를 얻기 원한다. 그래서 많은 사람이 동참하는 모금에 자신도 일부분으로 중요한 역할을 하기 원한다. 만약 기부자가 기부금을 절반밖에 내지 못하겠다고 하면 즉시 기부 계산서를 보여주어 캠페인의 목표가 절반으로 줄어들어서 결과를 보장할 수 없음을 설득하는 데 요긴하게 사용한다.

요청자 입장에서는 다른 기부자 명단이나 구체적으로 얼마를 낼 것인지 무턱대고 밝힐 수 없다. 이 문제를 AFP 윤리 규정에는 "다른 기부자가 동의하지 않으면 독려 차원에서라도 이름을 밝혀서는 안 된다."고 규정하고 있다. 하지만 만약 기부자가 다른 사람들은 어떻게 기부금을 내는지 물어보면 정확한 이름은 밝힐 수 없지만 몇 명이 얼마를 냈는지 혹은 의사를 밝혔는지 정도는 말해주는 것이 관행으로 되어 있고, 그래야 한다고 본다.

요청 시 이상적인 참가 인원

기부자 입장에서는 누구나 개인적으로 요청해주기 원한다. 아무래도 대중을 상대로 요청하는 경우는 드물기도 하고 성공 확률이 그다지 높지 않다. 유명인이 유명 단체의 홍보대사로 나와 감성을 깨우는 동영상으로 대중을 상대로 후원을 요청한다면 몰라도, 일반인이 대중을 상대로 하는 요청은 아무래도 무리이다. 몇 년 전만 해도 대중을 상대로 강연회나 TV 방송으로 요청하면 효과가 컸으나 요즘은 사람을 모으기도 쉽지 않다고 한다. 만약 어쩔 수 없이 그룹을 대상으로 요청해야 할 경우는 개인과는 다른 전략이 필요하다. 최대한 적은 숫자가 유리하며, 너무 많으면 다른 사람들 눈치 보느라 모금하기가 쉽지 않다. 그리고 그들이 이미 알고 있는 사실을 재확인시키거나 암묵적으로 동의한 사항을 갖고 시작하는 것이 전혀 들어보지 못한 것을 이야기하는 것보다 낫다. 또한 적절한 언어를 사용하는 것이 좋다. 그리고 이 요청은 자신을 위한 것이 아니라 수혜자를 위한 것임을 당당히 강조하고 다시 방문할 기회는 없다는 것을 강조해야 한다. 만약 2차 방문을 해야 한다면 인간의 심리상 다음으로 미루는 경향이 있고, 자기 대신 다른 사람이 할 것이라는 생각이 앞서 효과가 크지 않다. 하지만 단체를 알리고 프로그램을 홍보하는 차원에서는 그런 모임이 좋으나 직접 요청하는 것은 자제하는 것이 좋다.

개인의 경우 요즘은 모든 기부를 부부 단위로 결정하기에 기부자에게 배우자가 있는 경우가 훨씬 좋겠고, 될 수 있으면 배우자가 함께 있을 때 요청하면 결정을 미루는 것을 미리 방지할 수 있다. 절대 요청자가 혼자 가는 것은 삼가야 한다. 윤리적으로나 금전적으로 오해를 살 수도 있고, 옆에서 모니터링하기에 요청자도 누군가 동반하는 것이 좋은데, 전문 모금가일 수도 있고 단체의 속사정을 잘 아는 스태프가 참가할 수도 있다. 모두 합쳐서 총 4명이 가장 이상적이라고 할 수 있다. 3명의 요청자는 너무 많으며, 사실 역할 분담도 어렵다. 주로 대화의 스크립트는 4명을 기준으로 연습한다.

02. 모금 무대의 등장인물

모금세계에 처음 발을 들여놓은 사람은 같이 일하는 그 많은 사람이 무슨 역할을 맡았는지, 자신의 역할조차 이해하기 쉽지 않다. 모든 막이 끝나고 무대에 등장하는 배우를 모두 소개하면 이해에 도움이 될 것이다.

우선 처음 소개되는 배우는 단체의 ① 설립자일 것이다. 이 사람은 현재 이사회의 이사장 혹은 사무총장으로 있을 수 있으며, 일선에서 물러나 이사로서 조용히 단체를 도울 수도 있다. 또 단체에서 법적으로 주인의식과 책임, 권한을 가진 이사회의 ② 이사장과 이를 구성하는 ③ 이사회원들이 있겠고, 실무자의 총 대표로 단체를 총괄하는 ④ CEO 혹은 사무총장이 있고, 그를 보좌하는 ⑤ 스태프들 그리고 모금 무대 공연의 마당발인 ⑥ 모금가이다. 모금가는 여러 가지 타이틀을 갖고 모금을 주관하는데, 모금을 요청하기 위한 ⑦ 요청자이자 이 무대의 조연 격이다. 하지만 요청자 역할은 여러 사람이 맡을 수 있다. 이사장이나 사무총장이 될 수도 있고, 심지어는 곧 나올 기부자가 요청자 역할을 할 수도 있다. 그리고 무대를 채우고 있는 많은 ⑧ 엑스트라 방관자가 있고, 그들 중 ⑨ 기부할 가능성이 있는 사람이 있고, 그중 몇몇은 ⑩ 기부자, 잠정기부자가 되고, 요청자와 모금자의 활동이 기부자의 요청을 통해 드디어 ⑪ 기부자, 즉 주인공이 탄생하게 된다. 이 무대에서 각자의 역할은 주인공의 탄생을 돕는 많은 조연이 있을 것이고, 무대 뒤에서 공연을 돕는 많은 스태프가 있다. 모금 무대에서도 모금가를 돕는 많은 스태프가 있을 것이다. 무대에서 주인공을 비롯한 스태프들이 조화를 잘 이루어야 좋은 공연으로 마무리할 수 있다. 보이는 것은 주인공일지 몰라도 이들 한 명 한 명이 각자의 역할을 잘 수행해내지 못한다면 성공적인 공연이 될 수 없을 것이다. 모금 무대에서는 모금가나 스태프, CEO 등 모든 사람이 요청자가 될 수 있다. 항상 마음의 준비가 되어 있어야 훌륭한 요청을 할 수 있을 것이다.

공연장의 객석을 보면 많은 의자가 있다. 이 의자들은 모금 무대에서 보면 방관자들이다. 자신의 일이 아니고 자신과 상관없는 일이니 그냥 멀리서 보고만 있다.

관객을 의자에 끌어들이려면 홍보가 필요하다. 요청할 때도 방관자를 그냥 방관자로만 보지 말고 모금 무대에서 활동할 수 있는 사람이 있다면 그 사람을 무대에 올려야 한다.

의자에 앉았지만 공연에 집중하지 못하는 사람이 있는가 하면 공연에 몰입하는 사람도 있다. 관객의 집중력을 높이는 것은 다른 부분도 있지만 주인공의 역할이 크다. 주인공이 얼마만큼 열정적이고 혼신을 다해 연기하느냐에 따라 많은 관객이 집중할 수도 있고 딴짓을 할 수도 있다.

모금 무대에서는 요청자가 얼마만큼 기부에 관심이 있는 사람에게 다가가고 기부에 관한 이야기를 어떻게 꺼내느냐에 따라 잠정기부자가 될 수도 있고 기부자가 될 수도 있다. 공연이 성공적으로 끝났다는 것은 관객들의 반응으로 알 수 있다. 좋은 공연이었고 다시 보고 싶은 공연이었다면 객석을 쉽게 떠나지 못하고 일어서서 박수를 칠 것이다. 요청자가 잠정기부자를 통해서 기부에 성공했다면 모금 무대에서도 성공의 박수가 나올 것이다.

03. 모금 전문가에게 배우는 요청 비밀

모금 전문가가 전하는 요청 비밀

기금요청은 왜 요청하는지에 대해 믿는 바가 커야 할 수 있다. 하지만 사람들은 요청하라고 하면 자신이 알고 있는 모든 사람에게 해야 하는 줄 착각하여 지레 겁을 먹는다. 또한 요청하게 되면 상대를 기분 나쁘게 할 것이라는 상상이 실제보다 크기 때문에 주저하게 된다.

첫째로는, 잠정기부자를 만나 착한 요청을 하기 전에 자신이 무엇을 원하는지 알아야 한다. 요청이 실패하는 가장 큰 이유는 자신이 무엇을 정확히 요청해야 하는지 모르기 때문이다. 최소한 4가지를 미리 정해놓고 만나야 한다. 요청 금액, 요청 횟수, 요청 빈도 그리고 가장 중요한 요청 이유를 모르면 요청을 하지 말아야 한다. 스스로 묻고 대답할 수 없다면 아직 요청을 위한 대화 준비가 덜 된 것이다.

둘째로는, 요청 대상자의 눈높이를 정확히 알아야 한다. 요청 금액은 요청자의 눈높이에 따라 올라가기도 하고 내려가기도 한다. 물론 자신의 눈높이를 객관적으로 말해줄 수 있는 사람이 필요하고, 요청자가 대상자와 차이가 없어야 이상적이기에 자신이 낮다고 인식되면 다른 요청자를 찾아야 한다.

셋째로는, 대화의 물꼬를 트기 위해 미리 준비한 대로 개시와 종료 질문을 통해 기부자의 마음을 열게 한다. 예를 들어, "선생님께서 사회 환원을 처음 생각하신 것은 언제부터였습니까?"가 무난할 것이다. 좋은 질문 하나가 열 개의 설명보다 상대의 마음을 여는데 도움이 되고, 그가 어디에 관심과 열정을 갖고 있는가를 알 수 있다. 사실 모금 전문가는 질문을 어떻게 하는가에 따라 연봉이 좌우된다. 상대의 대답에 따라 약간씩 조정하고, 상대의 억양이나 톤과 비슷하게 보조를 맞춘다.

넷째로는, 간략하게 단체가 필요한 것을 요청한다. 일단 요청한 뒤에는 침묵을 두려워하지 말고 그의 대답을 끝까지 기다린다. 만약 상대가 "No"를 한다면 반드시 그 이유를 정중하게 묻고 대화의 결과를 재확인한다. 기부자가 아직 확실한 결정을 하지 않았다면 다음 단계로 약속 시각이나 장소를 확인해야 한다.

마지막으로, 비록 요청에는 실패했더라도 전체 대화 중에 최소한 한 번쯤은 "Yes"가 나와야 한다. 예를 들어, "다음에 다시 만나 좀 더 자세한 이야기를 나누시지요." 등이다. 이런 한 번의 "Yes"는 다음을 기대할 수 있는 마지막 문의 열쇠이고, 그와 연결할 수 있는 또 다른 끈이다. 많은 요청자가 실패하는 것은 대화 중 한 번이라도 "Yes"라고 대답할 만한 질문이나 작은 요청을 하지 못했기 때문이다. 모금 전문가들 사이에 쓰는 격언 중에 "대화 중 작은 질문에 3번의 'Yes'를 하게 하면 종료 단계에 실패는 없다."라는 말이 있다. 비록 직접 기부요청과 관계없는 것이라고 하더라도 대화 중간 중간에 'Yes'라는 대답을 하게 하라는 것이다. 이런 것들을 반드시 지킨다면 착한 요청의 승률은 높아질 것이다.

04. 기부금 요청 때 되도록이면 입 밖에 내서는 안 될 말 5가지

보통 초보 기금요청자들은 어렵게 만든 만남에서 온갖 신경을 곤두세워 요청 기회를 만들어놓고도 너무 긴장해서인지 결코 해서는 안 되거나 도움이 되지 않을 말을 늘어놓게 된다. 아마 멋쩍거나 떨려서 본의 아니게 하지 말아야 할 이야기로 요청 상대의 마음을 상하게 해 모금에 실패하는 경우가 종종 있다. 사람은 감정의 존재이기에 아무리 훌륭한 일에 동참하는 자리라고 해도 말 한마디에 'Yes'가 'No'로 바뀐다.

기부를 이루기 위한 요청의 성공 비결 팁을 내놓기는 쉽지 않지만, 그동안 모금 전문가로 일하면서 뼈아픈 경험을 통해 얻은 것들을 '해서는 안 될 말 5가지'라는 제목으로 이야기하고자 한다.

아무리 전문 모금가라고 해도 가끔 해서는 안 될 말로 실수하게 되고, 필자의 경우도 실수로 인해 엄청난 대가를 치른 적도 많다. 요청자의 착한 본성과 순수한 마음, 당당함이 빛을 발하게 하는 것도 중요하지만, 그렇다고 모든 것을 내보여서는 안 되는 때가 바로 요청하는 순간이다.

① "단체의 돈이 바닥나서……."

사람들은 어려운 단체를 도우려는 마음보다 소위 잘나가는 단체에 더 투자하고 싶어 한다.

단체 은행 계좌에 돈이 조금밖에 없고, 다른 프로젝트를 하느라 돈을 다 써버렸거나 돈이 급해서 기부자를 찾아 나섰다 할지라도 그것을 입 밖에 내면 대부분 기부자들은 부담스러워한다.

기부자가 당신의 어려운 집안 살림을 꼭 알아야 할 이유는 없지 않은가? 의도와는 달리 당신이 돈에만 관심이 있고 돕는 이유에는 전혀 관심이 없다는 식으로 들릴 수도 있다.

일부러 거짓말까지 하지는 않더라도, 기부를 요청하는 당신의 목표는 상대의 기부금보다 그 단체의 직책과 미션에 대한 열정을 보여주는 데 있다는 것을 명심하라.

② "사실 제가 누구와 매우 친한데……."

누구나 자신의 인맥을 과시하거나 그만큼 자신의 인성과 능력이 좋아 그런 사람을 알 정도로 훌륭한 사람이라고 무의식적으로 말하기 좋아한다.

아니면 은근히 자신이 그 사람, 아니 당신을 도와줄 수 있으니 기부를 하면 도움이 될 것이라는 암시를 주고 싶을지도 모른다.

하지만 일반적으로 사회에 기부할 수 있을 정도의 성공한 사람이라면 인생을 살면서 여러 가지 인간관계를 맺으면서 살아왔을 것이다. 어떤 경우는 관계가 해피엔딩이 아닌 경우도 있었을 것이고, 서로 악연으로 끝난 경우도 있을 수 있다.

만약 요청자가 그런 것을 잘 모르고 누구를 잘 아느니 친하니 하는 것은 한국사회에서는 금물이다. 필자도 실수로 어떤 사람과 친분이 있다는 얘기를 꺼냈다가 상대의 안색이 싹 변하면서 모금의 '모' 자도 못 꺼낸 적이 있다. 나중에 안 일이지만 그와 법적 소송 중에 있는 줄 몰랐던 것이다.

③ "제가 어느 대학을 다닐 적에……."

자신이 모금에 가담하게 된 동기 등 개인적인 이야기를 하는 것은 요청 시 매우 중요하지만, 사족을 붙일 필요가 없으며 오히려 마이너스가 될 경우도 있다.

예를 들어, 자신이 졸업한 명문대학 이야기는 학력에 콤플렉스가 있는 상대라면 듣기 거북해할 것이고, 부부애가 좋다고 자랑하다 보면 상대가 이혼의 아픔을 겪었을 수도 있고, 함부로 자식자랑을 하게 되면 상대가 교통사고로 아이를 잃은 경험이 있을 수도 있기에 요청자가 상대에 대해 알지 못한 채 너무 자랑하거나 자신을 내세우는 것은 곤란하다.

혹시라도 기부자에게 열등감을 심어줄 수 있는 주제인 학력이나 다른 문제도 그의 알리고 싶지 않은 아픈 과거와 연루되어 있을지 모르니 너무 개인사를 장황하게 늘어놓는 것은 금물이다.

그리고 절제된 언어습관을 지녔다는 것을 드러내는 게 좋다. 열정을 드러낸답시고 말하고자 하는 요지와 관계없는 장황한 설명을 늘어놓지 않도록 조심해야 한다.

④ "전에 모시던 상사는 문제가……."

전에 모시던 상사가 자신을 얼마나 막 대했는지에 관계없이 험담을 늘어놓는 것은 현명하지 못하다.

혹시라도 기부자와의 벽을 허물고자 허물없이 남의 험담을 늘어놓는 것이 인간심리상 유리한 점도 있다는 것을 인정하지만, 조직에서 당신보다 위에 있는 사람들에게 그렇게 행동하면 버릇없거나 존경심이 없는 것처럼 보일 수 있다.

따라서 '뒷담화'는 금물이다. 기부자는 요청자가 그런 식으로 말하면 나중에 자신의 이야기를 그렇게 할 것이라고 생각하기 때문에 아무쪼록 부정적인 이야기는 하지 않는 것이 좋다.

⑤ "어느 당을 지지하느니……." 또는 "하나님께 감사드리고요."

모금 자체에 정치적인 목적이 있다면 몰라도 정치적인 견해는 가

급적 드러내지 않는 것이 현명하다.

기부자가 당신의 견해에 얼핏 공감하는 것처럼 보인다 하더라도 이런 주제의 대화는 심각한 의견 불일치와 갈등으로 끝날 가능성이 높다.

아무리 말을 잘해도 이득보다 손해로 끝날 확률이 높다. 또한 신앙에 근거를 둔 모금이라면 몰라도 마치 직장에서 정치를 논하는 것과 비슷하게 종교, 종파적인 언급을 하는 것은 위험하다. 특히 종교 내부에서도 신학적 해석이 다르고 이해도가 다르기에 직접 폐를 끼치지 않는 대화라고 해도 기금요청을 위한 좋은 주제는 아니다.

이런 내용을 언급하면 당신이 만나는 사람을 공격하거나 쓸데없이 경박한 사람으로 비친다는 점을 유념해야 한다.

위의 내용을 보면 보통 요청 시 대화 훈련이 잘 되어 있지 않으면 요청 자체도 말을 꺼내기 힘든데, 차 떼고 포 떼고 장기판에 뛰어 들어가는 것처럼 과연 이것저것 다 빼고 무슨 말을 해야 할지 고민하는 사람이 많을 것이다. 그저 단체에 대한 이야기나 기부금이 필요한 이유만 이야기할 것인가?

하지만 위의 5가지를 되도록이면 빼고 지혜롭게 상대를 배려하고 기부로 이끄는 대화를 하는 것이 요청을 성공으로 이끄는 첫걸음이 될 것이다.

05. 요청하지 말아야 할 경우 5가지

모금에서 요청은 매우 중요한 프로세스의 하나이기에 요청자가 바로 단체 그 자체일 수밖에 없다. 그렇기에 기부금을 받아낼 수 있다고 아무나 요청자가 되어 부탁하는 것은 무리가 뒤따른다. 모금 전문가가 요청자를 선정할 때는 다음 5가지를 물어본 뒤에 요청자의 역할을 권유한다.

① 단체가 요청 뒤에 후속 조치를 해줄 능력이 없을 경우: 이때는 요청 자체를 자제하도록 권유한다. 요청은 단체의 문제이기도 하지만 개인의 명예와도 관련이 있다. 실제로 요청에 관한 교육을 하면서 개인 교육을 하기 전에 과연 단체가 요청자를 써서 대면을 통해 기부금요청을 할 수 있는 준비가 되었는지를 파악한다. 요청에는 묵계적인 암시, 즉 계약과 같은 약속이 포함되어 있다. 기부금을 받은 뒤에 영수증 발행부터 감사편지, 사용내역 공지 등 요청 자체보다 더 중요한 일들이 기다리고 있고 해야 할 일이 산재해 있다. 만약 요청자가 느끼기에 자신이 홍보하고자 하는 단체가 아직 준비가 안 되었거나 서류를 백업해줄 능력이 안 되어 있다고 생각되면 스스로 요청 자리에 있어서는 안 되며 거절해야 한다. 그것은 본인한테도 좋지 않고 단체도 마찬가지이다.

② 요청 시 잠정기부자로부터 나올 수 있는 질문에 대답할 준비가 안 됐을 경우: 요청 시 단체의 정보, 특히 기부한 후에 기부자에게 어떤 대우를 해줄 것인지에 대해 망설임 없이 대답할 준비가 되어 있어야 한다. 현장에서 준비되지 않은 요청은 사실 하지 않는 것보다 못할 경우가 많다. 기부금이 급하다고

무조건 만나서 막무가내로 요청하려 하면 그것은 기부자에 대한 모욕이라고 할 수 있다. 필자는 요청자가 요청한 후에 결과에 만족하지 못하고 "충분히 교육하지 않아서 미팅 때 매우 당황했다. 다시는 그런 자리에 있고 싶지 않다."고 하는 불평을 수없이 들어왔다.

③ 요청자가 단체가 하는 일에 신뢰를 갖지 못할 경우: 신뢰를 갖지 못한 상태에서 어쩔 수 없는 사정에 의해서 요청자 입장에 서는 것보다 불편한 일은 없을 것이다. 요청을 하다 보면 요청자 본인이 단체를 보는 입장이 어떤지 요즘 잠정기부자들은 귀신처럼 눈치 챈다. 사실 신뢰 문제는 요청자 본인이 밝히기 전에는 속마음을 알 수 없다. 그래서 모금 전문가들은 이미 행동으로 선행을 보인 기부자 중에서 요청자가 나오기 바란다. 그렇지 못하면 요청 시 어색해지며 요청자의 진정한 마음을 전달할 수 없다. 속마음을 숨기고 위선으로 기부금을 요청하는 것은 서로 곤란하다.

④ 요청 대상자에 대해 전혀 아는 바가 없을 경우: 요청 대상자에 대해 아는 바가 없으면 자연히 두려움이 생기게 마련이다. 그런 경우에는 다른 사람을 찾아보는 것이 현명하다. 물론 단체가 시스템을 가동하여 기부자에 대한 정보를 제공할 수 있으나, 만약 준비되어 있지 않다면 아예 요청하지 않는 것이 좋다. 적시에 올바른 방법으로 제대로 요청하는 것이 중요하며 선부른 요청은 금물이다.

⑤ 요청자 자신이 요청 시에 어떤 반응과 자신의 최적 지대가 어디에 있는지 전혀 감을 잡지 못할 경우: 많은 경우에 자신이 요청 분위기를 충분히 주도해나갈 수 있으리라 판단하지만, 현장에서 매우 당황하는 경우가 많다. 그 많은 요청 순간이 똑같은 경우는 없다. 매 순간 다르며, 화기애애한 분위기에서부터 무척 어색한 분위기까지 종잡을 수 없을 때가 많다. 이런 분위기를 경험해보았거나 본인이 충분히 조정할 수 있다고 판단될 때 하는 것이 현명하다. 요청은 그저 한번 해보는 것이 아니다.

06. 모금 요청 시 금기 사항 5가지

요청할 때는 다음 사항을 금해야 한다.

① 절대 쉽게 포기해서는 안 된다. 요청 이론과 실행 사이의 격차가 너무 커서 대부분 처음 요청할 때 반응이 부정적이면 포기하기가 쉽다. 하지만 우리는 어린아이에게서 끈기를 배울 수 있다. 어린아이는 절대 부모에게 한 번만 요청하지 않으며, 쉽게 포기하지 않는다.

② 잠정기부자와 절대 논쟁하지 말라. 요청 결과가 부정적이거나 오해나 잘못된 정보로 단체를 질타한다고 하더라도 논쟁 조로 대화를 해서는 안 된다.

③ 사정하듯이 요청하지 말라. 많은 사람이 불경기에 요청하면 미안해서인지 사정하듯이 도움을 청한다. 연구 보고에 의하면 사정하기보다 당당하게 요청하는 편이 오히려 받을 확률이 높다.

④ 절대 지킬 수 없는 약속은 하지 말라. 요청 시 기부금을 받기 위해 자신이 할 수 있건 없건 무조건 약속을 해버리는데, 이는 매우 위험하다. 요즘 기부자와 단체 간에 법정 소송까지 가는 원인은 대부분 기부금을 받을 때 본의 아니게 잘못된 약속을 해서인 경우가 많다.

⑤ 절대 남의 단체 캠페인에 문을 두드리지 말라. 그 이유는 굳이 설명할 필요도 없다. 요즘은 지역관계상 모금 운동의 경계선이 모호하지만, 그래도 선을 넘어서는 안 되는 것이 모금세계의 불문율이다.

07. 나쁜 듣기 습관들

모금에서 요청이 중요한 것처럼 요청에서는 듣기가 중요하다. 커뮤니케이션에 능한 사람이란 남의 말을 경청하는 사람을 말한다. 사실 어떻게 듣느냐에 따라 요청의 승패가 갈리는 경우를 많이 경험했다. '듣기'라고 해서 가만히 상대의 말을 경청하라는 뜻만 있는 것은 아니다. 자신이 어떤 듣기 습관을 지니고 있는지 아는 것이 중요하다. 부모 혹은 교사나 멘토로부터 자신의 듣기 습관을 지적받은 사람은 그래도 행운아다. 대부분 자신의 나쁜 습관을 모르고 살아간다. 필자는 한국에서 태어나 반평생 이상을 미국에서 보냈다. 대부분 한인은 직업상 상대와 대화하면서 자신의 습관에 대해 지적해주는 사람도 없고 관심도 없겠지만, 필자는 직업상 많은 사람과 대화하면서 수많은 지적을 받아왔다. 한국 같은 치열한 경쟁 사회에서는 어떻게 조리 있게 효과적으로 상대를 설득할까 하는 데만 신경을 써왔다. 지금 와서 생각해보면 만약 우리가 좀 더 일찌감치 교육을 받았더라면 하는 아쉬움이 앞선다. 다른 사람과 대화를 나누다 보면 여러 가지 경험을 하게 된다. 이런 대화 속에 우리가 알아야 할 중요한 핵심이 있다. 아마도 인생의 비밀이 여기에 있을지도 모른다.

08. 부자를 대상으로 하는 요청 방법 5가지

요청의 안건이 돈인 경우 모금가들은 부자들이나 영향력 있는 사람들을 대상으로 요청하는 방법을 배워둘 필요가 있다. 큰 금액의 기부를 요청하는 사람들은 부자와 가까워지려는 노력을 한다. 금융계 및 모금하는 사람이 부자들에게 접근하거나 소통하는 방법을 아는 것은 매우 중요하다. 여기서는 전문 모금가들이 쓰는 요령을 나누고자 한다. 이 방법은 반드시 돈이 아니라 다른 요청을 할 때에도 적용할 수 있다. 만나자마자 기부요청을 하기 전에 숙지해야 할 5가지 방법이 있다.

① 요청 정보: 정보는 곧 돈이다. 부자들은 기꺼이 현금 대신에 정보를 줄 의향이 있을 것이다.

② 요청 참여: 가장 중요한 것은 참여이다. 누구든 본인이 참여하는 일에 열정을 갖고 관여할 것이다. 부자들은 특히 남의 일에 관심이 없지만, 자신이 참여한 일에는 적극적이고 요청 받을 성공률이 매우 높다.

③ 요청 동의: 현금을 주기는 주저해도 서류상의 동의를 해줄 수는 있다. 그들은 자신이 오피니언 리더가 되는 것에 매우 긍지를 느낀다.

④ 요청 소개: 알고 있거나 친분이 있는 사람들을 소개해달라고 요청하면 기꺼이 소개해줄 만큼 그들은 소개하는 것을 즐긴다.

⑤ 요청 피드백: "돈을 요청하면 조언을 해주고, 조언을 요청하면 돈이 나온다"는 속담도 있듯이 그들은 남이 조언하는 것을 듣는 것보다 직접 조언하는 것을 좋아한다. 만날 때도 조언을 구하기 위해 만나고 싶다고 하면 만나줄 확률이 높아진다.

09. 잠정기부자의 유형에 따른 요청 방법

어떤 사람이 잠정기부자가 되기 위한 기본 요건은 기부할 수 있는 능력Ability, 단체와의 연결고리Linkage, 단체 기부 대상이 되는 프로그램에 대한 관심Interest, 즉 ALI 원칙이 있어야 한다. 여기에 동기가 생기게 되어 기부 기회가 만들어지면 요청을 통해 기부자가 되는 게 정상이다. 보통 3가지는 새로이 만들어지는 것이라기보다 이미 갖고 있다는 것이 통념이기에 모금가가 이 3가지 요건을 갖춘 기부자를 찾아내 심사 과정을 거쳐 모금 명문서로서 동기를 부여해 기부요청을 하는 것이다.

이러한 정상적인 요건이 갖추어지지 않아도 모금이 이루어지는 경우가 있는데, 아마도 어떤 이유에서건 마지못해 했거나 강요나 체면 때문에 했을 것이다. 사전에 어떤 부류에 속해 있는지 알고 있다면 어떻게 접근하는지는 사람마다 달라야 할 것이다. 하지만 완벽하게 이 3가지를 다 갖춘 사람이 이론처럼 많지 않은 것이 현실이다. 모금가는 현금 아니면 시간이나 재능 중 어느 하나를 자원봉사자로 삼아 예술과 과학 사이를 오가며 부족한 잠정기부자와의 연결고리를 만들고 관심을 보강해서 결국 기부자로 만드는 작업을 해야 한다.

한국인이든 미국인이든 기부문화에서 기본적인 유형은 별다른 차이가 없지만, 전문 모금가로서는 좀 더 효과적으로 접근하기 위해서 문화나 다른 환경조건에 따른 유형을 좀 더 자세히 분류하여 연구할 필요가 있고, 그 부류에 따라 접근 방법이 달라야 한다. 대부분 전문가는 모금 교과서에 나오는 이론을 바탕으로 모금교육을 할 때 일반적으로 기부자는 세 부류라고 가르친다. 첫째, 자발적으로 스스로 기부하는 사람, 둘째, 요청받으면 내는 사람, 셋째, 마지못해 내는 사람이다. 이렇게 부류를 나누고 다시 세부적으로 7가지로 나눈다. 하지만 사람은 어느 한 부류에 속할 수도 있고 여러 부류에 속할 수도 있어 그리 간단한 문제가 아니다. 그렇기 때문에 이론만 배워서 실무에 바로 투입하기에는 부족한 면이 많은 것이 일반적이다. 중요한 것은 이미 같은 단체에 기부한 경험이 있는 대상자라도 보통은 기부자가 어떤 부류에 속하는지 밝히지 않으므로 요청하는 자의 느낌과 기록 보존에 의존하게 된다. 그리고 그 유형은 목적, 시간, 환경에 따라 변화한다.

현실적으로 한국에서는 모금을 시작하기 전에 잠정기부자를 선정하는 데 어려움이 따른다. 물론 대상자가 여러 번 같은 단체에 기부한 기록이 있으면 어떤 부류인지 추정할 수 있지만, 일반적으로 상대에 대한 정보가 부족하다. 그리고 한국에서의 모금은 장기적인 발전계획에서라기보다 즉흥적인 발상이거나 시간이 부족하여 유형을 가리지 않고 같은 방법으로 많은 사람에게 기부금을 요청하게 된다.

필자 생각에 아마도 이것이 한국에서의 모금 방법에 가장 큰 문제점 중의 하나가 아닌가 한다. 즉 상대를 배려하지 않는 일률적인 방법, 개인화하지 않는 방법, 단체 간에 다른 환경을 고려하지 않는다든지 해서 기부요청을 받는 자의 기분을 상하게 한다. 인간은 감정의 동물이라는 말도 있듯이 감정이 상하면 종교적인 이유나 이성적으로 도와야 하는 일도 내키지 않게 되어 시작도 하지 못하고 좋은 일에 동참하자고 알릴 기회조차 잃게 된다.

처음 모금하기 위해 접근할 때는 첫인상이 매우 중요하다. 모금의 승패는 불행하게도 누가 어떻게 접근을 시도하느냐에 좌우된다. 그래서 전문 모금가들은 다음과 같은 사항을 일선 실무자에게 주지시킨다.

① 아직도 많은 모금 실무자는 모든 기부자가 자신의 단체를 중

심으로 형성되어 있다는 착각에 빠져 있다는 것이다. 마치 우주가 지구를 중심으로 돌고 있다고 생각하는 것과 같다. 특히 동창회라든지 지연, 학연에 연결고리가 있는 조직에서 발생하는 현상인데, "당신은 이 단체에 소속되었으니 마땅히 의무적으로 해야 한다."는 태도로 접근해서는 안 된다. 좋은 동기라는 미명 아래 한두 번 모금하고 흐지부지 사라지는 이유가 여기에 있다. 잠정기부자는 자신의 세계가 따로 있고, 그가 보는 모금의 관점은 완전히 다를 수 있다는 점을 존중해야 한다. 그런 기본적인 생각 없이 접근했다가 본의 아니게 자라는 기부 가능성의 싹을 밑동부터 자르는 오류를 범하게 된다.

② 훈련과 교육 없이 첫 접촉자를 절대 접근시키지 말라. 조사에 의하면 모금 자원봉사자들이 기부요청을 꺼리는 가장 큰 이유는 요청 후 거절에 대한 두려움 때문이다. 상대가 친분이 있으면 상처가 더 크다고 생각하기 때문에 자신감이 없어서 주저하거나 두려움을 해소하기 위해 강요하거나 개인적 감정을 포함하여 요구하게 되는데, 모금세계에서는 절대 금물이다.

③ "첫째도 조사! 둘째도 조사! 셋째도 조사!"라는 말이 있듯이 사람은 자신의 입장을 알고 있는 요구자에게는 등을 돌리기 어렵다. 이것이 모금 주체자가 잠정기부자에게 갖춰야 할 최소한의 예의다. 잠정기부자를 조사할 정도로 성의를 보이지 못하면 처음부터 요청하지 않는 것이 상식이다. 바빠서 조사도 하지 못하고 인력부족이라는 이유 때문에 준비되지 못한 요청은 오히려 하지 않느니만 못하다. 문제는 잠정기부자가

그것을 첫 접근 때부터 안다는 데 있다. 그 대상자가 모금에 대해 어떤 생각을 하고 있는지 미리 알려는 성의가 있어야 한다. 감히 말하건대 조사에 성의를 보일 시간이나 인원이 없으면 모금을 미루거나 아예 시작하지 말라고 충고한다. 모금을 주체하는 사람들의 자격이나 준비 부족이 더 문제이며, 기부자를 탓해선 안 된다. 좋은 동기를 갖고 모금을 시작했지만 하지 않느니만 못한 결과를 종종 봐왔다. 사람은 성격이 모두 다르기 때문에 다름을 존중해야 한다. 어떤 이는 요구하는 사람과의 낯가림이 심하고, 어떤 이는 전화보다 만나는 것을 좋아해 전화나 메일로 연락하면 싫어하는 사람도 있다. 그리고 처해 있는 입장도 모두 다르다. 예를 들어, 국제전화를 걸었는데 새벽이어서 상대가 자고 있다든지, 병원에 입원하고 있을 때라든지, 경제적인 어려움을 겪고 있다든지 등 상대의 입장을 미리 알아볼 성의 정도는 갖고 시작해야 한다. 사람은 누구나 마치 기관총을 쏘아 그중의 하나라도 맞으면 된다는 식의 방법을 혐오한다.

④ 조사하는 방법이 그리 복잡한 것은 아니다. 첫 전화부터 기부금을 요구하는 것은 절대 금물이다. 그 대신 모금 운동에 대해 자문, 즉 의견을 묻는 형태가 좋은 방법이다. 자문을 구하면 최소한 그 사람의 모금에 대한 생각과 처해 있는 입장, 태도를 밝히고 경우에 따라서는 자신의 의견을 존중한다는 생각이 들어 부정적인 생각이 긍정적으로 바뀔 수도 있다. 누구나 그 운동에서 주체가 되기 원하지 단지 목표금액을 채우기 위한

하나의 숫자로 자신의 기부금이 쓰이는 것을 원하지 않는다.

10. 모금이 위기에 처할 수 있는 3가지 내부 문제

모금 일선에서는 모금이 잘 안 된다며 아우성들이다. 대부분 불경기가 이유라고 하는데, 물론 세계적인 경제 위기의 여파도 있을 것이다. 단체의 성장이 멈추었거나 모금이 잘 안 된다고 여겨지면 다음 3가지를 점검해볼 필요가 있다. 꼭 불경기 문제만은 아닐 수 있다.

첫째, 사일로 효과silo effect 때문일 수 있다. 어느 정도 규모가 있는 비영리단체의 모금 현장에서 종종 일어나는 현상이다. 이 말은 본래 곡식을 저장하는 탑 모양의 저장고를 빗대어 하는 말로, 조직 전체의 이익보다는 자기 부서의 이익만을 추구함으로써 다른 부서와 담을 쌓는 현상을 나타내는 용어로 쓰인다. 특히 요즘 같은 불경기에는 모금 결과에 대한 부서 간의 책임 소재와 공과의 보상 등 갈등이 빚어져 근본적인 모금 운동에 문제가 생기곤 한다. 얼마 전 3년 동안 어느 단체에 기부해온 기부자가 단체로부터 e-mail이 와서 읽어보니 새로운 기부자를 구하는 내용이었다. 기분도 상하고 이상해서 그 단체의 담당자에게 전화로 확인하자 그 편지는 다른 부서에서 보낸 것이라는 대답이었다. 이는 아마도 부서 간에 근본적인 구조적 문제나 갈등이 있어 협조를 하지 않는다는 증거일 것이다. 기부자는 이 얘기를 듣고 과연 그 단체가 자신의 기부금을 제대로 쓸 수 있을지 의구심과 함께 그동안 단체에 갖고 있던 신뢰가 떨어져 그다음부터 기부를 하지 않게 되었다고 한다. 모금 경영자 입장에서는 이러한 사실을 알게 되었을 경우 즉시 시정하지 않으면 그 단체의 장래는 그리 밝지 않을 것이다.

둘째, 설립자 증후군 때문이다. 이것은 설립자 개인 혹은 작은 그룹의 사람들이 단체를 설립하고 난 후 여러 가지 성장통을 겪으면서 발전해 나가는 과정에서 종종 일어난다. 일반적으로 설립자는 강한 카리스마와 열정적인 성격으로 빠른 의사결정을 함으로써 많은 사람이 따르게 된다. 주로 그가 모금을 주도하며 기부자도 그의 이름과 얼굴을 알기에 기부하게 된다. 하지만 초기의 힘든 상황이 어느 정도 안정되면 조직적인 의사결정체계를 갖추어야 하는데, 그렇지 못하고 설립 초기와 같은 형태로 설립자 개인의 영향력이 과도하게 미칠 때 발생하는 현상이다. 나머지 사람들의 충분한 참여 없이 설립자 개인의 의사 결정에 전적으로 따라야 하는 경우를 설립자 증후군의 한 예로 볼 수 있다. 따라서 본인이 없어도 단체가 유지 성장할 수 있도록 뒤에서 돕는 것이 그 단체의 자생력을 강화하는 길이 될 것이다.

셋째, 임무 표류 때문이다. 단체의 존재 이유는 사명 선언mission statement에 잘 표현되어 있다. 하지만 불경기나 자원이 고갈되면서 모금 경영자들이 가장 떨쳐버리기 어려운 유혹은 본래의 미션에서 벗어나 기금이 있는 곳으로 미션을 옮겨가는 경우이다. 예를 들어, 비행 청소년의 자활을 돕는 단체에 어느 독지가가 노인요양원을 세워달라며 기부한다고 해서 본래의 설립 목적을 망각하고 그 기부금을 받아쓰거나 기부금이 잘 모이는 분야로 유행처럼 이리저리 바꾼다면 결국 다른 잠정기부자들도 그 단체를 떠나고 말 것이다.

이 3가지 문제점 중 하나라도 있다면 이는 단순히 불경기 문제가 아니므로 빠른 시일 내에 지혜롭게 해결해야 한다. 때에 따라 내부적으로 해결하기 어렵거나 내부적인 시각으로 문제점을 인식하기조차 어려운 경우가 많은데, 이 경우 외부 전문가나 컨설턴트에게 의뢰하는 것도 나쁘지 않다.

11. 대화의 5가지 단계

모금가는 상대방과 좀 더 많은 이야기를 나눌 수 있도록 대화를 이끌어 나가는 노력을 하고 훈련도 꾸준하게 한다. 대화를 하다 보면 자신이 처한 상황이나 해야 할 일이나 고민도 이야기할 수 있다. 이런 상황에서 공감대를 형성하지 못한다면 대화에 장벽이 있을 것이고, 틀에 박힌 뉴스나 시시한 드라마 이야기나 하게 될 것이다. 서로에 대한 대화의 장벽을 넘어서지 못하면 마음속에 있는 말을 꺼내기는 상당히 어렵다. '나의 고민을 이야기해도 될까?' 하는 생각을 마음속으로만 하고 있다면 아마도 아직 대화의 장벽을 넘어서지 못한 것이다.

사람이 서로 만난다는 것은 어떤 의미일까? 그냥 만난다고 말하는 사람도 있겠지만 그 내면에는 위로받고 싶어서, 수다로 스트레스를 풀어보려고 등 많은 이유가 있을 것이다. 누구나 필요에 의해서 사람을 만나게 된다.

모금가가 커뮤니케이션에 능하다는 것은 대화를 잘 이끌어나간다는 의미로도 해석되곤 한다. 필자를 훈련시킨 멘토가 "대화의 5단계를 마스터하는 사람이 멋진 모금가가 될 수 있다."고 말했던 것이 생각난다. 대화의 궁극적인 목표는 친밀감과 좋은 만남일 것이다. 하지만 만나서 대화하는 시간이 길다고 누구나 친밀감을 느낄 수 있는 것은 아니다. 노력이 절실히 필요하다. 사람을 만났을 때 어떤 이야기부터 시작할까? 초면에는 어떤 말을 나누는 것이 좋을까? 한국 사람들은 문화 정서상 누가 소개하거나 성격이 외향적이 아니면 초면에 먼저 말을 걸지 않는다. 모든 만남을 소개에만 의존할 수 없다는 현실을 알기에 특히 비영리단체의 모금가는 그야말로 '넉살'이 좋아야 한다는 데 다들 동의한다. 특히 기부금을 요청하는 사람이라면 다음 5가지 원칙을 따를 때 좋은 결과를 가져올 수 있다.

① 서먹서먹한 분위기를 깨는 단계이다. 한국사람들에게는 이것이 가장 어렵다. 이 과정이 지나면 무척 쉬워지는데, 아마도 자존심 문제인 듯하고, 혹시 말을 잘못 걸어 실례를 범하거나 다른 뜻으로 오해할 소지가 있어서 그럴 것이다. 초면에는 인사를 나눌 때 "안녕하세요!" 또는 "반갑습니다."라고 하면 간단하다. 아니면 "오늘 날씨가 좋네요. 요즘 경제가 많이 힘들다고 하는데 빨리 좋아졌으면 좋겠네요." 이런 첫 대화를 할 수 있어야 한다. 미국 내에서 보면 미국청소년 리더십교육에서 사립학교 출신 아이들이 공립학교 출신 아이들보다 좀 더 당당하게 사소한 이야기를 할 수 있고 서먹서먹한 관계를 푸는 능력이 뛰어나다고 한다. 얼마 전에 친구와 조깅을 했는데, 그는 10년 동안 조깅을 하면서 거의 매일같이 만나는 비슷한 또래의 어떤 사람과도 한 번도 대화를

나눈 적이 없었다고 한다. 그런데 필자는 아무렇지 않게 그에게 "이 기구는 어떻게 사용하는 겁니까?"라는 질문을 던졌다. 그때서야 그의 말문이 터지고 그 뒤부터는 서로 편한 친구가 되었다. "혹시 질문해도 괜찮을까요?" "저, 말씀 좀 묻겠는데요."라고 하는 것은 오히려 어색하며 별 도움이 안 된다.

② 사실만을 이야기하는 단계이다. 날씨 정보, 일반 통계 수치, 방금 들은 뉴스, 자신의 정보 중에서 오늘 해야 할 일 등등 본격적으로 이야기를 나누는 단계이다.

③ 의견을 말하는 단계이다. 자신의 생각을 말하고 자신의 목표나 꿈, 기대치를 이야기한다. 보통 이때는 서로 사물을 보는 견해가 다르기 때문에 '갈등의 벽'이 생길 수 있다.

④ '갈등의 벽'을 통해서 서로에게 깊이 내재해 있는 느낌을 공유할 때로 안정감을 느끼는 단계이다.

⑤ 마지막으로 인간 대화의 가장 깊은 단계로, 서로 자신의 필요를 나누는 단계이다. 이런 단계를 갖지 못하면 대화는 계속 겉돌고, 만날 때마다 초면 대화 단계에 머물고 만다.

하지만 보통 이런 단계를 차근차근 밟으면서 시간을 두고 진행하지는 않는다. 어떤 때에는 하루 만에 5단계를 다 거치는 경우도 있고, 몇 년 동안 대화했지만 초기 단계에 머무르는 경우도 있다. 어떤 것이 낫다고 단정할 수는 없지만 순서를 무시하고 너무 빨리 진행하면 나중에 문제가 발생하기도 한다.

모금가라면 상대방과의 만남이 중요하다. 왜냐하면 상대방에게 요청을 해야 하기 때문이다. 따라서 요청할 때 상대방의 기분, 상황, 지금 무슨 생각을 하는지 등을 잘 알아야 한다.

상대방의 마음을 잘 모르고 있다면 서로 마음의 장벽 앞에서 다시 대화를 시작해야 한다. 마음을 열고 대화를 시작하고 나의 마음 속에 있는 이야기들을 꺼내기 시작한다. 서로의 공감대가 형성되면 상대방도 마음을 열고 대화에 참여할 것이다. 이때 비로소 요청에 이르게 된다.

요청 뒤 6가지 대답

요청 그 자체의 결과보다 더 큰 의미가 있다면 요청한 뒤의 결과는 다음 6가지 중 하나일 것이다. 그 결과는 나름대로 모두 의미가 있다. 예를 들어, 모금가가 어느 기부자를 만나 비행 청소년 방지 프로그램에 관한 기부금 요청을 했다고 가정하면, 기부자가 선택할 수 있는 반응 결과는 다음과 같다.

첫 째, 요청한 만큼 들어주고 다른 친구도 소개해준다.
둘 째, 요청한 만큼 주고 직접 단체 활동에 참여한다.
셋 째, 요청한 금액만큼은 아니어도 나름대로 성의껏 기부하지만 친구 소개나 직접 참여하지는 않는다.
넷 째, 기부금을 주지 않고 단체 프로그램에는 참여한다.
다섯째, 기부금을 주지 않고 청소년 프로그램에 대한 해결문제나 아이디어를 말로 조언만 한다.
여섯째, 기부금을 주지 않고 단체나 요청 프로그램에 아주 심각한 문제 제기를 한다.

비록 절반은 기부금을 받지 못했어도 위의 결과를 놓고 볼 때 요청이란 그 나름대로 가치 있는 행동이라고 할 수 있다. 단, 모금가들은 반드시 왜 기부를 거부하는지 그 이유를 묻도록 훈련을 받았기에 질문을 정중하게 다시 요청한다면 또 다른 결과를 기대할 수 있을 것이다. 그래서 어떤 경우의 요청도 가치가 있다는 것을 강조하기 위해 요청자는 위의 6가지 대답에 적절한 대응책을 미리 준비해야 한다. 만약 제대로 준비한다면 충성도가 한 단계씩 업그레이드 될 것이다.

12. 요청을 하기 위해 필요한 토막 상식

① 만약 요청 후에 상대방이 "생각해보고 전화를 드리지요."라고 했다면 절대 48시간을 넘기지 말라. 48시간이 지나면 거절할 확률이 높기에 가능하다면 요청자는 "그러시면 제가 내일이나 모레 아침에 전화하겠습니다."라고 말해둔다. 통계적으로 보면 요청자가 다시 전화해서 확인할 때 요청을 받아들일 확률이 요청받는 사람이 전화하는 것보다 훨씬 높다. 생각할 시간이 짧으면 짧을수록 요청자에게 유리하다.

② 요청이 실패하는 이유는 대부분 요청 자체보다 사후 점검을 제대로 적극적으로 하지 않아서이다. 힘들게 요청해놓고 사후 점검을 하지 않는다면 그동안의 노력이 소용이 없게 된다. 많은 요청의 결과가 적극적인 사후 점검에 따라 달라진다.

③ 요청 시에 다음과 같은 3가지 말은 하지 않는 것이 좋다. 첫째로는 "혹시 관심이 있으시다면"이라는 식으로 불필요하게 가정적인 말은 하지 않는 것이 좋다. 이미 요청을 얻어놓았다

는 가정 하에 확인하는 태도가 오히려 유리하다. 동의할 것인지 아닌지 요청자에게 확신이 없다면 수락하는 사람도 신뢰도가 떨어진다. 두 번째로 "한번 생각해보시겠습니까?" 등도 문제가 있는 화법이다. 요청이란 본래 당장 결정하기 위한 것이다. 생각해보라는 것은 상대방에게 대답을 미룰 여유를 주거나 변명할 여지를 남기는 것이기에 삼가야 한다. 마지막으로 "혹시 선생님께서 도와주실 것인지 알아보려고요."라는 말도 바람직하지 않다. 단지 알아보려고 요청하는 것이 아니라 반드시 해주기를 바라는 심정으로 요청하는 것이고, 돕는다는 말보다 상대에게 어떤 도움이 될 수 있다는 확신을 보여주는 것이 유리하다.

④ 만약 요청 후에 상대가 그 요청 자체의 근본 프레임에는 동의하지만 어떤 조건을 단다면 무조건 "Yes"라고 하는 것은 금물이다. 이런 경우는 심사숙고해야 한다. 왜냐하면 나중에 오히려 더 큰 문제를 만들어 내고, 상대의 기대치를 사실 이상으로 높이는 결과를 가져오기 때문에 조심해야 한다. 항상 "네, 만약에 ~"나 "아니오, 그런데 ~"라는 말을 습관처럼 사용해야 한다. 충분히 계산해보고 동의하는 것이 유리하다.

⑤ 요청 중 세 번의 'yes'를 받아낼 수 있는 질문을 하라. 가령 "그렇지 않아요?" "그렇죠?" "그 말이 맞지요?" 등과 같은 질문이다. 쉽게 동의할 수 있는 요청 주제와 또 다른 질문은 요청 자체를 부드럽게 한다. 사람은 누구나 세 번쯤 동의하면 다음 질문에는 심리적으로 거절하기가 어려워진다.

⑥ 요청 분위기가 어색하거나 긴장하면 요청자의 말이 빨라진다. 요청의 가장 큰 적은 속도이다. 천천히 하는 것이 빠른 것보다 훨씬 유리하다. 요청하기 전에 녹음해 스스로 모니터링해 보는 것도 좋은 방법이다. 보통은 120~150단어를 말하는데, 요청 시에는 90~100단어의 속도로 말하는 것이 좋다.

⑦ 만약 상대가 "지금은 어려운데요."라고 하면 당황하지 말고, 지금은 어렵지만 시간만 맞으면 될 수 있다는 긍정적인 생각으로 다음 질문을 해야 한다. "어렵게 만든 자리인데 혹시 더 필요한 자료나 질문이 있으십니까?"라고 하면서 충분한 자료를 제공한 것을 확인함으로써 나중에 또다시 질문하거나 의구점이 들지 않도록 하기 위함이며, 또 다른 숨어 있는 이유가 없는지 살펴본 후에 그 자리에서 다른 미팅 약속을 잡는 것이 유리하다.

에필로그 epilogue

필자는 한국에서 태어났지만 서양에서 교육받고 주로 외국에서 생활을 한 경계인cross-culture 가운데 한 명으로, 그동안 요청과 관련한 동서양의 문화를 연구하고 관심 있게 보아 왔다. 운명이라 생각하지만, 매일같이 전문 직업인들에게 착한 요청을 교육하고 실제 해야 하는 모금전문가인 필자에게 있어 요청은 주식主食처럼 자연스럽고 모금의 화룡점정과 같이 매우 중요한 주제이다. 하지만 책을 쓴다는 것은 마치 산모가 아이를 낳는 것과 같은 고통이 따른다는 선배들의 말에 겁이 났던 것이 사실이다. 그럼에도 그 고통을 뛰어넘는 용기를 낼 수 있었던 것은, '요청'이 모든 자기계발서 가운데 '왕 중 왕'이라는 생각 때문이며, 바른 요청을 중요하게 생각하는 것이 20년 전이나 지금이나 변함없는 나의 신조이기 때문이다.

처음에는, 원래 과학도였던 필자의 딱딱한 문체와 인문학 쪽으로 분류되는 '요청'이라는 주제가 한국의 전문가집단을 넘어 일반 독자에게는 다소 어색하거나 어렵게 느껴질 것이라는 우려가 있었다. 그리고 필자가 고안하고 처음 사용하는 용어인 '착한 요청'이나 'AQ요청지수' 그리고 우리말로 번역하기 힘든 용어인 '필란트로피philanthropy'의 콘셉트를 이해시키는 데 독자가 과연 인내심을 가지고 끝까지 읽어줄까라는 의구심이 들었다. 동시에 내가 한꺼번에 너무 많은 것을 책에 담으려는 욕심을 부린 것은 아닌가 하는 생각도 들었다. 그럼에도 이 책은, 남들이 잘 쓰지 않는 주제이지만 이 내용들이 너무나 중요하다고 생각한 필자의 오기와, 이 책의 콘텐츠는 잘만 하면 외국으로 수출할 수도 있을 것이라며 '애국심'의 동기를 일깨워 준 뚝심 있는 편집장의 합작품인 것만은 사실이다.

동양인은 사물을 종합적으로 파악하는 데 익숙하다면, 서양인은 분석적으로 파악하는 데 익숙하다. 종합적으로 파악할 때에는 서로 다른 사물 사이의 관계성에 주안점을 두지만, 분석적으로 파악할 때는 개체 사물 사이의 차이성에 관심을 둔다. 그래서 착한 요청의 개념을 설명하면서 지금까지 단순하게 인식해 왔던 기부의 개념에 필란트로피의 개념을 처음으로 첨가해 보고, 필자의 과학도로서의 배경을 살려 추상적인 개념을 넘어선 좀 더 분석적인 수치를 넣어서, 세계적으로 처음으로 AQ요청지수의 콘셉트를 이 책에 소개하였다. 내 몸 속 한국인의 DNA 안에 녹아 있는 종합적인integrated 사상을 되살려, 한국의 기부문화가 아시아의 중심이 될 수 있으리라 자신하기에, 동양인으로서는 처음으로 한국 독자들을 대상으로 요청을 주제로 삼는 행운을 얻게 된 것이다.

나 자신의 삶에 있어서도 그때그때 좀 더 지혜로운 요청을 하지 못하고 우물쭈물하며 지나쳐 버린 뒤 후회한 적이 많았다. 그리고 부모로서도 아이들에게 바르게 요청하는 방법을 가르치고, 최소한 그들에게 다양한 요청을 접하도록exposure 해주었더라면 하는 아쉬움이 있었다. 미국과 한국을 오가며 필자는 점점 세계의 인재관이 'I'형 인재에서 'T'형 인재를 원하는 추세로 빠르게 변화하고 있음을 느낀다. 이러한 'T'형 인재의 덕목 중에서도 요청의 능력이 가장 중요함을 느꼈고, 리더십의 패러다임도 하루가 다르게 높은 요청지수AQ로 바뀌고 있음을 피부로 느끼게 된다. 그러므로 글로벌 리더를 꿈꾸는 한국 사회의 현 위치에서 보면, 지금이 요청이라는 주제에 관심을 가지고 논의하기에 아주 최적기라 생각된다.

혹여 이 책이 한국 사회에서 남을 위하는 '착한 요청'에 대한 새로운 담론을 끌어낼 수 없다 하더라도, 최소한 수많은 요청을 하는 현장의 실무자들에게 용기와 힘을 실어 주는 매개체가 되길 바라는 마음이다. 또한 곧 있게 될 정치적 리더를 선택하는 데 있어서도 '높은 AQ 지수를 갖춘 착한 요청자'라는 덕목이 하나의 선택 요소가 되었으면 하는 바람이다.

성공은 우리가 받은 것으로 측정하는 것이 아니고, 우리가 창조한 가치로 측정하는 것이다. 우리에게 어떤 선택권이 있고, 우리가 어떤 행동을 취할 것인가는 지금 이 순간에 가장 큰 순가치Net value를 창조했는가 아닌가를 보고 결정하는 것이다. 우리의 인생, 사랑, 리더십이라는 것은 결국 가치 창조에 달려 있다. 그리고 요청은 그 가치를 창조하는 과정인 것이다. 앞으로의 세상은 반드시 요청과 관련된 테마가 주목 받을 것을 확신하면서, 마치 수만 년 전 동굴에 벽화를 남겼던 그 누군가의 심정으로 이 책을 탈고하고자 한다. 이 땅에서 다음 세대의 누군가가 다시 이 책을 기초 삼아 요청에 관한 좀 더 멋진 책을 출산해 주길 기대해 마지않는다.

요청을 잘한다는 것은 적극적으로 요청한다기보다 요청하지 말아야 할 것을 하지 않는 것이다.

– 비케이 안

부록

AQ 테스트 실전 문제

01. 요청에 관한 다음 글 중에서 자신의 마음을 가장 잘 표현한 말은?

1 사람은 혼자 힘으로 일어서는 법을 알아야지 구차하게 부탁하지 않고 사는 것이 최고다.
2 내가 요청이나 부탁을 하면 나도 그가 부탁했을 때 들어주어야 한다.
3 웬만하면 부탁하지 않지만 정 급하면 나도 부탁한다.
4 요청은 삶의 기본 요소이기에 요청하지 않고는 하루도 살 수 없다.

02. 만약 네 명이 계획을 하고 행동으로 정부에 기금신청을 해야 하는데, 누가 제안을 신청할 것인가?

1 네 사람 중에서 요청을 잘하는 사람을 찾는다.
2 다른 사람보다 내가 나선다.
3 다른 외부 회사에 맡긴다.
4 다른 사람이 알아서 할 테니 나는 관여하지 않는다.

03. 집에서 혼자 목욕을 하고 있는데 갑자기 불이 났다. 하지만 자신은 알몸이고 도움을 청할 때 가장 먼저 해야 할 일은?

1 우선 옷부터 어디 있는지 찾아 입고 본다.
2 살려달라고 창밖에 대고 소리를 친다.
3 무엇보다 탈출구를 찾아 탈출하고 본다.
4 119에 긴급 전화한다.

04. 대학원 진학을 위해 평소에 자신을 잘 아는 교수께 추천서를 부탁드리려고 한다. 어떤 방법으로 요청할 것인가?

1 대학원 추천서는 그리 중요한 것이 아니기에 전화로 요청한다.
2 우선 e-mail로 해주십사 부탁한다.
3 교수 사무실로 찾아가서 부탁한다.
4 미리 써서 사인을 해주십사 요청한다.

05. 아주 중요한 일로 약속 장소로 가고 있는데 지갑과 휴대폰을 놓고 나온 걸 발견했다. 만약 당신이라면 가장 먼저 어떤 행동을 취하겠는가?

1 옆에 있는 사람에게 잠시 휴대폰을 빌려 집에 전화한다.
2 공중전화를 찾아 수신자 부담전화로 집에 전화한다.
3 약속시간에 좀 늦더라도 집으로 돌아가 지갑을 가져온다.
4 그냥 약속 장소로 간다.

06. 자신의 부탁을 들어줄 사람을 어렵게 찾아 겨우 부탁했고 다행히 그 사람이 부탁을 들어주었다. 다음으로 그 사람에게 취해야 할 행동은?

1 미안해서 그 사람에게 두 번 다시 연락하지 않는다.
2 다음 부탁은 절대 그 사람에게 하지 않지만 그의 부탁은 반드시 들어준다.
3 감사를 표시하고 다음 부탁을 기대한다.
4 한번 들어주었으니 다음에 또 다른 부탁을 한다.

07. 지금까지 살면서 자신이 이 자리까지 온 것은 누구의 덕택이라 생각하는가?

1 특별히 남에게 요청해서 큰 덕을 본 적이 없는 것 같다.
2 사실 한 번도 큰 요청을 하지 않았는데 누군가 나를 도와서 이 자리까지 왔다.
3 직접 찾아가 요청하지 않았다면 아마도 이 자리에 없었을 것이다.
4 살면서 남에게 여러 번 요청해서 성공적으로 잘 들어주어 이 자리까지 왔다.

08. 요청했을 때 사람들의 반응과 결과는 대체로 어떠한가?

1 부담스러워하는 것 같다.
2 대체로 잘 들어주는 것 같다.
3 어떨 때는 잘 들어주고 어떨 때는 잘 들어주지 않는다.
4 자기들에게 이익이 되지 않으면 전혀 들어주지 않는다.

09. 지하철에서 방금 나왔는데 비가 많이 내린다. 집까지는 약 2분 거리이다. 어떻게 할 것인가?

1 남에게 폐를 끼치느니 그냥 비를 맞고 뛰어간다.
2 기다렸다가 아는 사람에게 같이 쓰고 가자고 부탁한다.
3 아무에게나 부탁해본다.
4 집에 전화해 우산을 갖고 나오라고 요청한다.

10. 사업에 투자할 사람을 찾아 요청하기 전에 무엇을 가장 먼저 생각하는가?

1 아는 사람인가?
2 들어줄 능력이 있는가?
3 이 문제에 관심이 있는가?
4 가능하면 모르는 사람에게 요청하자

11. 만약 자신이 이번에 과 장학금을 받지 못하면 휴학해야 할 처지라고 가정하고, 단 한 사람에게만 준다는 소식과 다른 학생들도 신청하려고 준비한다는 소문이 들린다. 어떻게 할 것인가?

1 당장 담당교수를 찾아가 사정을 이야기한다.
2 다른 학생에게 양보하고 신청하지 않는다.
3 하늘에 맡기고 그냥 신청하고 기다린다.
4 신청을 준비하고 누가 도움을 줄 수 있을까 찾아본다.

12. 자신을 돌아보면 어떤 식으로 요청하는 것 같은가?

1 필요하다면 상대가 나를 어떻게 생각하건 관계없이 요청한다.
2 자신을 좋게 생각하는 사람에게만 요청한다.
3 요청의 내용에 따라 다르다.
4 남에게 폐를 끼친다고 생각하면 요청하지 않는다.

13. 당신이 어느 비영리단체에 근무하는데, 몇 달간 고생해서 어느 재단에 기금 신청서를 냈으나 방금 기금을 줄 수 없다며 미안하다는 편지를 받았다. 어떤 행동을 취할 것인가?

1 일단 고맙다는 인사와 다음에 또 기회를 달라는 편지를 쓴다.
2 e-mail로 기부신청이 왜 받아들여지지 못했는지 물어본다.
3 전화를 걸어 담당자에게 왜 기각되었는지 물어본다.
4 빨리 잊고 다른 재단을 찾아본다.

14. 남들이 나를 어떻게 생각하고 있는 것 같은가?

1 과소평가하고 있는 것 같아 속상하다.
2 다들 과대평가하고 있고 기대가 커서 사실 부담스럽다.
3 있는 그대로 잘 평가하고 있는 것 같다.
4 전혀 감을 잡지 못하고 있다.

15. 평소에 존경하던 선생님이 아동을 위한 모금 행사를 위해 도움을 요청했다. 다른 사람들과 함께 모금하는 팀에 동참하도록 부탁한 것이다. 당신이라면 어떻게 할 것인가?

1 요즘 경기가 좋지 않아 모금이 어려울 것이기에 정중히 거절한다.
2 돈을 요청하는 것은 자신과는 맞지 않아 다른 일을 도와준다.
3 할 수 있는 만큼 기부하고 자신은 빠진다.
4 평소에 고마운 분이기에 적극적으로 나서서 모금활동에 참여한다.

16. 잘 아는 사람에게 뭔가 요청했는데, 그가 요청 내용을 들은 후에 무슨 일인지 알 수 없지만 기분 나빠하면서 요청을 거절했다. 당신이라면 어떻게 할 것인가?

1 그 사람 말고도 요청할 사람이 많기에 아무 말도 하지 않고 그 자리를 떠난다.
2 왜 기분이 나쁜지 물어보고 달래면서 다시 요청을 시도해본다.
3 기분 나쁘게 해서 미안하다고 사과하고 더 이상 요청하지 않는다.
4 곰곰이 그 이유를 잘 생각해보고 다음 요청 대상자에게는 약간 변경해서 요청한다.

17. 어느 할머니가 한 얘기를 계속 되풀이하며 재미없는 말을 계속하신다. 당신이라면 어떻게 할 것인가?

1 본래 노인들은 그러려니 하면서 다른 주제로 돌린다.
2 다른 핑계를 대고 그 자리를 벗어난다.
3 할머니가 외로워서 그러려니 하고 끝까지 들어준다.
4 재미있는 이야기로 바꾸어서 할머니께 말씀드린다.

18. 지금까지 살면서 사람들이 당신에게 다른 사람을 소개해달라고 하거나 요청해달라고 부탁하는 빈도가 어떤가?

1 나에게 너도나도 요청해달라고 부탁을 많이 한다. 그래도 최대한 들어준다.
2 그다지 하지 않는 것 같다. 부탁 받는 것을 별로 좋아하지 않는다.
3 가끔 하는 것 같다. 상황을 보아가며 들어줄 것은 들어준다.
4 부탁도 하지 않고 다른 사람의 부탁도 들어주지 않는다. 능력이 없기 때문이다.

19. 용모나 배경이 요청에 결정적인 도움이 된다고 믿는 사람들이 많다. 경험상 요청할 때 자신의 용모와 배경이 어떤 영향을 미친다고 생각하는가?

1 나의 용모와 배경에 만족하며 사실 덕을 좀 보고 있다.
2 나의 용모와 배경에 만족하지 않고 오히려 손해를 보고 있다.
3 요청 결과와 전혀 상관이 없다고 생각한다.
4 스스로 보기에 평균 정도이기에 용모와 배경이 크게 영향을 미친다고 생각해본 적이 없다.

20. 요청에 대해 스스로 평가할 때 자신은 어떤 사람인 것 같은가?

1 아이디어는 있으나 요청을 전혀 하지 못해 손해를 보는 것 같다.
2 요청하는 데 그다지 부담감이 없다.
3 그다지 중요하게 생각하지 않는다.
4 가끔 부족함을 느낀다.

▌간이 요청지수 검사 점수 환산표▐

질문	응답자 / 점수				본인 선택	본인 점수
	a	b	c	d		
1	3	3	④	1	c	4
2	2	2	③	4	c	3
3	1	2	③	4	c	3
4	1	2	③	4	c	3
5	1	1	1	④	d	4
6	1	2	2	④	d	4
7	1	2	4	③	d	3
8	1	3	1	④	d	4
9	1	③	4	3	b	3
10	3	3	1	④	d	4
11	3	2	④	2	c	4
12	1	3	2	④	d	4
13	2	3	4	①	d	1
14	④	2	2	2	a	4
15	④	2	1	3	a	4
16	2	2	1	④	d	4
17	2	3	④	1	c	4
18	2	2	1	④	d	4
19	2	2	2	④	d	4
20	2	②	1	4	b	2
자신의 점수를 빈칸에 써 넣으시오.						70

■ 출처: Bekay Ahn, CFRE

※ p.192를 참조하여 자신의 AQ 지수의 의미를 확인한다.

참고문헌 References

Bekay Ahn, CFRE(2010). **비영리단체 모금전략**. 예영커뮤니케이션.

Bekay Ahn, CFRE(2011). **푼돈의 달변 큰 돈의 경청**. 단열삼열.

Fons Trompenaars(1998). *Riding the Waves of Culture: Understanding Diversity in Global Business*(2nd Ed). McGraw-Hill.

Martin J. Gannon(2003). *Understanding Global Cultures: Metaphorical Journeys Through 28 Nations, Clusters of Nations, and Continents*(3rd Ed). Sage Publications, Inc.

Laura Fredricks(2006). *The Ask: How to Ask Anyone for Any Amount for Any Purpose*. Jossely-Bass Wiley.

Association of Fundraising Professional(2004). *Code of Ethical Principles and Standards of Professional Practice*.

Greenfield, J.(2002). *Fundraising Fundamentals: A guide to Annual Giving for Professionals and Volunteers*(2nd Ed). NewYork: Wiley.

Thomas Lockwood, et al.(2010). *Design Thinking: Integrating Innovation, Customer Experience, and Brand Value*. Allworth Press.

Roger Dawson(2004). *Secrets Power of Persuasion*. Career Press.

Stephen R. Covey(1990). *The 7 habits of Highly Effective People*. Simon & Schuster.

Bernard Ross & Clare Segal(2002). *Break through Thinking for NPO*. Jossey Wiley.

Michael S. Dobson and Ted Leemann(2010). *Creative Project Management*. McGraw-Hill.